国家社科基金
后期资助项目
GUOJIA SHEKE JIJIN HOUQI ZIZHU XIANGMU

文化产业跨要素融合
与金融资本支持研究

姬新龙　著

中国财经出版传媒集团
经济科学出版社
Economic Science Press
·北京·

国家社科基金后期资助项目
出版说明

　　后期资助项目是国家社科基金设立的一类重要项目，旨在鼓励广大社科研究者潜心治学，支持基础研究多出优秀成果。它是经过严格评审，从接近完成的科研成果中遴选立项的。为扩大后期资助项目的影响，更好地推动学术发展，促进成果转化，全国哲学社会科学工作办公室按照"统一设计、统一标识、统一版式、形成系列"的总体要求，组织出版国家社科基金后期资助项目成果。

全国哲学社会科学工作办公室

序　言

　　曾经那个经典的经济学笑话这样调侃：如果把第一产业比喻为喂牛、养羊，那么第二产业就是杀牛、宰羊，第三产业则是吃牛肉、喝羊汤，而所谓文化产业，只能是"吹牛皮，出洋相"！调侃也是一种偏爱，文化产业对促进经济结构调整和产业优化升级的经济作用毋庸置疑。从2009年首个国家层面的《文化产业振兴规划》出台开始，近十多年来，我国文化产业的政策制度创新、产业理论创新、商业模式创新等层出不穷，在国民经济中的地位也显著提升，各级政府针对文化产业也制定了一系列有力的支持举措，政府的宏观调控和市场机制作用在促进文化产业快速发展中实现了有机融合。国家统计局及第四次全国经济普查资料显示，2009年的文化产业增加值只有8 400亿元左右，占同期GDP的比重仅为2.5%，2019年，全国文化及相关产业产值达到44 363亿元，十年间增长幅度超过5倍，占GDP的比重达到4.5%。2021年、2022年文化产业及其相关产业的增加值在整体依然增加的基础上，相对占GDP的比重有所下降，但并没有影响文化产业成为国民经济支柱性产业的发展势头。

　　文化及其创意产业是高附加值产业，能够促进宏观经济发展，引领大众消费，是满足人民日益增长的美好生活需要的重要动力。当前的乡村振兴，主要抓手之一就是要深入挖掘乡村文化资源，发展特色文化产业，活跃乡村文化经济。文化产业还是综合性和包容性强的产业，历史文化与经济金融都包含其中，因此，文化产业具有跨要素融合的天然优势和条件。传统文化产业借助新技术的东风，促使数字文化产业新业态异军突起，而且未来文化产业线上线下的融合能够产生更多新业态、新消费和新模式。当然，金融资本及其投资导向是优化配置文化及相关资源最有效的手段之一，是支撑现代文化产业快速发展的重要元素，更是反映文化产业发展水平及其趋势的晴雨表。一方面，文化企业需要金融支持解决生存和发展；另一方面，资本市场的资金导向可以有效激励并支持文化产业适应新时代经济大潮。我们有理由相信，"十四五"期间，文化产业必将成为助推经济增长的重要力量，未来十年同样是文化产业另一个加速发展的黄金十年。

大约自 2009 年起，我们团队开始涉足文化产业的研究，受邀成为甘肃省文化创意产业协会的首批智库专家，积极参与各类文化产业项目的投融资方案设计、政府部门的文化产业发展规划编制等，我们见证了"甘肃华夏文明传承创新区"——我国第一个国家级文化发展战略平台的成功获批，并参与了"华创区"建设中许多项目的前期调研、论证及策划工作，先后完成的项目方案、可行性研究报告约 20 项，为甘肃文化名片之一的读者集团等文化类企业以及兰州市等地方政府的文化创意产业发展提供了有力的智力支持和服务，参与规划设计的相关项目都已开始实施或正在实施，取得了良好的社会效益和经济效益。理论来源于实践，基于各类实践性文化产业项目的经验，作为高校教师的我们也积极参与申报有关文化产业发展的纵向科研课题，先后立项并完成国家社科基金、甘肃省社科规划重大招标项目、甘肃省社科规划一般项目等科研项目十余项，完成各类研究报告几十万字。也正是在上述理论研究与实践应用的基础上，我们考虑将相关研究成果进行提炼加工，以著作形式呈现给读者，以期为文化产业的全面发展及其经济价值的发挥贡献更多的文献参考和对策建议。

根据经济学的基本原理，我们知道，影响产业经济发展的宏观要素一般包括社会经济结构、经济发展水平（生产力）、经济体制（生产关系）、宏观经济政策、国际国内环境、当前实际经济状况以及其他一般经济条件等；微观层面的要素还可细分为人才、资金、市场、劳动力、交通、资源、教育等方面；而从中观层面的产业视角来理解，国民经济是由形色各异的不同产业支撑的，包括制造业、旅游业、金融业、影视产业、体育产业、互联网行业、教育行业、传媒行业等，涵盖农业工业服务业一二三次产业，这些细分的行业构成支撑国民经济增长的基本要素，具有包容性特征的文化产业与这些要素进行跨领域的融合，笼统地理解其实就是产业之间的融合，是文化产业与其他细分行业的交集或集聚。与此同时，文化产业的主要特征是依靠创意创新精神将知识、艺术、文化资源等转化为可供消费的文化产品和商品，同时为消费人群提供有形或无形的体验服务等，因此，其潜在收益较大但风险也较高，其发展不仅需要针对风险特征采取扶持政策，更需要创新金融资本的支持方式。传统的文化产业投融资渠道主要是银行和政府投资，但文化企业小而散的特征决定了银行融资较为艰难，财政投资效率较低且可能存在监管错位，因此，文化产业转型发展迫切需要打通文化与金融之间融合的桥梁。

　　长期以来，对于各类金融资本如何进入并有效推动文化产业的研究定性分析的较多，相关建议也缺少可行的路径引导。2014 年出台的《关于推动特色文化产业发展的指导意见》虽打破了各种壁垒，但资本退出渠道不畅使得金融资本参与文化产业的积极性并不高。因此，如何正确引导金融资本融入文化产业，是当前推动文化经济跨越发展急需解决的重要问题。传统的金融资本进入文化产业的路径主要借助以银行信贷为主导的间接融资体系和以资本市场为主导的直接融资体系。金融资本作为自由度较强的资金主体，一方面可以通过设计文化产业的跨要素融合模式，改革金融制度，实现文化金融的全面融合，激发金融资本参与文化产业的投资动力；另一方面可以通过债券、股权、基金募集，借助并购、重组等资本运作手段进行优胜劣汰选择，实现文化产业要素资源的交易流转，推动文化产业结构合理化和规模化。

　　为更好发挥"文化＋"的产业经济价值以及诠释现实指导意义，本书定位文化产业的跨要素融合与金融资本支持研究，不仅注重理论分析，更注重实践操作。我们试图在四个方面体现研究价值：第一，通过引入实物期权定价思想，分析指出文化产业发展中政策支持和项目设计的重要性，以及文化产业项目自身内在价值有效评估的重要意义，增强文化产业对金融资本的吸引力。第二，在分析文化产业优势和文化项目价值的过程中引入产业融合理论、要素禀赋理论等，对文化和科技要素、文化和产业要素等相关产业融合业态进行深入探讨，提出以文化金融平台服务、文化金融产品设计、文化产业价值流转等助力和服务文化产业的跨要素融合。第三，通过博弈论等理论知识，在强调政府财政税收和金融政策扶持对文化产业发展重要意义的基础上，全面分析金融资本与文化产业之间的内在联系，探讨政府、文化企业和金融资本之间的市场化行为博弈，并给出金融政策、财政税收政策如何向文化产业倾斜的可行途径。第四，通过要素流转和资本运作，构建资本退出的可选渠道，研究和设计多层次文化产业资本市场体系建设，构建文化产业投融资平台，规范文化金融要素交易，满足不同资金的退出需求，从而顺应文化产业的发展趋势。

　　本书的完稿，离不开家人的关心和大力支持，更得益于身边老师、同事、领导、朋友们的鼓励。感谢我的老师陈芳平教授，感谢研究生尹文杰、吴丹等，感谢国家社科基金委的评审专家以及经济科学出版社的编辑老师们，在本书基础资料收集、书稿整理以及编辑修改、文字校对等过程中给予的全面帮助，使得书稿更趋完善，再次感谢你们！书中涉及有关政策、案例以及相关专家的观点建议等，并无评判好坏之意，均为客观借鉴与引用，在此一并感谢！能力有限，书中难免存在不足，敬请谅解并批评指正！

作者

2023 年夏于金城

目　录

第1章 绪 论

1.1 研究背景与意义

1.1.1 研究背景

当前全球政治、经济与文化的关联正在日益加深，文化建设已成为一国综合实力的重要体现，发挥"文化＋"的融合作用也成为一个国家发展经济、提升国民素养的必由之路。大力发展文化产业是满足人民群众多样化、高品位文化需求的重要基础，更是激发文化创造活力、推动文化强国建设的必然要求。2022 年 8 月，中共中央办公厅、国务院办公厅印发《"十四五"文化发展规划》，强调要推动文化产业高质量发展，鼓励、支持、引导非公有资本依法进入文化产业，加快发展数字影视、数字创意等新型文化业态，改造提升传统文化业态，促进结构调整和优化升级，推动文化与旅游、体育、教育、信息等融合发展，延伸产业链。回望"十三五"期间的相关发展数据，我国文化产业确实实现了快速增长，其中，2015～2019 年，全国文化及相关产业增加值从 2.7 万亿元增长到约 4.4 万亿元，年均增速接近 13%，占同期国内 GDP 的比重从 3.95% 上升到 4.5%[①]，文化产业已然成为国民经济的支柱性产业之一，在促进经济转型升级、满足人民群众文化消费需求、提高中华文化影响力和自信力等方面也发挥了重要作用。

"十四五"开局，文化产业的经济贡献依然保持增长。2022 年，我国各类文化产业实现营业收入 165 502 亿元，比 2021 年增加 1 698 亿元，增长 1.0%，文化产业强盛的发展势头，使其国民经济发展支柱性产业的地位和作用愈加明显。与此同时，我国文化数字化战略开始深入实施，以数

---

① 资料来源：2019 年全国文化及相关产业增加值占 GDP 比重为 4.5% ［EB/OL］. https：//www. stats. gov. cn/sj/zxfb/202302/t20230203_1900957. html.

字化、网络化、智能化为亮点的文化融合新业态快速发展，在 2022 年文化产业实现营业收入的 16.5 万亿元中，文化新业态行业营业收入占比首次突破 30%，说明文化融合业态已成为推动文化产业高质量发展的重要支撑。① 在此背景下，诸如出版发行、演艺、影视等传统文化产业正在被新兴融合文化产业逐渐替代，迸发出新的产业活力，曾经盛行的纸质书、戏曲、文化旅游等方面都已融入新的元素。2023 年 4 月，敦煌研究院与腾讯公司联合打造的"数字藏经洞"正式上线，首次在虚拟世界复现了敦煌莫高窟藏经洞及其珍藏的历史文物，产品上线首周，就有超 1 400 万人次进入"云游敦煌"小程序，超 40 万人在云游中进行深度体验，单用户最长体验时间更长达 2.68 小时。诸如此类的"文化 + 数字"新型业态已成为未来文化产业融合发展的主流趋势。

然而，文化产业的融合转型发展也面临一系列困难阻碍。

一方面，从文化产业跨要素融合来说：第一，难以克服文化产业原有发展的路径依赖。传统的文化产业发展经过多年的实践已然具有一定路径依赖性，此时要求新的路径创新，甚至向内改革等发展模式，必然缺乏相应的经验，而文化企业多为中小微企业，为避免试错成本带来未来经营收益的不确定性，不愿迈出第一步。第二，文化产业跨要素融合多产业协同合作难度较大。以文化产业与科技融合为例，需要将科技手段嵌入文化思维，掌握好融合程度，若科技化占比较高，会丧失文化产业原有的市场吸引力，反之则难以达到融合效果。此外，跨文化产业融合的人才比较欠缺，导致文化企业心有余而力不足。第三，面临地域性差异、时效性不确定的问题。中国地大物博，文化产业地域聚集性较强，陕北的秦腔在南方可能不受欢迎，广东的舞狮文化在漠北也难形成气候，这就导致较小范围的文化特色产业难以形成规模效应，存在市场受众有限的问题。另外，在快速变革的时代推陈出新之后的延续性问题值得思考，因为前期资本投入较大，后期必然要考虑效益收回的时间性，这也导致很多文化企业宁可按部就班，也不愿冒风险砸入较大投资。

另一方面，从金融支持角度来说：首先，传统金融手段（如银行信贷、股权债权融资等）已难以满足新兴文化企业的融资需求，新兴文化业态及创新性金融支持的欠缺是文化产业尤其是中小文化企业发展较慢的关键因素。其次，基于文化产业中的中小企业多、固定资产小且无形资产占

---

① 资料来源：2022 年全国文化及相关产业发展情况报告 [EB/OL]. https：//www.gov.cn/lianbo/bumen/202306/content_6888979. htm.

比大和难以评估定价等特点，其存在的潜在投资风险自然较高，这决定了以商业银行贷款为主的传统融资渠道不畅。再次，多数文化企业规模较小，很难达到债券融资和股票融资的门槛要求，因此也不能获得资本市场的青睐。最后，财政扶持资金的低效支持与文化产业的飞速发展存在难以相互适应的矛盾，政府性文化产业基金以及各种风投公司对文化企业的要求高且扶持面窄等制约了文化产业的快速发展。

因此，在当前文化产业亟须融合转型的变革时期，我们必须从"变"中寻求"不变"。"变"，指文化产业与其他元素相融所产生的纷繁复杂的表象，如同乱花渐欲迷人眼般扑面而来，让资本与市场一时显得无所适从，市场的接受程度与产业的转型成败都需要未来时间的验证。"不变"，指文化产业良好的发展势头不会轻易改变，只要把握文化产业发展大势，各类资本从中谋一杯羹的初衷并不难实现。基于这一视角，本书尝试剖解并深入分析文化产业跨要素融合发展这一主题，探求文化产业跨要素融合的路径及其金融支持的活水源头，多维度呈现文化产业发展的新型业态模式，拓展金融助力文化产业的融资渠道。

1.1.2 研究意义

文化产业能够激发创意经济活力，引领大众消费，是推动市场经济建设的重要支柱产业之一，文化产业还是综合性和包容性强的产业，历史印记、文化传承、民族风俗以及地域经济等都包含其中，因此文化产业具有跨要素融合的优势和条件。金融资本及其投资导向是优化配置文化及相关资源的最有效手段之一，是支撑现代文化产业快速发展的重要元素，金融市场的资金导向还能够有效激励文化产业适应新时代融合经济发展大潮，因此，研究文化产业的跨要素融合与金融资本支持问题，具有很好的理论研究和实践应用价值。

我国拥有充足的金融资源，随着国家金融体制改革的全面深入推进，金融对文化产业的支持力度不断增强。然而，文化产业由于地域差异和结构的不同，所面临的金融环境以及所能获得的金融支持也时常表现出区域差异和行业差异，而且对于各类金融资本如何进入并有效促进文化产业发展的理论和实践研究，一直处在一个有定性、无规范的分析环境中，就事论事的多，归纳分析的少，相关的对策建议也缺少前瞻性和可行的路径引导，这种状况迫切需要研究者通过理论到实践，再从实践到理论的反复论证。金融资本进入文化产业的途径主要就是参与间接金融体系和进入直接融资体系，而根据资本逐利的本性，金融资本更关注文化产业及其业态项目的吸引力、成长性、规划设计、项目盈利以及资本的退出渠道。如何实现文化产业的跨要素融合和商业模式设计，如何引导金融资本的进入及投资多元化，促使文化产业由"资源形态"向"资产形态"的转化，突破文化金融的融合瓶颈，是疏通文化产业跨越发展的关键。

因此，研究我国文化产业的跨要素融合发展及金融支持问题，有助于正确认识当今文化产业发展变化规律，构建和完善文化产业的金融支持体系，而且对我国进入经济新常态，推动产业创新、市场创新、管理创新等国家创新驱动发展战略，形成以文化创新为主要支撑和引领的经济体系起着重要作用。基于此，本书首先以文化产业价值评估及文化产业跨要素融合为出发点，吸引金融资本的关注；其次深入探讨文化产业融合发展的路径模式及其与金融资本如何有效对接，实现文化金融产品创新研发，拓展多层次文化资本市场，设计资本进入和退出文化产业投资业态的有效路径；最后通过文化产业融资案例将文化产业的融合及金融支持从理论分析落实到实践层面，多维度剖析文化产业的融合态势及金融支持模式，推动文化产业的融合发展不断开创新局面、迈上新台阶。

1.2　概念界定与现状梳理

1.2.1　概念界定及阐释

1.2.1.1　文化产业的"跨要素融合"与"金融资本支持"

"要素"，是指构成事物的必要因素。它具有层次性和相对性，某要素相对于它所在的系统是要素，相对于组成它的要素则是系统，同一要素在不同系统中的性质、地位和作用有所不同。例如，文化产业中包含人才要素、资本要素、资源要素、市场要素等，而其中的资源要素若作为一个系统，则其中又包含艺术要素、人文要素、自然要素、历史要素等。所以"要素"二字在不同系统中所代表的含义有所差别。本书中，文化产业与科技要素、行业要素或其他要素的融合，"文化产业"是作为一个整体概念与其进行的融合，是"文化+"的理念，甚至衍生为产业融合的思想，也即书名中"跨"的体现。

"跨"即跨越、横跨、越过，表示超过了某种原来的界限而跨入另一事物，在本书中体现为跨过文化产业本身的范围而去与诸如科技、体育、农业等其他领域结合的过程。不仅如此，单单"跨过"还不够，跨过之后还要让二者相融，这便产生"融合"的理念。加之"文化"二字本就海纳百川，极具包容性，不同领域、不同属性的思想可以通过文化聚合在一起。所以，文化产业可以通过文化与科技、旅游、体育等外延要素相互跨越融合，一方面扩展文化资源的价值利用，另一方面增加外延产业的经济价值，跨出传统界限，革新文化商业生态关系。文化产业跨要素的目的就是要转变原有的产业单一发展思路，试图将产业发展的双向两车道通过融合的方式扩宽为双向八车道，让各种资源要素"跨入"文化产业这条高速通道，提升产业发展效率，让所有参与者都能享受文化产业高速发展所带来的红利，同时也成就着文化作为产业融合升级支撑者的使命。

而对于本书中所提到的"金融资本支持"，区别于政治经济学中"金融资本"的学科专业定义，泛指包括金融机构、政府、企业、民间资本等一切可能为文化产业提供融资手段或资金供给的金融支持。通过金融手段对各类资本进行合理配置，畅通资金流动路径，推动文化产业内及产业间相关企业融资模式和融资结构的优化，并且借助金融机构的间接借贷以及资本市场的直接融资方式，实现对文化产业发展的全产业链支持。不管是文化产业自身还是其融合后形成的新兴产业业态，均离不开金融的参与和资本的支持，因此本书强调的金融资本支持实际是指泛金融活动的支持。

1.2.1.2 文化产业融合新业态需要多样化的金融资本支持

文化产业的跨要素融合会形成新兴产业业态，而新型文化业态又需要多样化创新性的金融资本支持，二者天然存在内在关联。接下来我们主要从需求与供给、政府与市场等维度进行机理分析，以明确文化产业的跨要素融合与金融资本支持二者之间的关系，如图1-1所示。

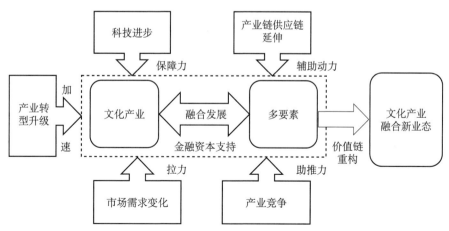

图1-1 "金融支持"促进"文化产业跨要素融合"的作用机理

（1）市场需求拉动金融对文化产业跨要素融合发展的支持。

金融资本对文化产业跨要素融合发展的支持以民众需求变化为导向，

内在机理是文化消费需求的不断升级。文化产业类型的多样性与文化产业表现方式的普遍性在很大程度上决定了金融资本对文化产业跨要素融合发展支持的进程，随着人们的生活水平提高、生活品质提高、生活方式转变、消费观念更新，新阶段的文化既要高质量又要具有多样性、复合性，传统单一要素的文化产业很难适应新需求，而新出现的"文化 + N"新业态必然需要大量资金，此时文化产业领域就会出现与之相适应的文化金融创新融资模式。

（2）市场竞争推动金融对文化产业跨要素融合发展的支持。

市场竞争是金融资本支持文化产业跨要素融合发展的重要推力。首先，文化服务和产品同质化竞争越发激烈，文化企业为了在市场中实现可持续发展，必须在掌握市场需求特点的基础上，从内容或形式上对原有产品进行升级。其次，根据生命周期理论，文化产品经历着投入、成长、成熟、衰退四个发展时期。为保持企业市场地位和市场份额，避免原有文化产品消亡退出市场后，被其他文化产品占领，文化企业必须不断创新、开发新产品。企业创新需要大量资金，金融可以利用自身的市场调节、融资产品和资源平台为文化企业创新提供帮助，这些因素推动金融支持与文化产业不断融合，催生适宜"文化 + 金融"的融合性金融工具及产品。

（3）科技因素为金融支持文化产业跨要素融合发展提供保障。

随着科技的进步，人们的生活、学习、工作、休闲发生了重大变化。技术创新是出现新型文化产业业态的重要原因，文化产业跨要素融合的本质在于创新。"科技 + 金融""科技 + 文化"的发展成为文化产业融合发展的直接推力，也是未来产业融合发展的重要引擎。新阶段，文化产业科技化也是文化产业跨要素融合发展的重要特征。在文化项目开发、文化资源整合、文化基础设施建设、文化市场开拓、文化企业管理、文化企业营销等领域广泛应用新科技，很大程度上能够引发文化发展战略、文化发展理念和文化产业格局的变革，带动文化产业体制创新、文化经营管理创新和文化产品市场创新，加快金融支持与文化产业跨要素融合发展的速度、广度乃至深度，催生诸如文化艺术份额化交易、知识产权证券化等文化金融新融资模式的崛起。

（4）产业链延伸是金融支持文化产业跨要素融合发展的辅助动力。

文化产业是一个集吃、住、行、游、购、娱于一体的综合性产业，几乎涵盖了人们日常生活中的所有产业部门，促使文化具有与其他产业融合和共生的自然属性。文化产业链有两种类型：横向整合一体化和纵向整合一体化。横向整合一体化多采用连锁和特许经营，通过扩大行业间市场的覆盖范围，形成文化市场网络，吸引广泛客源，并确保业务效益。纵向整合一体化是指为满足文化受众多样化需求，在企业经营业务基础上，围绕产业链上、下游拓展业务和延伸产业链，不仅能提高企业的文化服务能力、文化经营能力和文化获利能力，也能催生文化新业态。另外，作为国民经济支柱性产业，其他产业为了寻求更好的发展，会主动向文化产业靠拢渗透，与文化产业融合发展的趋势明显。文化产业的这一经济属性，天然地与金融产业存在着互动共生的特征，这是两者相融的机理。

总之，当前文化产业的功能、特征、结构、动力和模式均在进行着深刻改革，比如文化产业的功能正在突出其生产和服务特性，文化产业的形态也逐渐向高级的先进形态演变，内部分化和外部融合的趋势不断强化，文化的组织结构也由单一向多元复合转化，文化的动力机制由内生动力向内生和外生共同动力过渡，供需关系共同推动文化市场的发展，文化的发展模式也由"引进来"向"走出去"转变、由政府主导型向多元合作型转化。这些变化要求金融提供新制度、新思路和新功能，支持文化产业基于传统的发展模式进行跨要素融合，只有通过持续的创新和融合，才能实现文化产业新业态与金融资本支持多样化的兼容发展。

1.2.2 研究与发展现状

1.2.2.1 研究现状

（1）关于文化产业的相关研究。

"文化产业"的概念早期是由阿多诺和霍克海默（Adorno and Horkheimer，1947）在《启蒙辩证法》中提出，而米尔瓦·佩尔托涅米（Mirva Peltoniemi，2015）在其最新研究中提出文化产业领域已经形成了产品、消费者、创意、产业组织等特定的连锁主题，某一文化产品的持续生产和其潜在的不确定因素会加强四者的关联性。因此，文化产业是企业引入具有大量创新元素的产品，并通过大规模分销将产品用于消费市场的一系列主题与行为，这些文化产品包含各种故事和风格，满足娱乐和社交展示的需求。理查德·哈恩斯（Richard Haans，2018）把文化产业与生产系统相结合进行分析，发现文化产业所处的区域位置对预期创业的影响相当高。影视、表演艺术等核心文化产业的企业家比非核心文化产业的企业家更希望维持现有工作，创造就业机会的可能性也更小，例如广告和出版。非核心文化产业虽然被视为属于文化产业，但其创造就业的期望值与非文化产业相同。更重要的是，这些非核心文化产业似乎最有可能在文化产业中扮演创造就业的角色。因此，可以通过社会热点来刺激文化就业岗位以带动文化产业发展，而这些热点似乎可以由文化产业的跨要素融合来实现。

唐·洛伊（Thang Loi Ng，2019）对文化产业和经济增长的关系进行了分析，研究发现，虽然现阶段文化产品消费对国内生产总值的贡献比其他产业小，但文化消费增长率还是相当高。与其他服务需求相同，如果消费者对文化产品有强烈需求，那么它将吸引投资商和其他联动的文化服务机构，例如社会文化组织、文化产品生产商等。社会通过对文化产业的投资带动了相关产业的发展，最终可以对整个经济产生重大影响。发展到数字经济时代，安东尼奥斯·卡加斯和乔治·卢莫斯（Antonios Kargas and Georgios Loumos，2023）认为，近年来，虚拟现实（virtual reality，VR）和增强现实（augmented reality，AR）技术作为一种在全球范围内分发数字内容和传播组织的手段得到了快速发展。文化产业将这些技术和开发应用作为在数字世界中的战略发展手段，以"国际化"服务其受众。不仅如此，这些技术通过丰富消费人群的体验，也为重塑整个行业提供了机遇。

我国文化产业虽然起步较晚，但是发展速度较快，文化产业的相关理论研究也十分丰富。2009 年，文化部定义文化产业为"从事文化产品生产和提供文化服务的经营性行业"，指出文化事业和文化产业是文化体系的两个重要组成部分，文化产业的产生和发展是社会生产力发展的必然结果。黄志敏（2016）指出，影响文化产业发展的三个主要因素是创意、人力资本、文化产业的自身特性，尤其是第三个因素，文化产业自身特性决定了其发展模式的独特性，这种不可模仿的特点无形中增加了经营风险。高志强（2017）对文化产业进行内生经济学分析，认为文化产品具有特定的非竞争性和非排他性，不适用边际效益递减规律，更符合内生经济增长理论，是一种"创意→垄断→边际报酬递增→不完全竞争"的经济增长模式。文化产业凭借独特创意确立其垄断地位，以高于边际成本价格的形式填补原始产品成本，解决了技术进步内生化及实现长期经济增长的问题。胡惠林（2019）认为，我国文化产业发展首先应从理论上解决"中国文化产业发展是什么"这个根本性问题，缺少对文化产业发展规律的理性认知，将导致文化产业发展过程中的高风险、高成本和高失败。石丹（2019）认为，文化产业与版权制度密不可分。文化产业的保值增值需要版权制度作为基础，不仅如此，还需要建立完善的版权保护制度以及激励制度。就目前状况而言，版权制度与政府出资相辅相成，因此，我国可以借鉴英国政府以间接资助的形式推动文化产业发展，采取部分投资减免税率等手段。张伟（2021）指出，我国是一个地域辽阔、文化资源丰富的国家，文化产业发展前景良好。以区域为划分标准，不同的区域体现出不同的区域文化，所以文化产业呈现出区域性特征，不同区域的文化产业将通过竞争与合作推动文化产业的整体发展。对于中西部经济欠发达地区，塑造特有的文化产业，助力和推动区域经济赶超性发展，不失为一个好的区域经济发展思路。蔡强（2021）指出，政府层面要努力营造有利于文化产业发展的良好环境，而产业层面要加快结构调整以提高行业的整体竞争力。闫烁和祁述裕（2023）认为，从研究内容来看，数字文化产业及新业态研究、区域文化产业及空间布局研究、文化产业政策与管理研究、现代文化产业体系和市场体系研究、文化产业研究理念与范式等构成了近几年文化产业研究的主要内容，各类研究方法和理论工具的使用，使文化产业研究范畴更加广泛、研究视角更为多样。总的来看，文化产业研究与实践的联系愈发紧密，研究内容趋于精细化，跨学科研究更为频繁。

通过分析国内外对文化产业的理论研究，学者们对文化产业是指文化相关活动产业化的观点是基本一致的。作为一种特殊产业，文化产业涉及的范围越来越广，文化产业的范畴也逐渐延伸。除了传统文化产业的相关行业外，还包括文化教育、旅游、建筑、互联网等发展方向。文化产业是一种兼具知识性、创造性、高投入性、文化产品可复制性及高风险性、服务性、高收益性的产业，这就决定着其特征异于传统产业，所以在新时代"文化强国"战略背景下，文化产业的跨要素融合发展将显得尤为重要。

（2）关于金融支持文化产业的研究。

在促进文化产业快速发展的进程中，传统的金融支持方式，比如信贷融资、发展债券市场、完善无形资产担保体系、引导投资等一直以来都在发挥重要的作用，随着"文化＋"的概念全面深化，以及文化产业融合新业态的不断出现，关于"文化＋金融"融资模式的研究也得以不断延伸。凯文·斯蒂罗（Kevin J. Stiroh，2018）认为金融文化是一个复杂的问题，因果关系难以分离，但是可以通过个人和团体行为背后的潜在驱动因素、动机和风险来预测某个阶段的文化产业态势。李慧静（Lee Hye Kyung，2022）研究发现，韩国文化部使用风险资本融资是金融化进入文化领域的延伸，也是金融必要性在政策制定中影响力不断上升的一个指标，韩国的案例很好地说明了政府如何战略性地利用风险投资公司和风险投资市场，扩大对文化产业的资本供给，实现其政策目标。文化政策在支持文化生产者和企业方面具有巨大的空间，可以发挥积极作用，而利用金融是实现这一目标的方法之一。

我国学者对金融支持文化产业的研究开始相对较早，研究领域也比较广泛，其中以金融效率、产业结构为重点研究方向的文献较多，可以分为理论和实证两个角度。

　　首先，从理论分析的角度来看。冼雪琳（2010）的研究指出，文化资产实现证券化需要将企业的无形资产进行评估之后再作价出售，是两个步骤的系列动作。文化产业发展需要大量的资本支持，属于资本密集型产业，文化资产证券化的过程可以促进文化资本和金融资本实现高度融合，这种模式也必将成为文化产业资金筹措的主要渠道。钟勤（2012）提出，文化产业的金融支持指的是在文化资源的开发、生产、利用、保护、经营等活动中的金融参与活动，其对文化产业及其文化事业的发展过程和文化金融的发展过程进行了对比评述，充分论证了文化金融是文化经济发展的核心组成要素，对文化经济乃至整个国民经济的发展起到至关重要的促进与推动作用。陈广（2016）分析了文化产品市场和证券投资市场间的风险传导效应，发现文化产品市场受沪深指数有限程度的影响。文化产品金融化交易的风险与资本市场具有风险相互集聚关系，需要防范文化产品过度金融化发展带来的泡沫加剧。吴鹤（2018）认为，我国文化企业发展中的最大难题是融资渠道单一，同时民间资产存量丰富却缺乏适合的投资渠道，如何联通两者使其顺利对接，对于破解文化产业融资困境、完善资本结构、提升产业效率具有重大意义。

　　此外，魏鹏举（2016）认为，新常态下，中国的文化产业具有强有力的发展潜力，应该遵循国家文化产业发展的宗旨，构建以政府扶持引导为主的、多层次多元化文化产业金融支持体系。朱兴龙（2017）认为，新时期文化产业是经济增长的原动力，也是产业结构升级的重要方向，金融支持是文化产业发展不可或缺的因素，但我国金融支持文化产业发展的路径、机制、政策不通畅，制约了文化产业实力提升。朱贾昂（2017）认为，我国现阶段的文化产业投融资体系结构并不合理，文化产业的发展受到较大的融资约束，加强外部文化环境建设、加快金融对接文化产业创新、匹配金融端需求尤为重要。王保庆（2021）认为，"文化搭台，经济唱戏"的理念早已不能满足时代发展的需要，金融的作用日益显现出来。金融本身在融资渠道、产品开发、评估机制等方面有很大的优势，用金融手段、金融工具等方式发展文化产业反而是一种最优的路径。该作者以运城为代表，从政府部门、金融机构、文化产业自身三方来寻求解决问题的办法，认为需要三方合力，不断改善文化产业发展的金融服务方式，让文化产业插上金融的翅膀，助推经济的发展。丁亚宁（2022）认为，文化产业的转型升级脱离不了金融行业的大力支持，文化产业和金融体系的融合在构建过程之中对地区的经济发展以及文化传播具有一定的正向促进作用。王志强和朱红英（2022）指出，近年来，中央实施重要战略部署和政策措施，深化文化体制改革，加快发展文化产业，正成为经济发展新的增长点。加大金融支持文化产业的力度，推动文化产业与金融资本的对接，是培育新经济增长点的需要，是促进文化大发展大繁荣的需要，是提高国家文化软实力和维护国家文化安全的需要。据此，我们应充分认识推动金融支持文化产业的重要意义，聚焦文化金融创新、艺术金融创新、文化资产证券化等支持文化产业发展的新型融资工具研究，拓宽文化产业投融资渠道。

其次，从实证角度方面，我国学者运用数量分析方法对金融支持文化产业进行了系统分析。张振鹏（2016）指出，无形资产是文化企业的核心资产，但是无形资产的评估缺乏全国统一的规范性程序，导致文化企业的无形资产无法体现价值，虚高的企业负债率使得文化企业更加难以获得融资。虽然政府出台《文化企业无形资产评估指导意见》意在拓宽文化企业融资渠道、鼓励无形资产积累、提升文化企业核心竞争力，但是实践中依然存在各种评估难问题。因此，金融支持体系在文化企业的无形资产评估制度方面亟待加强，对处在转型升级阶段的文化产业发展有积极的促进作用。褚杉尔（2018）对153家文化创意上市公司的非平衡面板数据进行实证分析。研究发现，文化创意上市公司面临较为严重的融资约束问题，文化创意公司的企业固定资产占总资产比重越低，面临的融资约束程度就越高，而数字金融的发展能缓解此类现象，因此，需要大力推进数字金融发展，用以缓解文化创意企业的融资困境。史宁等（2019）认为，我国文化产业发展具有空间分布上的不一致性，发达地区的文化产业资源也不均衡，提出应加大政策支持力度、增强企业竞争力、完善投融资体系、拓宽融资渠道、吸引民间资本，进而推动文化金融体系构建。朱建等（2020）基于中国省际面板数据，构建空间滞后、空间误差及空间杜宾模型来检验金融集聚对文化产业发展的影响，从缩小区域产业差距、调整金融资源配置、提升企业生产力等方面提出了对策建议。郝宇星（2021）采取北京市的时间序列数据进行实证研究，指出北京市金融规模和金融效率对文化产业的发展发挥了正向促进作用，其中，金融效率的提高对文化产业发展的作用较大，以银行信贷为主的间接金融对文化产业的推动作用较明显，相比较而言直接金融发挥的作用受限，说明北京市亟须促进资本市场的良好运转。

纵观国内外学者关于文化产业的金融支持的相关研究，可以看出将金融业和文化产业融合发展已成为帮助文化产业实现跨越式发展的重要途径，文化产业的融合化趋势已经十分明显，对应的文化产业金融化的融资创新也在加速。本书接下来也将重点分析文化产业融合发展过程中进行的艺术品抵押、资产证券化、风险投资、债券发行等新型文化业态的融资行为，并将这些行为看作影响文化产业跨要素融合发展的重要因素。

1.2.2.2　发展现状

（1）文化产业阶段特征及整体发展概况。

①我国文化产业的发展阶段。文化产业不仅与国民生活息息相关，如今更是成为国民经济发展新增长点的战略支撑产业。根据我国文化产业政策的发展态势来看，其发展可大致分为以下三个阶段。

一是满足基本文化需求并进行初步的市场建设阶段。2005 年，我国在"十一五"规划中明确指出，需要完善公共文化服务体系，加强文化设施、服务网络和文化产品的基本建设，保障和满足人民群众的基本文化需求。与此同时，要积极培育文化产品市场和要素市场，加强对外文化交流，扩大对外文化贸易，拓展文化发展空间。

二是建立现代化文化产业体系阶段。在 2010 年的"十二五"规划中强调，建立公共文化服务体系、现代文化产业体系和文化市场体系，推动文化产业跨越式发展，使之成为新的经济增长点。加快转变文化产业发展方式，促进从粗放型向集约型、质量效益型转变，增强文化产业整体实力和竞争力。增加文化消费总量，提高文化消费水平，创新商业模式，拓展大众文化消费市场，开发特色文化消费，提供个性化、分众化的文化产品和服务，培育新的文化消费增长点。

三是文化体制改革创新阶段。2015 年至今，文化产业市场化成了文化产业的发展重点。我国"十三五"规划和"十四五"规划中提出，科学区分文化建设项目类型，可以以产业化、市场化方式运作，推广政府和社会资本合作（PPP）模式，引导非公有资本有序进入、规范经营，鼓励社会各方面参与文化创业。鼓励金融机构开发适合文化企业特点的文化金融产品，支持符合条件的文化企业直接融资，支持上市文化企业利用资本市场并购重组，建立健全重大文化项目首席专家制度，造就一批文化产业专业人才，实施文化产业数字化战略，加快发展新型文化企业、文化业态、文化消费模式。

党的十九届五中全会在《中共中央关于制定国民经济和社会发展第十四个五年规划和二〇三五年远景目标的建议》（以下简称《建议》）中作出了中国特色社会主义进入新发展阶段的重大判断。在统筹中华民族伟大复兴战略全局和世界百年未有之大变局的视野下，文化建设同样迈入了新发展阶段，并在《建议》中首次明确 2035 年全面建成社会主义文化强国的战略目标。迈向"十四五"时期，我国文化产业正在进入高质量发展阶段。

②文化产业整体发展现状。我国文化产业相关行业种类繁多，其中，多集中在内容创作生产、创意设计服务、文化消费终端生产等行业。2021 年尤其是上半年，内容创作生产成为文化产业中营收规模最大的类别，实现营收 11 484 亿元，占比 21%。在其他文化产业相关行业中，文化消费终端生产 10 094 亿元，占比 19%；创意设计服务 9 010 亿元，占比 17%；新闻信息服务营业收入 6 415 亿元，占比 12%；中介服务占比 13%；文化辅助生产占比 11%；文化装备营收达到 3 022 亿元，占比 6%（见图 1－2）。

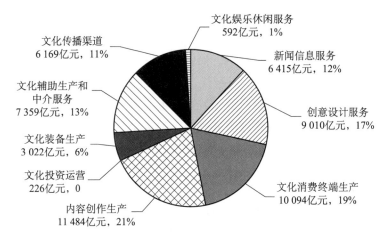

图 1－2 2021 年上半年规模以上文化及相关产业营收结构情况

资料来源：2021 年上半年全国规模以上文化及相关产业企业营业收入增长 30.4%，两年平均增长 10.6%〔EB/OL〕. https：//www. stats. gov. cn/sj/zxfb/202302/t20230203_1901181. html.

而我国规模以上文化及相关企业（以下简称文化企业）数量也呈现波动上升态势，从 2017 年的 5.5 万家增至 2022 年的 6.9 万家（见图 1－3）。

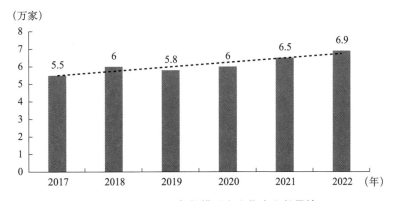

图 1－3 2017～2022 年规模以上文化企业数量情况

资料来源：2022 年全国文化及相关产业发展情况报告〔EB/OL〕. https：//www. stats. gov. cn/sj/zxfb/202306/t20230629_ 1940907. html.

（2）金融支持文化产业现状。

①金融支持文化产业相关政策。金融支持文化产业主要涉及金融机构参与文化产业融合发展、金融工具与创新模式在文化产业融合中的应用等，相关支持政策可以从以下两个方面说明。

一方面，国家层面金融支持文化产业融合发展的政策体系不断完善。一是 2021 年文化和旅游部、国家开发银行出台《关于进一步加大开发性金融支持文化产业和旅游产业高质量发展的意见》（以下简称《意见》），提出了支持重点重大项目建设、支持试点示范工作推进、支持产业创新发展、支持各类市场主体发展壮大、支持产业国际合作五方面主要任务，以及做好融资规划、做好资金支持、提供综合性金融服务三项政策措施。根据《意见》，文化和旅游部、国家开发银行会同相关部委、金融机构，进一步加大对文化产业和旅游产业领域重点重大项目的金融支持力度，共同建立项目全流程、全周期管理服务机制，促进项目落地实施。《意见》是深入推进文化与金融合作的首个专项政策，在文旅融合领域较为系统地部署了推进文化与金融合作的具体举措，对发展更具竞争力的文化旅游融合产业，解决文旅企业融资难、融资贵的问题有重大意义。二是 2022 年《中国文化金融发展报告》指出，2021 年政府通过包括文创基金、文化产业专项债等多种方式，加大对文化产业的金融支持力度，同时，金融机构也积极探索文化金融产品和服务，推动文化产业与金融的深度融合。该报告指出，2020 年以来，金融对文化产业的持续发展提供了巨大的支持。银行业金融机构积极作为，进一步扩大对文化产业的贷款规模，有力支撑了文化产业的发展。与此同时，该报告还指出，发展高质量文化金融，需要结合数字文化经济发展趋势，推动数字文化金融相关专门政策，探索数字文化金融创新试点，进一步推动文化金融与科技金融、绿色金融、普惠金融以及自贸区金融协同发展。

另一方面，金融支持文化产业融合发展的地方政策不断出台。例如，深圳高度重视文化与金融的合作，深圳市文化广电旅游体育局会同地方金融监督管理局在全面总结经验的基础上，深入听取金融机构和文化企业的意见，形成了《关于推进文化与金融深度融合发展的意见》，"文化 + 金融"已成为深圳文化产业发展的显著特点和重要成果，成为文化产业高质量发展的重要动力。深圳市政府投资引导基金成立多家涉及文化产业的子基金，与此同时，文创产业投资基金联盟和一批有较大影响的文化产业类基金也纷纷成立。此外，建设银行深圳分行成立深圳首家"文化银行"，其他各银行金融机构也积极开展文化金融服务，金融创新举措不断推出。

又如，为缓解本市文化企业融资难问题，2021 年底北京出台《北京市支持文化金融融合发展资金管理办法》，推动财政资金、社会资本建立风险共担机制，鼓励金融机构加大对中小微文化企业的融资服务和信贷支持力度。

②金融支持文化产业发展现状。随着文化产业的发展壮大，越来越多的金融资本开始涉足该领域，一些投资机构开始主动投资文化创意产业、文化旅游项目等，为这些产业的发展提供了充足的资金支持。

首先，文化产业信贷规模不断扩大。一是文化产业信贷规模持续增长。《中国文化金融发展报告（2022）》中提到，根据中国银行业协会对 30 家银行的调研，截至 2021 年底，30 家银行文化产业贷款余额达 16 499.23 亿元，创历史新高。二是文化产业信贷结构得到优化。随着金融市场的发展和政策的引导，文化产业信贷结构也在逐步优化。一方面，金融机构更加注重风险控制，加大对优质项目的融资支持力度；另一方面，政府出台了一系列扶持政策，鼓励金融机构向文化创意产业提供更多融资服务。而且文化产业信贷重点领域有所调整，在过去的几年中，文化旅游业一直是文化产业信贷的重点领域之一，但随着文化产业结构的调整和市场需求的变化，这一特点也在发生变化，目前动漫游戏、数字内容、影视制作等领域成为新的热点领域，得到了更多的金融资本支持。

其次，文化企业资本市场融资初具规模。随着国家政策的不断支持和文化产业的快速发展，越来越多的文化企业选择通过资本市场融资来获得资金支持。2021 年，数字文化产业资本市场表现强劲，融资规模达 2 344.64 亿元，同比增长 54.59%，占文化产业融资规模的 62.45%，比 2020 年增加 6.64 个百分点。此外，文化产业债券发行规模也逐年扩大。为了满足文化产业的融资需求，越来越多的文化企业开始选择通过债券发行来获得资金支持。2021 年，我国文化产业债券市场共发行 76 支债券，发行总额为 541.70 亿元，上市文化企业再融资规模达 1 295.19 亿元，同比增长 10.46%。2021 年，文化行业私募股权融资数量为 565 起，同比上涨 81.67%，融资总金额为 444.80 亿元，同比上涨 114.89%。[1]

再次，文化保险融合开始走向全面推广。除了传统的投资方式外，越来越多的金融机构开始探索新的模式，如文化保险融合等。文化保险融合是指将保险工具与文化产业相结合，为文化产业或企业提供全方位

① 资料来源：《中国文化金融发展报告（2022）》。

的风险保障和服务支持。通过文化保险融合，不仅可以降低文化产业的风险损失，还可以提高文化产业的竞争力和发展潜力。例如，保险公司提供艺术品保险，可以为艺术家、艺术品收藏家和画廊等提供艺术品的保险保障，覆盖艺术品的损失、盗窃、火灾等风险；保险公司提供演艺保险，可以为演艺活动提供保险保障，覆盖演出取消、延期、演员意外伤害等风险；保险公司提供影视保险，可以为电影制片厂、电视剧制作公司等提供保险保障，包括设备损坏、责任保险、拍摄中断等风险的覆盖；保险公司提供活动责任保险，可以为文化活动和大型活动提供保险保障，覆盖活动期间可能发生的第三方伤害、财产损失等责任。文化保险融合不仅提供了风险管理的保障，降低了文化企业的经营风险，还让文化从业者能够更加自信地创作、展示和推广作品，有助于吸引更多的投资者和合作伙伴参与文化产业，为整个行业的可持续发展创造更稳定和可靠的环境。

最后，文化产业的发展离不开政府和社会资本的全面参与。政府在文化产业中发挥着重要的作用，它可以通过制定有利于文化产业发展的政策、加大财政投入等方式来支持文化产业的发展。政府可以制定税收优惠措施，提供文化产业的财政补贴和支持基金，促进文化创意企业的成长。此外，政府还可以提供场地、设施和基础设施建设，支持文化活动和艺术项目的举办。社会资本则包括各种社会组织和个人的投资、赞助和支持，个人社会资本通过人脉关系、信任和社群网络，为文化从业者提供支持、合作和资源分享。社会组织（如非营利机构、文化协会等）可以组织文化活动、培训和交流，搭建平台促进文化从业者之间的互动和合作，它们可以为文化企业提供非物质性的支持，如人才引进、市场营销等，此外，个人可通过购买文化产品、参观博物馆等方式为文化产业提供消费支持。政府的政策和资金支持，社会资本的社交网络和资源共享，均能增强文化产业及文化企业的合作能力，二者的综合作用有助于营造良好的发展环境，促进文化产业的融合与创新。

总之，金融资本支持文化产业是当前文化产业发展的重要趋势，也是推动文化产业发展的重要手段之一。未来，随着文化产业的不断发展壮大，文化企业的资本市场融资也将面临新的机遇和挑战。一方面，政府将继续加大对文化产业的支持力度，为文化企业提供更多的政策和资金支持；另一方面，市场竞争也将更加激烈，文化企业需要不断提高自身的核心竞争力才能在市场上立于不败之地。

1.3 研究思路与技术路线

文化产业的繁荣对于支撑经济社会发展和促进先进文化思想转化都起到重要作用，是满足人民群众美好生活需求的助推剂。文化产业综合性和包容性强的特征，使其具备跨要素融合发展的优势条件。以"文化+旅游"的融合为例，二者的融合是"双循环"新格局下文化产业发展及经济增长的新动力。而在文化与互联网融合方面，线下的文化产业需结合线上宣传推广，多层次配套融合能够开创文化产业的新业态。文化企业需通过融资来生存与发展，金融资本在文化领域的丰厚投资回报可以反向促使更多金融资源流向文化产业，由此形成促进文化产业跨要素融合发展的良性循环。

综上所述，本书考虑以下四个层次的研究内容（见图 1-4）：一是文化产业的发展特点与投资价值分析；二是文化产业跨要素融合的发展方式；三是金融对文化产业的融合支持及文化金融产品的设计；四是文化产业投融资运作及融资实践。各层次内容相互衔接，层层嵌套，目的是在良好的逻辑框架基础上，通过大量的理论推导和路径设计等，凸显文化产业的投资价值与投资渠道，依托文化产业跨要素融合形成的多业态文化商业模式，吸引更多高效资金尤其是金融资本的全链条进入。

第一，文化产业投资价值分析。本部分主要包括第 1～第 3 章的内容，通过对国内外文化产业的发展及其趋势的全面分析，说明我国目前文化产业的发展优势和发展潜力，强调文化产业现阶段是继农业经济时代、资本经济时代和知识经济时代之后全新的文化经济发展阶段。同时，通过因子分析、投资决策建模及实物期权等方法分析文化产业的投资价值，表明当前文化消费市场潜力正在被激发，全产业链的文化产业体系正在全面形成，文化产业融合新业态已成为各类投资和资本选择的最佳领域。

第二，文化产业跨要素融合方式。本部分主要包括第 4～第 7 章的内容，从分析文化产业跨要素融合的动因、融合方式以及依据，研究文化产业的基本产业结构、产业价值以及实现增值的过程，再过渡到文化产业与科技要素、行业要素及其他要素的融合发展模式，多角度分析文化产业跨要素融合形成的新兴业态与创新发展路径。

第三，金融对文化产业的融合支持。本部分主要包括第 8 章的内容，首先对金融支持文化产业的内在路径机制进行阐释与分析，其次从金融工

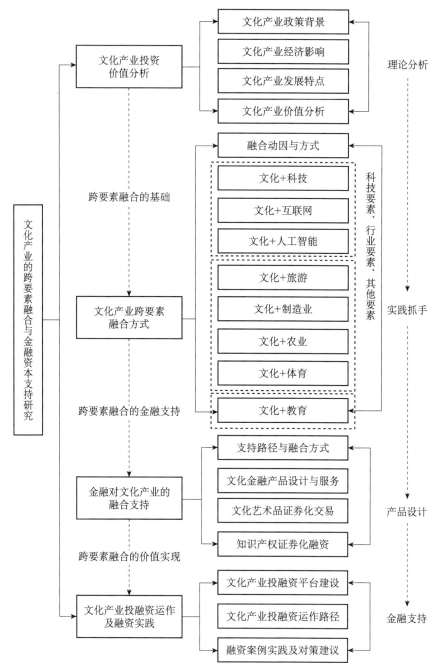

图 1-4　本书整体研究框架及技术路线

具角度与文化行业角度分析文化与金融的融合途径，再次过渡到文化金融产品的设计与服务，最后通过艺术品证券化模式与知识产权证券化融资这两种具体的文化产业金融产品与服务模式的介绍来深化该部分的主题，为文化产业重大项目的资产证券化、融资链的延伸以及利用金融衍生品市场获取资金提供现实基础。

第四，文化产业投融资运作及融资实践。本部分主要包括第 9 ~ 第 10 章的内容，先对文化产业的投融资影响因素进行分析，之后介绍文化产业投融资平台的模式、关键环节与发展方向，再从融合业态的角度出发介绍文化产业价值实现的三大平台，从而对文化产业的投融资路径进行分析，通过投融资平台建设，打造多层次、多元化的文化产业融资体系，形成文化产业与金融市场的有效衔接。最后通过具体的案例介绍让读者从具体事件中对金融支持文化产业的融资形成更清晰的认识，引起读者启迪与思考。

1.3.1　文化产业投资价值分析

第一，政策机遇。全面梳理我国近年来文化产业领域相关的政策机制，指出正是政策的有效支持，促使着各类文化企业向着更好的方向发展，文化产业正在保持一种积极向上的状态。通过政策梳理，也说明金融资本在推动文化产业跨越式发展的同时，自身正面临难得的政策红利机遇，迎来了良好的投资时机。

第二，经济影响。随着文化产业的不断深化改革，其 GDP 贡献不断提高，而且创造并衍生出了大量就业岗位，有力推动了文化经济实力提升。与此同时，文化产业更是改善了传统产业构架，推动了整个社会经济结构的转型升级，甚至文化产业不断增加的内在技术需求也在一定程度上推动了科学技术的创新。

第三，发展特点。通过阐述文化产业目前所处的发展阶段、整体的发展特点，说明我国当前文化产业发展具备政策支持和消费需求的基础，无论是内容创作生产、创意设计服务还是文化消费终端生产等都在突飞猛进。当然，鉴于文化企业大多属中小微企业，仍存在资金不足和融资难的困境。

第四，价值分析。引入期权定价理论，深入分析文化产业项目的投资价值和投资时机。强调文化产业项目的实物期权投资思想，构建模糊定价模型，对文化产业项目的投资决策提供理论依据，同时引入具体案例分析，对金融资本的最佳投资时机给出对策建议。

本部分的逻辑架构如图 1 - 5 所示。

1.3.2　文化产业跨要素融合方式

根据文化产业发展现状、经济发展水平和产业基础条件，我们认为投资文化产业应以"发展新业态、加强产业融合、构建流转体系"等为着力

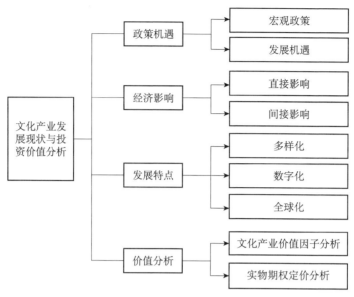

图 1－5　文化产业投资价值分析框架

点，不仅有利于搭建金融资本的投资渠道，更能实现资本的有效退出和文化产业的价值实现。本部分的逻辑架构如图 1－6 所示。

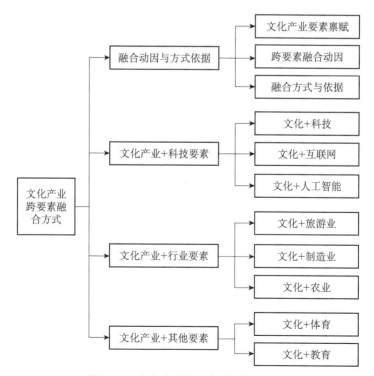

图 1－6　文化产业跨要素融合发展框架

第一，融合动因与方式依据。本部分从文化产业的外在资源禀赋和内在创意要素出发，分析文化产业跨要素融合的动因和进程，再从科技赋能融合、多元互补融合、衍生互联融合等方面介绍文化产业跨要素融合的方式依据，为之后章节的文化产业与各要素融合的介绍奠定基础。

第二，文化与科技的融合。数字技术的飞速发展改善了文化产业结构，提高了产业竞争力，扩大了产业规模。本部分深入说明文化科技的未来生态、融合趋势以及如何促进文化科技的深度融合。

第三，文化与互联网的融合。本部分深入分析互联网与文化产业的融合点及融合效应，对二者未来的融合发展途径和趋势进行探讨。

第四，文化与人工智能的融合。随着新一代物联网的高速发展和人工智能的落地运用，文化传播的载体已经超越传统的互联网媒体，与大数据算法、智能 AI 技术不断迭代融合，创新出更加符合消费者需求的新型传播方式，本部分从产业融合方式及融合路径着手深入说明。

第五，文化与旅游的融合。本部分通过分析文化旅游的融合实践和具备条件，探讨文旅融合的路径与模式，寻找二者融合的基本发展思路。与此同时，本部分还将分析当下流行的文旅融合商业业态，强调金融资本对其支持的重要性。

第六，文化与制造业的融合。本部分深入研究制造业与文化产业融合发展的机理与模式，对产业融合发展途径进行深入探讨。

第七，文化与农业的融合。农业与文化产业融合发展，是在经济全球化、信息技术和互联网迅速发展的背景下产生的文化休闲农业、文化创意农业以及农耕文化产业等产业发展的新范式，本部分将深入研究文化产业与农业的融合基础及现阶段发展模式。

第八，文化与体育的融合。近年来我国政府部门不断提出关于加强体育产业与文化产业相融合的指导意见，如何推动体育产业与体育文化产业的有效融合将是本部分重点谈论的问题。

第九，文化与教育的融合。从古至今，文化与教育就相融互通，从四书五经到现代百科全书，从地理历史到人文社科，文化与教育的融合就如唇齿之相依。发展到现代，在互联网的加持下，数字文化教育更是将文化产业与教育的融合推到了顶峰。本部分主要介绍"文化＋教育"的价值分析与二者的融合发展路径，对推动优化文化产业与教育的结合提供新的思路。

1.3.3 金融对文化产业的融合支持

文化产业能否严格遵循商业规律来运营，尤其是其投资周期长、风险系数高的特点，仍是业界最大的顾虑。因此，需要我们创新资本战略，实现文化财富增值。本部分的逻辑架构如图 1 - 7 所示。

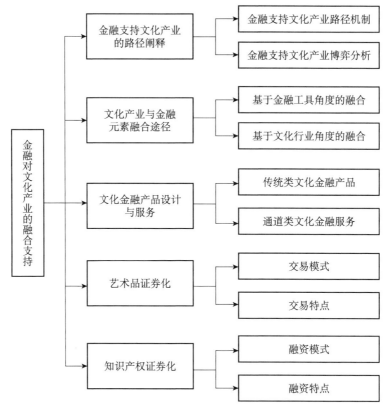

图 1 - 7　金融对文化产业融合支持框架

第一，金融支持文化产业的路径机制。本部分通过介绍金融支持文化产业的内在机理，说明金融资本被吸引到文化产业的原因，之后通过博弈分析来详细分析该作用机制，同时为后续部分的融合途径和融资产品设计奠定基础。

第二，文化产业与金融元素融合途径。通过从金融工具和文化行业两个视角分析文化产品如何与金融结合，催生出文化金融产品和服务，以金融之水浇灌文化产业之花。

第三，文化金融产品设计及服务。将文化金融区分为包括银行类融资、股权类融资、债券类融资等的传统类文化金融产品以及"艺贷通""艺融通"等通道类文化金融产品服务，并对其进行梳理分析。

第四，艺术品证券化。艺术品证券化是将艺术或艺术品以证券资产的方式进行投资，是在资产证券化较为成熟的背景下进行的一种文化金融创新尝试。本部分将对艺术品证券化现状以及交易模式、交易特点进行概述，同时针对艺术品证券化交易存在的问题进行详细分析。

第五，知识产权证券化。本部分梳理介绍知识产权证券化的融资模式、融资特点，属于金融支持文化产业融合的一个新兴支撑点。

1.3.4　文化产业投融资运作及融资实践

本部分详细介绍文化产业的投融资运作与融资案例实践。高效的投融资对文化产业起着良好的推动作用，然而目前文化产业的投融资面临平台短缺及衔接困难等问题。因此，该部分介绍了文化产业投融资驱动因素及投融资平台建设的内容，进而升华到文化产业价值实现所需的三大平台的构建，落实到文化产业投融资运作整体路径的进入、合作及退出机制。最后，通过对艺术品证券化融资实践、文化旅游项目的特色 REITs 融资以及知识产权证券化的融资设计与实践等具体案例进行探讨，将本书的理论分析落实到金融支持的实践操作。本部分的逻辑架构如图 1 - 8 所示。

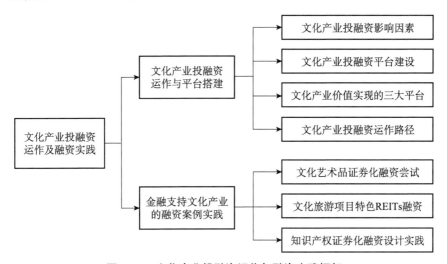

图 1 - 8　文化产业投融资运作与融资实践框架

第一，文化产业投融资运作与平台搭建。本部分首先介绍文化产业投融资背景与文化产业投融资驱动因素，解释文化产业投融资运作的动因；其次从文化产业投融资平台模式、平台运营关键环节及投融资平台发展方向三个维度对文化产业投融资平台的建设进行深入分析；再次升华进入文化产业价值实现的三大平台建设介绍；最后从融资渠道、跨领域合作、资本整合及资本退出机制等方面梳理文化产业投融资的运作路径。

第二，金融支持文化产业的融资案例实践。实践是检验真理的唯一标准，在一系列的理论分析之后本书需要将金融支持文化产业的分析从理论落到实践。本部分通过不同融资手法、反面警示分析等方法对四个具体案例从不同角度进行介绍，从实践入手剖析典型融资案例，引发读者探究及思考。在文化艺术品证券化方面，本部分首先通过"盛世宝藏一号"艺术品基金和天津文交所艺术品份额交易的正反两个案例对我国艺术品证券化融资尝试进行介绍，并提出相应的优化对策；其次以"大唐不夜城"特色REITs 融资案例作为文化旅游融合项目融资的典型代表，分析其模式构建与优势特点；最后，介绍知识产权证券化融资中的"爱奇艺"知识产权证券化案例，从项目设计、融资特点到其成功手法的深入剖析，为读者呈现一个立体的知识产权证券化融资模式，助其理解金融支持文化产业发展的最新趋势。

1.4　特色与创新之处

理论研究层面，本书用到投资决策建模、实物期权定价、博弈分析等经济理论，同时还用到随机变量及其概率特征的模糊决策推断，对文化产业项目实际运营进行了深入分析，凸显了文化产业具备良好的投资价值和投资时机。虽然当前文化产业的经济产值及其对 GDP 的贡献正在直线增长，但市场主体如文化类企业依然存在小而散等不足，缺乏土地、厂房、设备、劳动力、资本金等传统经济学的生产要素。本书认为，依托文化产业创意设计、灵感创新的融合特征，其产业发展的商业机会依然突出，因为文化的崛起和经济的崛起是相辅相成并且同步的，文化产业天然与其他产业相通或互为关联，这些新的产业机会基本都是通过跨要素融合形成的，比如具有宅经济特点的互联网新兴文化产业、新媒体、视频网红等，具有创意经济特点的文化创意产品、动漫影视剧作等，具有体验经济特点的游戏产业、文旅产业、实景演艺、工业遗存等，具有引领时尚的 IP 经济特点的新餐饮、新时尚、新服装、新国风等。这些通过跨要素融合形成的文化产业商业机会，在本书的"文化＋科技""文化＋人工智能""文化＋旅游""文化＋制造业""文化＋体育"等融合分析章节均进行了深入探讨。

金融支持方面，本书将跨要素融合形成的新的文化产业商业机会或商业模式定位为新时代文化产业投资的着力点和实践抓手，根据文化金融运作模式和产品设计，给出正确引导金融资本进入文化产业的有效路径，从博弈分析的角度解释文化产业吸引金融资本的原因，从金融工具和文化行业等多维度分析文化产业与金融元素的融合途径，并介绍"艺贷通、艺融通、艺术品证券化、知识产权证券化"等典型文化金融产品模式。此外，在分析文化产业投融资驱动因素基础上，提出文化产业投融资平台建设的模式、关键环节及发展方向，构建文化产业价值实现的三大平台，规范文化金融交易，并给出资本退出的可选渠道，满足不同资金的退出需求，顺应文化产业融合发展趋势。

应用实践方面，本书通过介绍多个金融支持文化产业融资的鲜活案例，将内容研究从理论分析上升到实践应用层面。这些案例承接前面的融资产品设计，将模式设计的思路嵌入具体的操作实践，解决在金融支持文化产业方面常常存在的理论与实践脱节问题，同时以实践加深对文化产业融资的理论理解。

第2章 文化产业的经济影响及发展特点

文化产业作为新兴产业是凭借文化创意的智慧以及科学技术，通过调配文化资源，开发和使用知识产权，不断创新并赋予较高附加价值的文化商品、服务及其他创意产品，引领新型文化消费经济。文化产业发展规模及其水平已经成为反映一个国家或一个地区综合水平的重要指标。

2.1 文化产业的政策背景

2.1.1 宏观政策

2.1.1.1 国际层面

从国际层面上来看，建设文化产业应紧跟着世界发展的大趋势。现今，文化产业正迎来良好的国际机遇，经济全球化、世界多极化的格局早已形成，科技发展势不可挡，尤其是与文化相关的各种产品交易量、国际交易额得到显著提升。随着国际合作交流的畅通，文化产业国际化也正朝向多元化方向发展，尤其是跨国文化企业，它们注重文化产品的拓展、管理制度的引进与输出，通过不断地向外输送文化创意，有效地降低生产经营的费用，甚至打破文化产品进入不同市场遇到的壁垒障碍。实践表明，发达国家在文化产业领域成绩斐然，拥有着一定的先天优势，无论是人力资源还是地域禀赋，都远超发展中国家，而且发达国家在国际市场处于有利地位的突出表现就是文化产业市场份额占比较大。以文化产品的市场交易额度为例，美国就占据了将近一半的比例，欧洲紧随其后以30%的额度位居第二，美国通过市场自身调节和重视保护文化知识产权的政策，促进文化企业在自由竞争中优胜劣汰，保持美国文化市场的持续繁荣。

英国是最早将文化与产业相融合的国家，早在1997年便首推文化创意产业，提出将伦敦建设为世界级文化中心。此外，英国十分注重文化创意人才的培养，推出《创意英国——人才新经济计划》等方案，发掘未来文创的可能性。英国一直坚持将文创产业视为英国文化传播的物态形式与有效载体，重视将民族文化、传统文化等社会主流核心价值观融入文创设计，英国文化创意产业增速为全球第一，英国也因其开放性与包容性而吸引了来自世界各地的创意工作者，使英国的文化产业成为驱动经济的新引擎。与美国截然不同的是，英国对于文化产业的政府干预较为强烈，借助英语在全球的广泛使用和英国传统强国的优势，制定相关主流文化发展政策，让英国成为世界出版业翘楚。据英国政府 2020 年的数据，英国文化创意产业为英国经济贡献了超过 1 100 亿英镑产值，并且未来依然具有极大发展空间。

日本于 20 世纪 90 年代确立了文化立国战略，通过游戏、动漫等文化产业，向全世界不断输出日本文化。文化产业也是日本的支柱性产业，它并没有沿袭美国的高度市场化模式，而是从 21 世纪初至今持续提供政策支持，如《文化艺术振兴基本方针》《内容产业振兴政策》《知识产权战略大纲》等，确立具体且明确的各项政策措施，建立从文化产业创造、运用、保护到消费的整个产业链的政策支持，大力培养文化人才，并且建立官民协同机制，明确政府与市场协同，不区分文化事业与文化产业，而将二者有机融合、相互促进，使得日本成为当今世界文化产业大国中的一员。

未来，发达国家与发展中国家的合作将是文化产业跨越式发展的重要趋势，合作方式必然是利用双方的人力、物质等有利资源，做到优势互补，实现双赢，发达国家可以借助对外承包文化产品及专利、投资文化品牌等方式深入发展中国家，同样发展中国家也可以借助这些方式反向融入发达国家。文化产业及其新业态的发展必须紧跟世界格局新变化，进而成为引领国际化发展的潮流。

2.1.1.2　国内层面

从国内层面上来看，文化产业的建设正处于黄金时期，各类文化项目及新型文化业态发展至少赶上了三方面难得的发展机遇。

第一，良好的宏观环境机遇。美国次贷危机逐步演化为全球性金融危机之后，全球经济相对萧条，消费低迷，制造类加工行业受到较大冲击，在此背景机遇下，我国文化产业市场发展迎来了转型，文化产业投资的快速增长以及产业融合带动经济全面发展的拉动作用得到了各级政府的重点关注，从国家到各级地方政府制定了许多有力政策及举措，投入大量资金支持文化产业建设，给予了文化产业发展所需的良好宏观政策环境。

　　第二，难得的产业转型升级机遇。传统文化产业存在涵盖面较小、产业层级较低、存在产业发展动力不足、文化供给与文化消费双向都不强、产业融合力度不够等问题，在科技经济、数字经济日益高速发展的新时代，文化产业可以充分发挥其创意性、知识性、低耗性、高效性等特性，促使自身产业结构转型的同时，带动其他行业向智能型、专利型、创新型方向发展，进而实现文化经济的全面升级。

　　第三，潜在的消费需求机遇。文化消费总量和消费水平的双向增长可以加速文化经济向更有利的方向发展。在后金融危机阶段，我国整体经济发展相对来讲势头较猛，国民经济整体依然保持中高速增长，人们的收入水平也得到了进一步的提高，对于高品质、高质量的生活理念也渐渐加深，消费也由单一的追求物质层次转变为更多元更高级的精神层次，尤其越发重视以文化为中心的精神需求，这为文化产业的全面跨要素融合发展提供了较佳的环境氛围和基础。

2.1.2　发展机遇

2.1.2.1　产业引导与扶持

　　首先，从国家层面来看，国务院、发改委等相继出台了多项针对并支持文化产业建设的政策规划。表2-1列举了2009年以来国家层面出台的相关文化产业政策及相关内容。

表2-1　　　　2009~2022年国家层面颁布的文化产业相关政策

发布年份	政策及规划名称	相关内容
2009	《文化产业振兴规划》	将文化产业提升至国家层面
2012	《文化部"十二五"时期文化产业倍增计划》	指出文化产业已成为国家经济发展的重要组成部分
	党的十八大报告	强调要努力将我国建设成社会主义文化强国，增强文化竞争能力，加快文化产业的高效发展，使其成为支柱性产业
2013	《关于支持转企改制国有文艺院团改革发展的指导意见》	支持转制院团改革发展，提升我国演艺产业发展水平
	《关于动漫产业增值税和营业税政策的通知》	动漫企业销售其自主开发生产的动漫软件，对其增值税实际税负超过3%的部分，实行即征即退政策，动漫软件出口免征增值税

续表

发布年份	政策及规划名称	相关内容
2014	《关于推进文化创意和设计服务与相关产业融合发展的若干意见》	推进文化创意、设计服务等新型高端服务业发展，促进与实体经济深度融合
	《关于加快发展对外文化贸易的意见》	加强政策引导，优化市场环境，壮大市场主体，改善贸易结构，加快发展对外文化贸易
	《关于深入推进文化金融合作的意见》	鼓励金融资本、社会资本、文化资源相结合，深入推进文化与金融合作
	《关于支持电影发展若干经济政策的通知》	促进我国电影繁荣发展，提高我国电影的整体实力和竞争力
2015	《关于推动国有文化企业把社会效益放在首位、实现社会效益和经济效益相统一的指导意见》	推动国有文化企业把社会效益放在首位、实现社会效益和经济效益相统一
	《关于做好政府向社会力量购买公共文化服务工作的意见》	明确购买主体，科学选定承接主体，明确购买内容，制定指导性目录，完善购买机制，提供资金保障，健全监管机制，加强绩效评价
	《关于影视等出口服务适用增值税零税率政策的通知》	进一步鼓励服务出口，对影视服务、离岸服务外包等出口服务适用增值税零税率政策
2017	《国家"十三五"时期文化发展改革规划纲要》	加强人们对思想道德培养，将文化知识运用到企业中，进一步扩大文化产业的规模，增强文化整体实力，完善文化产业体系
2018	十三届全国人大一次会议	提出组建文化和旅游部，统筹规划文化产业、旅游业发展，维护各类文化市场的秩序，推出"文化+旅游"的策略
2019	《进一步支持文化企业发展的规定》	指出要大力推进国有文化企业内部资源整合，推动企业的并购重组，优化文化产业结构
	《文化产业促进法（草案征求意见稿)》	将可有效实施的文化经济政策法治化，完善促进社会效益和经济效益的有机统一
2020	《关于推动数字文化产业高质量发展的意见》	夯实数字文化产业发展基础、培育新型数字文化产业、构建数字文化产业生态保障措施

续表

发布年份	政策及规划名称	相关内容
2021	《关于加强社会主义法治文化建设的意见》	到2035年，基本形成与中国特色社会主义法治体系相适应的社会主义法治文化，基本形成全社会办事依法、遇事找法、解决问题用法、化解矛盾靠法的法治环境
	《关于加快发展外贸新业态新模式的意见》	加快发展外贸新业态新模式，有利于推动贸易高质量发展，培育参与国际经济合作和竞争新优势，对于服务构建新发展格局具有重要作用
	《关于进一步加强非物质文化遗产保护工作的意见》	健全非物质文化遗产保护传承体系，提高非物质文化遗产保护传承水平，加大非物质文化遗产传播普及力度
	《关于进一步推动文化文物单位文化创意产品开发的若干措施》	依托文化或文物单位馆藏文化资源加强文化创意产品开发工作，有利于推动中华优秀传统文化创造性转化、创新性发展，有利于培育和弘扬社会主义核心价值观
	《关于在城乡建设中加强历史文化保护传承的意见》	构建城乡历史文化保护传承体系，加强保护利用传承，建立健全工作机制，完善保障措施
2022	《"十四五"旅游业发展规划》	贯彻落实新发展理念，坚持文化和旅游融合发展，加快推进旅游业供给侧结构性改革，繁荣发展大众旅游，创新推动全域旅游，着力推动旅游业高质量发展，积极推进旅游业进一步融入国家战略体系

资料来源：公开资料整理。

其次，从地方层面来看。随着中央制定的各类关于文化产业制度法规的出现，全国各地对照中央文件相继制定了独立的文化产业政策，并根据当地的特色文化资源进行了分类规划。以甘肃为例，甘肃省委、省政府根据甘肃乃至丝绸之路特色文化资源优势，在国内较早提出打造"文化大省"的建设目标，并制定了一系列支持文化产业、文化经济跨越式发展的政策规划。表2-2列举了自2010年以来甘肃省针对文化产业大力发展的相关政策。

表2-2　　甘肃省制定的具有针对性的文化产业政策

发布年份	政策、规划及战略名称	相关内容
2010	《国务院办公厅关于进一步支持甘肃经济社会发展的若干意见》	提出要将甘肃建设成文化大省

续表

发布年份	政策、规划及战略名称	相关内容
2011	《关于贯彻党的十七届六中全会精神进一步加快文化大省建设的意见》	提出到2020年要基本建成文化大省，同时保障文化产业高效发展，使其成为全省支柱性产业之一
2012	《甘肃省加快文化大省建设的若干政策规定》	制定财政扶持、税收优惠、投融资、工商管理、资产管理和经营、土地扶持、人员安置、收入分配和社会保障，鼓励社会力量兴办文化事业、文化产业
2013	国家级文化战略平台华夏文明传承创新区获批	提出将甘肃建设为文化创新大省，积极增强产业的融合发展，完善服务体系，引领经济转型，积极开发区域内丰富的文化资源，推动甘肃加速发展文化产业，建成国家级文化战略平台
2014	《关于加快发展对外文化贸易的实施意见》	加快推动文化大省和华夏文明传承创新区建设，大力发展甘肃对外文化贸易，提升甘肃文化产品和服务的国际竞争力
2014	《关于推进文化创意和设计服务与相关产业融合发展的实施意见》	以改革创新和技术进步为动力，以知识产权保护利用和创新人才培养为核心，推进文化创意和设计服务与相关产业融合发展
2014	《关于文化体制改革中经营性文化事业单位转制为企业和进一步支持文化企业发展的实施意见》	把全省所有经营性文化事业单位转制为企业，打造成为自主经营、自负盈亏、富有活力和具有竞争力的合格市场主体
2016	《甘肃省"十三五"文化产业发展规划》	指出创建文化特色产业，健全文化体系和建设保障措施，提高创新能力，壮大产业人才队伍，打造知名品牌
2018	《关于构建生态产业体系推动绿色发展崛起的决定》	文化旅游产业被列为甘肃"十大生态产业"，并计划设立上千亿元的绿色生态产业发展基金，全力构建甘肃生态产业体系
2018	《甘肃省文化旅游产业发展专项行动计划》	提出到2020年甘肃省文化产业增加值达到GDP比重5%的发展目标，并制定具体的重点任务和保障措施

续表

发布年份	政策、规划及战略名称	相关内容
2019	《关于进一步激发文化和旅游消费潜力的意见》	加快培育经济发展新供给新动能，促进文化旅游产业提质增效，建设文化旅游强省，打造"一带一路"文化制高点
	《甘肃省教育科技赋能文旅产业实施方案》	文化旅游深度融合，培养一批满足全省文化旅游发展需要的高水平人才，打造推出一批优质文化旅游项目和产品
	《新时代甘肃融入"一带一路"建设打造文化制高点实施方案》	提出要充分挖掘甘肃省文化遗产蕴含的哲学思想、人文精神、价值理念和道德规范，以华夏文明传承创新区建设为抓手，注重保护弘扬和创新发展相结合、社会效益和经济效益相统一
	《甘肃省人民政府办公厅关于大力促进全省文化旅游产业提质增效的意见》	提出将从供需两端发力，挖潜力、增活力、补短板，大力促进文化旅游产业从资源依赖型向创新开发型转变
2020	《中国·甘肃乡村旅游发展指数（2019 年度报告及 2020 年趋势展望)》	甘肃乡村旅游发展势头良好，2019 年全年共接待游客 3.74 亿人次，其中，乡村旅游就占 1 亿多人次
2021	《甘肃省"十四五"文化和旅游产业发展规划》	改造提升传统文化产业发展水平，加快培育新兴文化产业，以数字化为引领，推动创意设计走向大众化，丰富文化和旅游产业产品供给

资料来源：根据公开资料整理。

2.1.2.2 政策红利与投资机遇

文化产业在国家及各级地方政府的政策、资金等的大力支持下，民间资本、社会资金不仅遇上了难得的政策红利机遇，更是迎来了良好的投资机会。

第一，市场主体功能不断增强。梳理相关政策，在投资建设文化项目或是场所方面，无论是非国有经济还是国有经济都拥有平等的权利与义务，许多政策更是积极呼吁非公资本投入艺术领域，将具有民族和地域特色的文化产品、优秀艺术团体和艺术作品推广到海外市场，推动有附加值的文化产品、文化服务、文化品牌走出国门。

第二，文化产业融合带动作用得到推崇。各类政策均有强调，要合理运用文化产业带、文化产业基地及文化产业园区的经济集聚作用，加大建设力度和投资力度，在推动区域文化传播的同时，合理分配各种资源，带动相关产业的建设、发展和增长，孕育出独具创意的文化产业。

第三，民企、国企同等待遇得到政策体现。部分政府资金要合理引入文化产业投资，要重点支持文化企业的建设，同时鼓励支持国有企业或大型民营企业主动投资文化产业。不难看出,非公文化企业已经在文化产业整体建设中占有一席之地,宽松的政策、有力的支持更加促使各类文化企业尤其是民营企业向着更好的方向发展。文化产业正在保持着一种积极向上的状态,各类资本将成为推动文化产业发展的重要力量。

2.2　文化产业的经济影响

在理论研究方面,国内外学者的研究一致认为,文化产业有很强的外溢性,且其发展对于提高国家的智力资本水平具有很重要的贡献,文化产业的发展有助于提升传统工业产品的文化价值,从而增强产品的市场竞争优势。文化与经济一体化是必然趋势,文化产业对城市的发展意义在于提高经济效益,优化产业结构,促进经济健康可持续发展等。

从我国近年来文化产业发展情况看,其经济效益在不断提高,创造的产值相较于其他产业增速更为明显。一方面,文化产业增加值在 GDP 中的占比逐年增加,2011～2021 年,文化产业增加值从 13 479 亿元上升到 52 385 亿元。① 对经济的影响和贡献大而且持续时间长。另一方面,文化产业在社会和市场中的影响范围越来越广,文化产品渗透到各个区域,上至大中型城市下至县乡地区,文化消费更加便捷。而且互联网技术的普及也将不同区域间的信息隔阂逐步消除,创意及特色文化产品不再是城市居民的独享品。文化产业对经济的影响可以分为直接和间接两种渠道,如图 2 - 1 所示。

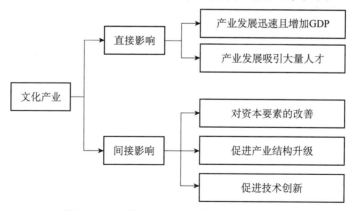

图 2 - 1　文化产业促进经济发展的影响机理

---

① 2021 年全国文化及相关产业增加值占 GDP 比重为 4.56% ［EB/OL］. https：//www. stats. gov. cn/xxgk/sjfb/zxfb2020/202212/t20221230_1891330. html.

就文化产业对经济的直接影响而言，主要有以下两点。

第一，文化产业能够有效促进并带动国民投资和消费。文化产业的年增长速度达到 16% 左右，远超过 GDP 的增长速度，这在我国经济进入"新常态"以及"双循环"新发展格局下显得尤为独特。发达国家经济发展史也告诉我们，当人均 GDP 达到 1 000 美元时，人们对文化产品和服务的消费需求会迅速增加；达到 3 000 美元时，文化产品和服务的支出能够达到 20% 以上。随着我国文化产业的飞速发展，对 GDP 的贡献也不断增强，2021 年规模以上文化及相关产业企业营业收入占 GDP 的比重再次超过 10%，较 2018年、2019 年、2020 年均有较大幅度的增长，如图 2 - 2 所示。

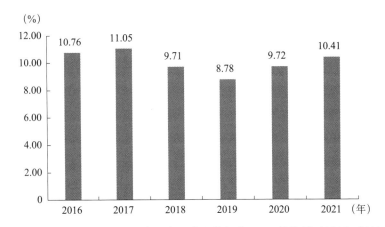

图 2 - 2　规模以上文化及相关产业企业营业收入占 GDP 的比例（2016～2021 年）

资料来源：2021 年全国文化及相关产业增加值占 GDP 比重为 4.56%［EB/OL］. https：//www. stats. gov. cn/xxgk/sjfb/zxfb2020/202212/t20221230_1891330. html.

第二，文化产业可以促进就业，改善升级经济结构和产业结构。文化产业可以细分为文化零售业、文化服务业和文化制造业等，而服务业属于劳动密集型产业，使得其能够吸引大量劳务人员，提高社会就业率。此外，文化产业所需要的人才大多为高端人才，可以消化吸收各类创意融合型人才，充分利用人力资源。当然，文化服务业的发展还可以进一步促进文化制造业升级，形成协同发展，进而吸引更多投资并创造消费经济。

2.3　文化产业的发展特点

由于我国文化体制的不断深入改革，以及人民群众自身精神文化需求的不断提高，文化产业已经从探索、起步、培育的初级阶段，进入快速发展的新时期，呈现出朝气蓬勃的新局面，并呈现出三大特点：多样化、数字化、全球化。

第一，文化创意及文创产品越来越多样。正如中国文化产业协会祁述裕所说，以前的文化创意、文创产品往往是艺术家、设计师等文化从业者的专利，而今的文化创意参与主体已大大扩展，除了专业的文创公司以及创意工作室之外，普通民众不仅是文化创意产品的主流消费者，更是文化创意设计的直接参与者，甚至是文创产品的直接生产者，文化创意产业已经成为一个全民参与的新型文化产业融合业态。此外，体验式文创设计也是当前文化创意及文创产品多样化的一个突出特点，比如当前流行的情景式、沉浸式文化演艺及演出，民众既充当消费者，又参与到实景演出，这种体验式的文化消费模式更能增加文化创意产品的吸引力。

第二，文化数字化融合特征越来越明显。数字技术能够为文化创意和文创产品提供无穷的想象空间，文化产业在新技术、数字化的伴随下不断实现转型与升级。比如，智能化手机的普及使得即时化、视频化的线上文化传播和内容消费成为主流，以 VR、AR、MR 为代表的沉浸式媒体，通过物理世界和虚拟世界的融合共生，带来了全新的沉浸感和临场感体验。此外，随着互联网信息技术的高速发展，人类的信息数据规模呈现爆炸式增长，大数据开始向各个行业渗透并开始发挥生产要素的重要作用。人工智能在网络新闻、文学创作与编辑等方面已经得到广泛应用，甚至能够参与到音乐题材选择、初步生成、编曲、声音合成等音乐制作的各种环节。文化创意产业已经跨越多个行业，涵盖影视制作、音乐、出版、动漫、游戏等多个领域，硅谷地区的科技公司与好莱坞电影工业的合作，推出了一系列具有国际影响力的文化产品和服务，国内互联网巨头如百度、阿里巴巴、腾讯、京东、字节跳动等公司也都在积极探索如何将人工智能、大数据等应用于文化产业中。

第三，文化产业全球化趋势愈发明显。"全球化"是指全球层面不同的人、经济、文化、政府、环境和其他各种网络间日益增长的相互联系的过程。世界各国的文化产业有强大的生命力和发展土壤，一直处于快速发展中。在 2008 年全球金融危机中，全球大多数产业哀鸿遍野，而文化产业却"逆势上扬"。资料显示，在 2008 年的萧条态势下，全球国际贸易减少 12%，而文化创意产品和服务的世界出口额仍然延续自 2002 年以来形成的年均 14% 的复合增长率，可见全球文化产业具有顽强旺盛的生命力。随着跨国公司的发展，世界很多文化产品呈现出标准化、规模化的特点，例如迪士尼乐园的全球化布局与好莱坞影片的世界放映以及我国的电影、电视剧、舞蹈、戏剧和书法等，也在全球范围内得到传播和推广。文化产业发展无极限，文化产业的强大是一国整体综合实力强劲的体现，当文化内涵以影视作品或文创商品为载体在全世界范围内传播，其影响力不止停留在商业层面，更多的是一种文化输出、文化渗透，让自己民族的文化观和价值观潜移默化地影响全世界。尤其随着互联网的普及，文化信息可以在全球各大社交媒体上传播，更是让文化产业的发展呈现出全球化特征。

我国人口众多，经济发展水平提高空间大，文化市场需求潜力大，但受经济环境、文化体制、社会保障体制等各方面的影响，现阶段表现出来的市场需求依然有限。另外，我国文化资源总量比较丰富，但开发利用不足，市场供给呈现结构性短缺状态，而且文化市场虽然广阔，但缺少健康的市场竞争和营商环境，发展不平衡的矛盾也比较突出。除此之外，许多文化领域的创意创新能力没有达到内容为王的文化创意产业发展要求，多数文化企业规模小且市场竞争能力不强，融资难融资贵的困境依然没有有效解决，这些因素都在制约文化产业的快速发展。

第3章　文化产业的价值分析与投资决策

产业的发展要靠具体的项目投资来带动，文化产业具有高成长性特征，但是受传统经济环境及文化体制的影响，当前大量文化企业主体发育缓慢，存在规模小、创意产品不成熟等风险特征，再加上市场不确定因素的存在，使得投资者在面对文化产业项目时大多持观望态度。在此环境下，如何实现良好的项目投资决策，避免投资资金失效，是关乎文化产业发展的一个重要问题。

3.1　文化产业投资价值与影响因素

近年来，文化产业风头正盛，吸引了众多资本参与。文化产业能有当前欣欣向荣的发展趋势，是因为各级政府尤其是国家层面早就开始有意识地引导该领域的投资。从政府引导资金参与文化产业这一视角来看，早在2009年，国务院就印发《文化产业振兴规划》，明确要求由中央财政注资引导，吸收国有骨干文化企业、大中型国有企业和金融机构认购，设立政府引导的文化产业投资基金；2010年，财政部等九部委又联合发布《关于金融支持文化产业振兴和发展繁荣的指导意见》，鼓励多元资金支持文化产业发展，引导符合条件的保险公司参与文化产业投资基金；2014年，文化部专门出台《关于推动特色文化产业发展的指导意见》，明确了加大财税金融扶持、强化人才支撑、建立重点项目库、支持拓展境外市场等6项保障措施。在各类政策的鼓励和支持之下，2013年我国文化领域投资基金的规模达到第一波高潮，2016年相关投资基金数量更是增加到240多支。2021年文化产业投融资市场融资次数增长21.2%[①]，表现抢眼。根据经济学供给需求等原理，除了金融资本助力文化经济快速增长的推动之

---

① 资料来源：《中国文化产业投融资市场报告（2021）》。

外，另一个就是文化消费的全面拉动，尤其是随着全民收入水平的持续提高以及消费观念的转变，文化产业领域的供给侧结构不断创新并完善，使得人们对服务性消费的需求不断释放，文化娱乐、休闲旅游、健康养生等已成为当前最流行的消费热点。

吸引文化产业投资热的核心因素还有基于 IP 概念的创意业态，然而经过 2016 年市场对于 IP 资源的激烈争夺，2017 年文创领域 IP 同质化、抄袭、炒作严重等一系列泛 IP 化问题明显显现，使得各类资本不再盲目跟风，投资也更为慎重。一直关注文创产业的资金流向开始分散至多个领域，涉及行业也更为多样。为了提高政府产业引导基金、各类私募股权投资基金等参与文创产业的投资效率，更好发挥金融资本助推并带动文化消费经济的引领作用，因此有必要对该产业领域企业主体的投资价值及其影响因素进行全面分析。

3.1.1　文化产业价值因子分析

正因为我国文化产业投资的热度逐年增加，因此早在 2013 年就有学者对该领域相关企业的投资价值进行了研究。其中，秦智等（2013）的研究发现 A 股市场文化产业上市公司内在价值与其实际股票价格走势呈正相关，但不同公司的综合业绩及发展潜力各不相同，该研究引导投资者要从文化企业的基本面出发，寻找其未来的利润增长点。赵惠芳等（2015）的研究不仅关注到了文化产业的具体情况，还关注到了外部因素对其的影响，并且结合上市公司的区位和财务状况进行分析，最大程度地消除偶然性，使研究结果全面反映各分析对象的动态状况，有效地预测未来，有利于投资者作出更加准确的投资决策。纵观各类学者在这一领域的相关研究，我们发现评价企业投资价值一般主要是运用财务数据进行整合，其中因子分析法的分析结果最具针对性和可比性。比如，陈伟（2013）、牛芳等（2014）的研究就是利用因子分析法对上市公司的财务指标进行分类，然后通过对经营能力、盈利能力和偿债能力的分析得出企业的综合价值排名，随后进行原因的分析和探究，最终得出目标公司的投资价值与股价走势基本一致的结论。根据这类研究，如果在数据来源真实可靠的前提下，投资者可以得出可靠的投资建议。李杰等（2016）的研究也认为各上市公司在基本财务能力的各方面表现不同，投资者可以根据自己的需要从不同的方面作出决策，因子分析法能够帮助投资者在众多投资标的中找到最佳的投资对象，同时帮助投资者作出合理的判断。吴琳萍（2017）、吴雪（2017）和王波等（2018）运用因子分析法研究了旅游上市公司的投资价值后发现因子得分与公司的经营业绩呈正相关性，但是也指出了因子分析法的不足在于其分析的时间节点较为狭窄，没有达到整体和全面的效果，因此投资者在做投资决策时还应该密切关注国家政策导向和最新的数据情况，以求结果能最大程度上反映当前股票的投资价值。综上所述，用因子分析法可以有效评价文化企业的投资价值，并发现具体的影响因素，有利于促进各类投资资金积极参与文化产业投资并逐步建立该领域完善的投资框架体系。

我们选取沪深两市 32 家文化类上市公司为研究对象，在参照以往相关领域文献研究的基础上，选择能够综合体现企业投资价值并反映财务能力的相关变量，建立文化企业投资价值评估指标体系，然后运用 SPSS 软件的计算分析功能，对样本对象进行变量描述分析、分类处理和基于各项影响因素下的投资价值评估与排序，并联系实际进行实证结果分析和探讨。本章所建立的文化企业投资价值评估指标体系具体包括 8 个变量：每股收益、利润总额、净资产收益率、资产负债率、流动比率、速动比率、净利润增长率和总资产周转率，32 家文化企业的数据资料主要来源于其财务报告，参照东方财富网公开信息进行整理获得，具体见表 3 - 1 所示。

表 3 - 1　　　　　文化企业投资价值评估指标体系及相关数据

证券名称	每股收益（元）	利润总额（万元）	净资产收益率（%）	资产负债率（%）	流动比率（%）	速动比率（%）	净利润增长率（%）	总资产周转率（%）
华数传媒	0.1	15 000	1.47	26.96	3.41	3.39	1.51	0.05
湖北广电	0.1434	8 952	1.62	27.14	0.43	0.42	-10.09	0.07
当代东方	0.0166	1 882	0.57	23.84	3.48	2.78	13.85	0.04
大地传媒	0.09	9 656	1.35	35.33	2.12	1.77	-6.06	0.15
华闻传媒	0.0125	6 888	0.26	27.47	2.32	2.15	-85.64	0.06
电广传媒	0.07	20 000	0.92	47.62	1.58	0.99	-20.99	0.08
歌华有线	0.1275	17 700	1.39	15.51	7.01	6.83	-3.9	0.04
当代明诚	0.0005	152	0.01	36.29	3.96	2.45	-44.15	0.02
城市传媒	0.0925	6 440	3.02	26.84	2.32	1.96	16.41	0.15
中文传媒	0.34	48 100	4.21	38.95	2.03	1.82	24.13	0.15
时代出版	0.2293	11 700	2.27	34.64	2.17	1.66	2.74	0.23
祥源文化	0.041	2 910	1.42	9.29	5.02	5.02	112.85	0.08
浙数文化	0.9676	157 000	17.78	2.06	18.83	19.8	637.53	0.07
东方明珠	0.1636	136 000	1.61	21.28	2.98	2.76	24.72	0.1

续表

证券名称	每股收益（元）	利润总额（万元）	净资产收益率（%）	资产负债率（%）	流动比率（%）	速动比率（%）	净利润增长率（%）	总资产周转率（%）
文投控股	0.14	28 600	4.85	39.21	1.4	1.39	25.61	0.11
长江传媒	0.12	13 600	2.49	39.82	2.07	1.75	0.64	0.28
新华传媒	0.007	969	0.28	34.25	1.71	1.43	-18.25	0.08
广电网络	0.06	3 460	1.29	55.61	0.68	0.63	-27.07	0.09
广西广电	0.04	6 161	1.79	46.46	0.66	0.48	-44.98	0.08
江苏有线	0.05	29 600	1.57	31.03	1.03	0.93	-8.02	0.06
中国电影	0.154	41 800	2.91	31.17	2.7	2.36	-0.4	0.12
贵广网络	0.05	5 177	1.31	37.67	1.24	1.16	-68.56	0.06
中南传媒	0.2	37 700	2.73	27.91	3.19	2.89	7.04	0.11
上海电影	0.13	5 509	2.44	27.02	2.88	2.86	-26.88	0.09
鹿港文化	0.01	422	0.34	48.17	1.39	0.87	20.33	0.12
南方传媒	0.14	13 400	3.06	46.98	1.3	1.05	0.26	0.14
凤凰传媒	0.1148	30 200	2.48	35.38	1.79	1.4	17.1	0.13
吉视传媒	0.021 2	6 274	1.03	34.72	0.97	0.63	-37.09	0.05
出版传媒	0.02	997	0.55	38.2	1.85	1.45	94.64	0.14
新经典	0.46	6 184	6.65	13.54	6.89	5.43	33.26	0.23
引力传媒	0.05	1 682	2.11	36.45	2.5	2.5	2.71	0.66
读者传媒	0.05	1 338	0.86	12.27	8.55	8.15	20.67	0.05

资料来源：东方财富网。

根据描述性统计分析结果，上述所选 8 个指标变量的相关系数呈阶梯式变化且都为 1，表明它们之间具有很强的相关性。通过进行 KMO 和 Bartlett 球形检验，结果显示此处的 KMO 值为 0.798，大于 0.7，变量之间的偏相关性较强，Bartlett 的显著性值近似于 0，拒绝原假设，比较适合作因子分析。整体表明上述指标数据能够用于评估样本企业的投资价值。

根据原始变量的相关系数矩阵，我们采用主成分分析法提取因子并选取特征值大于 1 的特征根。SPSS 20 输出结果显示，前 3 个主因子的方差贡献率已经达到累计方差贡献率的 90.77%，表明这 3 个主因子已经包含了大部分信息，只需选取前 3 个主因子就可以较好地代表原始指标，根据提取三个特征根时因子分析的初始解可知，所有的共同度均接近 1，各个变量的信息丢失都较少，因此本次提取的总体效果较理想。在随后的旋转因子载荷矩阵中，代表样本企业盈利能力的指标和第一因子的相关系数较大，代表样本企业偿债能力的指标和第二因子的相关系数较大，代表企业经营能力的指标和第三因子的相关系数较大，因此，我们将第一因子称为盈利能力因子，第二因子称为偿债能力因子，第三因子称为经营能力因子。

根据因子得分系数矩阵可以算出各主成分的得分数，并根据得分进行排名。具体的因子得分系数矩阵如表 3 - 2 所示。

表 3 - 2　　　　　　　　　　　因子得分系数矩阵

指标	成分		
	1	2	3
每股收益	0. 310	- 0. 123	0. 063
利润总额	0. 434	- 0. 341	- 0. 222
加权净资产收益率	0. 322	- 0. 138	0. 090
资产负债率	0. 350	- 0. 670	- 0. 008
流动比率	- 0. 058	0. 363	0. 031
速动比率	- 0. 028	0. 327	0. 025
归属净利润同比增长	0. 225	- 0. 009	0. 012
总资产增长率	- 0. 043	0. 065	0. 962

资料来源：SPSS 主成分分析所得。

根据表 3 - 2 我们可写出以下因子得分函数。

F1 = 0. 310 每股收益 + 0. 434 利润总额 + 0. 322 加权净资产收益率 + 0. 350 资产负债率 - 0. 058 流动比率 - 0. 028 速动比率 + 0. 225 归属净利润同比增长 - 0. 043 总资产增长率

F2 = - 0. 123 每股收益 - 0. 341 利润总额 - 0. 138 加权净资产收益率 - 0. 670 资产负债率 + 0. 363 流动比率 + 0. 327 速动比率 - 0. 009 归属净利润同比增长 + 0. 065 总资产增长率

F3 = 0. 063 每股收益 - 0. 222 利润总额 + 0. 090 加权净资产收益率 - 0. 008 资产负债率 + 0. 031 流动比率 + 0. 025 速动比率 + 0. 012 归属净利润同比增长 + 0. 962 总资产增长率

另外，因为每个主因子反映的只是样本企业投资价值的一个方面，因此要对其进行一个综合评价，以三个因子的方差贡献率为权数，其计算公式为：

F = 0. 46304F1 + 0. 31487F2 + 0. 12969F3

由此我们可以得到如表 3 - 3 所示的目标企业投资价值因子得分及排

名（特别提示，本部分的样本公司选取及其排名，并无意说明哪家公司的好坏优劣，仅用于本部分有关文化产业投资价值及其影响因素的学术分析，相关数据选取来自上市公司公开披露信息）。

表 3-3　　　　　　　　　目标企业投资价值因子得分及排名

证券名称	盈利能力		偿债能力		经营能力		综合价值（F）	
	得分	排名	得分	排名	得分	排名	得分	排名
浙数文化	4.60118	1	2.21310	2	-0.21448	16	2.79977	1
新经典	0.19244	10	1.42367	5	1.30430	3	0.70668	2
引力传媒	-0.48382	25	0.19014	11	4.59154	1	0.43134	3
东方明珠	1.10440	3	-0.56413	25	-0.90879	32	0.21584	4
中文传媒	1.11021	2	-1.08725	28	0.17156	8	0.19387	5
读者传媒	-1.20256	32	2.39620	1	-0.45012	23	0.13952	6
歌华有线	-0.72811	28	1.69599	4	-0.62259	27	0.11630	7
祥源文化	-0.98035	31	1.87772	3	-0.23799	17	0.10662	8
中南传媒	0.22712	8	-0.01674	13	-0.16625	14	0.07833	9
时代出版	0.08060	12	-0.29056	18	0.97850	4	0.07271	10
长江传媒	0.06840	13	-0.50488	23	1.35092	2	0.04785	11
中国电影	0.30637	6	-0.30744	19	-0.12979	13	0.02819	12
文投控股	0.63473	4	-0.93481	27	-0.10125	12	-0.01366	13
城市传媒	-0.31577	20	0.24879	10	0.32416	5	-0.02581	14
凤凰传媒	0.22753	7	-0.56305	24	-0.01481	10	-0.07391	15
上海电影	-0.39345	23	0.35871	9	-0.17039	15	-0.09130	16
华数传媒	-0.37400	22	0.41311	7	-0.59246	26	-0.11990	17
南方传媒	0.43555	5	-1.16273	31	0.18385	7	-0.14070	18
大地传媒	-0.24333	17	-0.21406	17	0.24436	6	-0.14840	19
出版传媒	-0.26651	18	-0.27833	17	0.17128	9	-0.18886	20
当代东方	-0.82895	29	0.75321	6	-0.64894	29	-0.23076	21
湖北广电	-0.30923	19	-0.14925	16	-0.41639	21	-0.24420	22
江苏有线	-0.11457	15	-0.39366	21	-0.65695	30	-0.26224	23
电广传媒	0.17421	11	-1.12867	30	-0.44709	22	-0.33281	24
新华传媒	-0.61973	26	-0.08053	14	-0.35459	19	-0.35831	25
鹿港文化	-0.14409	16	-0.91596	26	-0.02456	11	-0.35840	26

续表

证券名称	盈利能力		偿债能力		经营能力		综合价值（F）	
	得分	排名	得分	排名	得分	排名	得分	排名
华闻传媒	− 0.87218	30	0.35925	8	− 0.55014	25	− 0.36205	27
当代明诚	− 0.68210	27	0.12986	12	− 0.83929	31	− 0.38379	28
贵广网络	− 0.36791	21	− 0.46654	22	− 0.51793	24	− 0.38447	29
广西广电	− 0.01688	14	− 1.09095	29	− 0.35925	20	− 0.39802	30
吉视传媒	− 0.44581	24	− 0.36717	20	− 0.62778	28	− 0.40349	31

资料来源：SPSS 主成分分析所得。

3.1.2　文化产业价值投资评估

3.1.2.1　盈利能力与文化企业投资价值评估

盈利能力通俗讲就是公司赚取利润的能力。根据表 3 - 3 目标企业的盈利能力因子得分可知，排在前五的分别是浙数文化、中文传媒、东方明珠、文投控股以及南方传媒。其中，浙数文化和中文传媒主营业务都涉及游戏运营，文投控股和南方传媒一个是影视制作与发行，一个是有线电视的基本收视维护业务，东方明珠也是偏重传媒娱乐，这类公司的典型特点都是前期投入较大，准备时间较长，团队组织也需要一定时限，但是从收入上来讲是可以数倍于前期投入的。毫无疑问，这几家公司近年来的主营业务定位是投资者及未来跟随者应该重点关注的，影视创作、游戏行业明显是文化产业的趋势领域。与此同时，这类行业业态也是比较容易吸引金融资本参与的，加上政策支持，因此容易形成较好的盈利能力。

3.1.2.2　偿债能力与文化企业投资价值评估

企业的偿债能力是指企业用其资产偿还长期债务与短期债务的能力，偿债能力是反映企业财务状况和经营能力的重要标志。表 3 - 3 的结果显示，偿债能力较好的前五家公司分别是读者传媒、浙数文化、祥源文化、歌华有线以及新经典，其中，读者传媒是偿债能力最优秀的且是唯一一家地处西北经济欠发达地区的公司。读者传媒一直从事的是图书、期刊等传统类业务，因此收入稳定，负债有限，这就使公司的偿债能力非常强。这五家公司里面，除了浙数文化的游戏类业务比例较高，其他公司几乎都是从事有线电视服务、图书、音像制品等偏传统业务的公司，新经典更是取得了图书总发行资质，对市场有一定的垄断性和定价能力，这对其公司形成少负债多盈利的效果是非常显著的。

3.1.2.3　营运能力与文化企业投资价值评估

企业营运能力分析就是要通过对反映企业资产营运效率与效益的指标进行计算与分析，评价企业的营运能力，为企业提高经济效益指明方向。营运能力在进行企业价值评估中的作用与功能体现在三个方面，一是营运能力分析可评价企业资产营运的效率，二是营运能力分析可发现企业在资产营运中存在的问题，三是营运能力分析是盈利能力和偿债能力分析的基础与补充。根据表 3 – 3 的结果，经营能力较好的前五家公司分别为引力传媒、长江传媒、新经典、时代出版、城市传媒。这几家公司的共同特点就是其经营业务范围较广，主营业务多且不全是传统业务，大多数投资资本或许就是看中了这些公司的多元化，以及新兴产业为其带来的未来发展空间，因此会参与投资并积极参与运营管理。

3.1.3　文化产业因子分析投资决策

根据前面实证变量选取及主成分因子分析，我们可以看出企业盈利能力、偿债能力、营运能力是所有投资者参与文化企业投资时都必须重点关注的三类指标变量，而因子得分排名的具体实证结果则表明影响三类指标的主要因素在于文化企业主营业务布局及经营业态选择，其中处于引领文化产业创意创新的动漫游戏、影视创意等新兴产业业态，不管在盈利能力还是营运能力方面都表现出很强的竞争优势，而处于出版、印刷等传统文化产业业态的企业只是在偿债等抗风险能力方面表现突出，长远来看，这类企业的未来前景必然受到更多挑战，各类投资者对该类企业的投资意愿会明显降低，最典型的例子正如前面所述的读者传媒，虽然企业偿债及抗风险能力较强，但其股价走势相对疲软，企业投资价值并未显现。

深入分析不同变量因子排名背后各个目标企业的背景因素，我们还可发现区位优势、政策支持和金融资本积极参与也是影响文化企业投资价值评估的重要因素。在表 3 – 3 中目标企业三类因子的排名中，处于得分较高的企业几乎全部处于京沪或东部发达地区，因为良好的发展环境和产业支持政策使得这些地区的文化产业均有较大的发展。以各项指标均排名靠前的浙数文化为例，除了该公司自身运营较好以外，浙江的投资环境以及文化产业政策支持也一直是全国的典范。而且早在 2015 年浙江就出台了有关进一步推动全省文化产业加快发展的实施意见，该意见明确指出，浙江要大力培育文化产业主体，积极推动文化产业融合发展，落实鼓励和引导民间资本进入文化领域的政策，鼓励社会资本投资、兴办文化企业。由此可见，金融资本的积极参与不仅能够加快文化企业的盈利能力实现，还能有效提升文化企业的运营管理能力。

综上所述,资本投资和文化产业的业态布局是相辅相成互相促进的,文化产业没有资本的参与短期内不会有较为显著的经济成效,而资本没有文化创意产业的融合也不会焕发出支持实体经济发展的活力。对于没有区位选择的中西部地区,首先是积极学习东部发达地区的产业扶持和激励经验,尽快出台有效且有针对性的文化产业扶持政策;其次要大力推动文化产业领域的业态创新和企业创新,激发文化创意领域潜在活力;最后更要重视对金融资本的激励,引导并引领各类资本积极参与文化产业投资。

3.2　文化产业投资决策分析

3.2.1　文化产业投资与实物期权

文化产业是知识密集、创新性的产业,其知识创意只有通过文化产品及终端市场才能实现价值,创意及科技创新的成功率较低,因此具有很高的风险性。而且创意产品的市场需求、产业政策的支持变化、金融市场的资金供求、宏观经济的发展环境等外在不确定因素的存在更是增加了文化项目的投资风险。风险的存在客观上要求建立有效的投资决策过程,包括项目搜索、项目评估、投资方式、参与管理等。关于投资决策过程的研究已经很成熟,且大部分研究表明,最好的降低项目风险的决策过程就是分阶段进行投资,而分阶段投资的选择权具有期权性质,因此随着投资决策理论的深入研究,实物期权理论开始大量运用于风险项目投资实践。

虽然实物期权难以准确量化,但在实际投资决策时依然会决定项目的实施及成败。实物期权投资思想的最好解释就是揭示了传统投资决策思想的不足,传统的投资决策方法如净现值 NPV 法、内部收益率 IRR 法、回收期法等没有考虑资金的时间价值及机会价值,以及分阶段投资的期权价值,如未来的项目增长价值、放弃价值、等待价值等,还忽略了投资决策中分阶段的柔性管理价值。此外,传统的投资决策假设条件较多,且大多与现实情况难以吻合,使得传统的投资项目价值在初期的评估中遭到低估,影响投资效率。相对于传统投资思想存在的诸多不足,实物期权投资思想开始考虑全面评估项目价值,而且借助于实物期权价值的存在,研究者们又对项目投资的决策时机等问题进行了多层次研究,并指出实物期权的存在将影响项目最佳投资时机的抉择。

　　我们知道，大部分文化产业项目投资是长期的和不可逆的，其投资需要多阶段完成，阶段性项目投资实际上给予决策者一个选择权，而选择权是有价值的，在不确定的投资环境中，选择权的存在可以有效降低投资项目的风险。投资的分期注入是风险项目投资的重要机制，在实际的阶段投资中，如果项目失败的可能性越来越大时，投资决策者可以利用选择权获得一个最佳的终止时机，并且利用动态规划还可得出每一阶段投资后是否继续下一阶段投资的决策条件。而对于实际的文化产业项目，投资者的策略究竟是选择单阶段自由决策还是在项目初期就确定未来时间进度，这将影响项目的最终收益。有学者曾用动态规划的方法对该问题进行了权衡研究，得出自由选择时机进行决策会给投资者更多选择的灵活性，而且由于实物期权的存在，越高的不确定性会使单阶段自由投资更有决策吸引力。也有学者从实物期权的角度研究了柔性管理、风险规避与不确定性下的最优投资决策问题，并在完全柔性决策条件下讨论了最优决策阈值与风险规避和市场波动的相互影响关系，但这些研究只是给出了单阶段自由决策相对于整体投资决策所带来的规避风险优势，并没有指明在单阶段自由时期投资者究竟该如何决策。

　　基于以上认识，本节着力研究不确定条件下文化项目投资决策时机问题，从动态规划投资决策思想出发，借助于文化产业项目的不确定性特征，用随机波动变量来拟合投资者的文化产业项目投资意愿特征，引入实物期权投资思想建立动态最优模型，从投资决策主体角度来讨论项目投资的最优时机及影响项目决策的关键因素。希望该部分的工作能为部分文化产业项目投资决策提供有益的理论借鉴和具有可操作性的决策思路。

3.2.2　文化项目投资决策建模

3.2.2.1　文化产业项目特征

　　文化产业项目区别于一般的高科技风险投资项目，因为大部分文化产业项目都有具体的"文化品牌"支撑，这种无形资产具有一定的公共品属性，很难量化并转化为项目效益，而且各地的文化产业项目本身可能都带有"国有"性质，所有权的相对缺失，使得其土地资产、固定资产价值难以变现或者是变现时因诸多影响因素而变得困难，因此文化产业项目对于青睐高风险的风险投资来讲并没有表现出很强的吸引力，大部分文化产业项目必须依靠政府投资，比如引进战略投资者或者成立文化产业发展专项基金。

　　正是自身不完备的产业基础决定了文化产业项目属于高风险的"产

业"项目,而不属于完全的"创业"项目,因此该类项目具有明显的初始价值特征,即政府或者战略投资者开始投资之前这些项目可能已经存在收益。但此时的项目规模较小,仅有知识产权或者创意,没有土地资产、机器设备等实体资产,而且技术革新及创意的不确定性很强,项目投资周期长且所需资金量很大,使得投资者在决策项目时面临不确定、风险较大的问题。如何减少沉没资金的损失,提高项目投资成功率,就要求决策者们在面对这些问题时,能够理性预期,抓住最优投资时机。

3.2.2.2　模型假设

首先,根据文化产业项目的"产业"特征,其引进资金或者战略投资者的目的是扩展规模、加速发展,因此大部分项目都有初期价值,也就是说即使没有新的资金或投资注入,这些项目至少可以通过资产变卖实现收益。

假设一:文化产业项目的初期价值为 v_0,在没有投资注入时,项目仍有收益率为 r_0 的收益。因为是从机会价值的视角考虑,因此项目资产的最优收益按连续复利计算,则 t 时刻项目的价值为 $v_0 e^{r_0 t}$。假设 t 时刻投资决策主体对该项目投资的概率为 p_t,则项目因投资增加的价值为 I_t。

其次,文化产业项目具有投资周期长的特点,专项基金或者战略投资者支持文化产业发展基本都是以控股的形式参与,此时投资主体的目的是实现项目价值的最优化。为了降低风险,项目决策者一般都是分期或分阶段注入投资资金,这样从最初的投资开始,决策主体对项目整体可按照统一的、平均的投资收益率进行预期,但投资项目的诸多不确定性影响因素的存在,使得这个投资收益率很难准确估计,进而影响项目的最终投资可能性(概率)。

假设二:一旦项目投资开始,即只要存在初期的资金注入,则决策者对项目的整体收益率预期为 R,R 可以理解为项目因投资的注入而引起的增加价值相对于投资初期价值的比率。假设 R 为常数,项目投资概率 p_t 随机波动,并遵循以下几何布朗运动:

$$\mathrm{d}p = p\mu\mathrm{d}t + p\sigma\mathrm{d}w \tag{3.1}$$

其中,μ 是项目获得投资注入后的瞬时期望收益率;σ 是不确定性引发的波动率;$\mathrm{d}w$ 是标准布朗运动。

再次,文化产业项目的投资者在拿到项目之后,一般并不是立即开始投资,其分期的投资战略也是在充分考虑各种影响因素之后的综合规划,因此项目的初期投资决策及投资时机的把握将至关重要。但不确定性因素的存在会使得决策者的投资概率介于 0 和 1 之间,且该概率 p_t 在 0 时刻将远小于 1，因为理性的投资决策者不可能在初期一次性将资金全部投入，而在这种投资与否的博弈中，实物期权价值和等待的机会价值的存在会影响最终的投资决策时机。

假设三：$0 < p_t < 1$。项目投资的等待价值为 $L(t, p_t)$，令 $L(t, p_t) = Ap^\alpha e^{r_0 t}$，其中，$A$ 和 α 都是参数，α 代表等待价值的弹性。

最后，模型研究中暂不考虑宏观政策支持、文化产品市场价格波动等影响项目投资决策的因素，只分析投资预期收益率、项目投资概率等不确定因素下的项目决策最佳时机问题，并假设市场无摩擦，不考虑交易成本，投资项目的价值增值按期望收益率 R 进行计算及贴现。

3.2.2.3　模型构建及推导

根据前面的假设分析，我们可知假如投资者在拿到文化产业项目后选择立即进行投资，则此时项目因投资注入而引起的增加价值为 I_0。一般来讲，文化产业投资领域内，不管是专项产业支持基金还是战略投资者都具有自主决策权，在未来投资环境、收益预期不确定的影响下，决策者可以选择等待，以选择最优投资时机。根据假设，在 t 时刻项目的投资最大增加价值按机会成本的理性考虑，则 $I_t = v_0 e^{r_0 t} p_t R$，而 "等待" 是有价值的，且该价值至少包括机会价值和期权价值，投资者决策的目的就是要使该等待价值最优，因此可以构建如下动态模型：

$$\max E_0 \left\{ \left[I_{(T, P_t)} - I_0 \right] e^{-RT}, 0 \right\} \tag{3.2}$$

其中，T 是最优决策时间；R 是贴现率，且 $R > r_0$。因为 R 是投资者在承担各种风险后对项目的期望投资收益，r_0 是项目在无风险（或无投资）状况下的期望收益，R 必然大于 r_0。

由假设三，$L(t, p_t)$ 是等待价值，根据动态规划的贝尔曼（Bellman）法则（即无论过去的状态和决策如何，对未来决策所决定的状态而言，未来决策必须构成最优决策），将项目未来价值折现到当前决策点，用反向递推方式解决最优决策可得：

$$RL(t, p_t) dt = E_t [dL] \tag{3.3}$$

再由假设二，项目投资概率 p_t 服从伊藤过程，根据伊藤引理有：

$$dL = \left[\frac{\partial L}{\partial p} p\mu + \frac{\partial L}{\partial t} + \frac{1}{2} \frac{\partial^2 L}{\partial p^2} p^2 \sigma^2 \right] dt + \frac{\partial L}{\partial p} p\sigma dw \tag{3.4}$$

联立式（3.3）和式（3.4）得：

$$\frac{\partial L}{\partial p} p\mu + \frac{\partial L}{\partial t} + \frac{1}{2} \frac{\partial^2 L}{\partial p^2} p^2 \sigma^2 - RL(t, p_t) = 0 \tag{3.5}$$

将 $L(t, p_t) = Ap^\alpha e^{r_0 t}$ 代入方程（3.5），可得：

$$\mu\alpha + (r_0 - R) + \frac{1}{2}\sigma^2\alpha(\alpha - 1) = 0 \tag{3.6}$$

解方程（3.6）可得：

$$\alpha_1 = \frac{1}{2} - \frac{\mu}{\sigma^2} + \sqrt{\left(\frac{\mu}{\sigma^2} - \frac{1}{2}\right)^2 + \frac{2(R - r_0)}{\sigma^2}}$$

$$\alpha_2 = \frac{1}{2} - \frac{\mu}{\sigma^2} - \sqrt{\left(\frac{\mu}{\sigma^2} - \frac{1}{2}\right)^2 + \frac{2(R - r_0)}{\sigma^2}}$$

因此，方程（3.5）解的形式可以写成：

$$L(t, p_t) = A_1 p^{\alpha_1} e^{r_0 t} + A_2 p^{\alpha_2} e^{r_0 t} \tag{3.7}$$

对于投资者来讲，如果拿到项目的初期阶段并没有投资意愿（对于政府强制安排的文化产业项目，投资者的该种意愿可能更强烈），也即 p_t 趋于 0 时，项目的等待也就无意义，等待价值为 0。根据 α 解的形式可以明显看出 $\alpha_1 > 0$，$\alpha_2 < 0$，因此，对于式（3.7）来讲，由 $p \to 0$，$L(t, p_t) \to 0$，$\alpha_1 > 0$，$\alpha_2 < 0$，可得 $A_2 = 0$，则在我们仅考虑项目投资意愿 p_t 在 0 到 1 之间的情况下，投资者的等待价值为：

$$L(t, p_t) = Ap^{\alpha} e^{r_0 t}, \quad \alpha > 0 \tag{3.8}$$

根据模型建立条件可知方程（3.5）中 $L(t, p_t)$ 满足以下价值匹配的均衡条件：

$$L(t, p_t^{*}) = I(t, p_t^{*}) - I_0$$
$$L_p(t, p_t^{*}) = I_p(t, p_t^{*}) \tag{3.9}$$

因 $I_0 = v_0 p_0 R$，根据假设三，令 p_0 为一确定值，p_0 趋于 0 但远小于 1，则由上述均衡条件可得：

$$p^{*} = \frac{\alpha}{\alpha - 1} p_0 e^{-r_0 t} \tag{3.10}$$

因此，在文化产业项目投资者的投资意愿处于 0 到 1 的概率波动时，其最佳的投资时机为：

$$T = \inf\left\{ t \geqslant 0 : p_t \geqslant \frac{\alpha}{\alpha - 1} p_0 e^{-r_0 t} \right\} \tag{3.11}$$

3.2.2.4　模型讨论

由上述模型推导结果可知项目的最优决策时机 T 根据 α 的变化而变化，因为 $\alpha > 0$ 时的解析解为 $\alpha = \frac{1}{2} - \frac{\mu}{\sigma^2} + \sqrt{\left(\frac{\mu}{\sigma^2} - \frac{1}{2}\right)^2 + \frac{2(R - r_0)}{\sigma^2}}$，即 α 的取值由 R，μ，σ 决定，因此我们来讨论在不确定环境下，这三个只能通过预期才能获得的控制变量如何影响项目的最优投资决策。

第一，当 $\mu + r_0 > R$ 时，由 α 的解析形式可知 $0 < \alpha < 1$，此时对于最优

决策时机 T 来讲，其限制条件必然满足，则 $T=0$，即项目最优投资时机是只要决策者有投资意愿时则立即投资（见图 3-1）。在实际的文化产业项目投资时，当决策者在投资意愿出现的初期阶段对项目的瞬时期望收益预期及项目本身的收益之和大于对项目整体的收益预期时，决策者将会以最快的速度开始投资，以消除因拖延时机而带来的其他无法预期的不确定性风险。

第二，当 $\mu+r_0<R$ 时，由 α 的解析形式可知 $\alpha>1$，此时需要考虑波动率 σ 变化时 α 是如何变化的。

令 $M=\mu\alpha+(r_0-R)+\dfrac{1}{2}\sigma^2\alpha(\alpha-1)$，则方程（3.6）两边对 σ 求导得：

$$\frac{\partial M}{\partial \alpha}\frac{\partial \alpha}{\partial \sigma}+\frac{\partial M}{\partial \sigma}=0 \qquad (3.12)$$

在 $\alpha>1$ 的情况下，$\dfrac{\partial M}{\partial \alpha}>0$，$\dfrac{\partial M}{\partial \sigma}>0$，则根据式（3.12）可知 $\dfrac{\partial \alpha}{\partial \sigma}<0$，即随着 σ 的增加，α 将递减，则 $\dfrac{\alpha}{\alpha-1}$ 递增，对于最优决策时机 T 来讲，只有随着时间 t 的增加，$p_t\geqslant\dfrac{\alpha}{\alpha-1}p_0e^{-r_0t}$ 的限制条件才能满足，也即等待才能达到最优的时机（见图 3-1）。对于文化产业投资项目来说，当项目初期阶段的瞬时预期收益比整个项目的整体收益还小时，理性的投资者是不宜立即开始注资的，在项目投资环境不确定性影响比较大的情况下，只有随着时间的推迟才能使投资意愿大于均衡条件，也即此时推迟投资能使项目的等待价值达到最优。

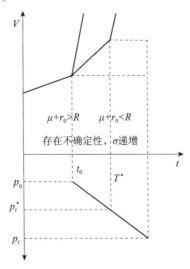

图 3-1　不确定性下的文化项目决策时机

　　第三，当 $\sigma \to 0$ 时（风险不可能等于 0），也即不确定性引起的风险非常小时，由 $M = \mu\alpha + (r_0 - R) + \dfrac{1}{2}\sigma^2\alpha(\alpha - 1)$ 和 $\mu + r_0 < R$ 知：若 $\mu > 0$，则 $\alpha \to \dfrac{R - r_0}{\mu}$，此时等待可以满足均衡条件 p^*；若 $\mu \leqslant 0$，则 $\alpha \to \infty$，此时 $p^* \to p_0 e^{-r_0 t}$，立即投资是最优选择（见图 3 - 2）。对于部分以政绩为目的，或者为公众文化服务而带有强制性质的文化产业投资项目，政府都会给投资者一定的财政补贴，我们可以理解为此类项目的投资不确定性风险趋近于 0。此时，对于项目投资初期阶段有正的瞬时期望收益的投资者而言，等待依然是理性的，直到项目投资概率达到 p^* 时才是最优投资时机，而对于项目投资初期阶段的瞬时收益期望没有要求的投资者而言，因为有政府的收益补贴，可以完全按照政策意愿，在拿到项目之后选择立即投资。

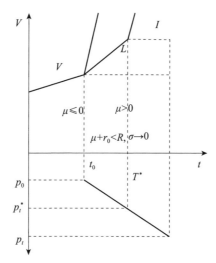

图 3 - 2　政策扶持下的文化项目决策时机

3.2.3　文化项目最优投资决策

　　文化产业项目大多是不可逆的投资，一旦投资失败，其沉没成本将很高，因此决策时机相对很重要。本节结合文化产业项目的特征，从实物期权的视角研究了文化产业项目投资时机问题，通过最优模型的构建、推导及讨论，得出了在不同预期条件下的模型结论，并用实际的数值分析案例对模型结论进行了验证。具体方法上，由于传统的 DCF 项目决策方法没有充分考虑不确定性风险及决策时潜在的选择权价值（实物期权），因此我们假设投资者在进行决策时的投资意愿是随机波动的，并依据推迟决策而引起项目等待价值达到最大，建立动态最优模型，根据贝尔曼法则及伊藤引理得到等待价值最大时的均衡投资意愿，进而讨论在各种不确定性情况下的均衡条件，最终得出项目的最优投资时机，即决策者是选择立即投资还是推迟投资。

为了突出不确定性及实物期权的存在对项目最终决策的影响，本节分析给出了相对严格的假设，在未来的研究中其实可以继续放宽这些条件。但在实际的文化产业项目投资应用中，决策者还必须考虑以下问题：第一，项目运作及操作风险对最终的投资决策也是至关重要的。当经济环境恶化，融资困难，文化专利存在纠纷及重要的人才流失等风险因素存在时，即使项目要求的最终期望收益率很低，投资者也会考虑推迟投资而不会选择立即投资。第二，虽然我们假设投资决策者的投资意愿存在随机波动的可能性，但现实中大多投资决策都存在主观意愿，尤其对政府支持或扶持的文化产业项目，此时的项目投资决策不存在理性经济行为或是非理性经济行为，更多的或许是一种主观决策。第三，对于客观存在的实物期权，在具体的项目投资决策中很难将其量化评估，而且影响项目决策时机的预期因素，比如瞬时期望、项目最终收益等都带有一定的主观性，虽然在理想状况下，投资者会按照模型分析进行理性决策，但在实践当中，项目的决策却是多方博弈的结果。总之，文化产业是以创意和创新为载体的特殊产业，对文化项目的投资需要综合考虑各种不确定性及影响因素，其最优投资决策不管是现在还是未来，对投资者来说都是一种挑战。

3.3　文化项目投资中的实物期权定价

任何投资决策都有不确定性，不管是实业投资还是虚拟资本市场投资，这种不确定性风险是客观存在的。从信息学的视角讲，不确定性有两个特征：随机性和模糊性，其中，随机性是指事件中相关变量的外在随机变化，而模糊性主要指事件的内在结构，比如相关参数及其所含信息。在实业项目投资领域，基于主观认识的模糊性判断似乎存在得更广，因此模糊性是一种相对于随机性更为深刻的不确定性。迄今为止，大部分已有的虚拟资本市场中的投资都是假定投资者面临的不确定性是随机不确定性，处理这种不确定性的理论基础是概率论，而且由于金融工程的迅速发展，经典 B－S 期权定价模型、二叉树模型等更是给虚拟市场投资领域的不确定性提供了很好的价值评估支持。但是，自扎德（Zadeh）教授于 1965 年提出模糊数学理论之后，人们逐渐认识到模糊理论更加适合描述投资决策，尤其是适合缺乏历史可参数据、投资决策不可逆的实业投资领域，再加上金融期权的概念延伸，即实物期权理论的进一步完善，也使得在更一般的实业投资领域有了更好的价值评估理论基础。随机波动、模糊理论等不确定性领域的理论发展为实物期权定价和实业投资提供了一种更符合实际的决策分析框架，在实践中有着非常重要和深远的意义。

3.3.1　实物期权定价方法对比

产业的发展要靠准确的项目价值预估和投资决策分析，项目投资决策本身是一个集成系统，各类信息如项目功能定位、商业利润构成、组织架构完善，以及投资成本降低，都应该在投资决策系统内形成流畅的传递。高效的投资决策可以达到项目落实和执行的目的，包括快速适应市场、满足消费需求、避免竞争压力、抓住投资机会等。而为了实施项目投资，决策者需要考虑各种不确定因素，如企业需求、基础设施、投资实力等，并通过系统化的投资设计展现竞争优势，当具备上述条件后，决策者最为关注的就是项目的投资风险并预估投资价值。

而为了准确衡量项目内在价值，投资者需要细心寻找并采用合理的评估方法。传统的项目价值评估方法有很多，如净现值（NPV）、内部收益率（IRR）、回收期法等，但这些方法要么没有考虑机会价值及阶段投资的期权价值，要么忽略了投资决策中分阶段的柔性管理价值。而且传统方法应用时的假设条件较多，与现实情况难以吻合，使得项目投资价值在评估中遭到低估，影响投资效率。实业投资项目评估，有时需要将不同经济环境下的选择权纳入决策考虑，这种选择权实际上给予投资项目未来发展的一种决策弹性或一个潜在的投资机会，可以提升项目初始投资价值，被称为实物期权投资思想。最早将投资机会看作实物期权并进行研究的是梅耶斯（Myers），之后学者们开始对实物期权的分类、定价等进行全方位的讨论。随着计算机技术的发展，一些人工智能技术如模糊理论、神经网络等先后与实物期权理论有效结合，并在部分高风险项目的投资评估中得到应用。

实物期权是金融期权的延伸，或称"领域外延"（domain extension），因此，关于实物期权理论及其定价的研究主要源于两类经典的金融期权定价方法：一类是布莱克（Black）和斯科尔斯（Scholes）于 1973 年提出的连续时间状态下的 B - S 期权定价公式；另一类是罗斯（Ross）等于 1979 年提出的离散时间状态下的二叉树期权定价公式。这两种定价方法的应用条件都较为严格，尤其是 B - S 模型，更是要假定标的资产价格、收益率、波动率等参数是确知的，并且该模型对期权的属性和特征也要求严格，只适合于欧式期权。为了将 B - S 模型引入实物期权定价，研究者们不断放宽和改进假设条件，以创造更加符合实物期权定价的现实条件，而关于二叉树定价理论，学者们也是通过放宽应用条件来推进研究。实际上，除了改进假设条件一个研究方向外，另外一个关于实物期权定价的主要改进就是模糊理论的引入，即模糊实物期权的定价模型。由于项目投资环境的动态变化和复杂现状，实业项目的预期现金流、成本支出、项目收益率等影响因素都是不确定和模糊的，鉴于这种事实，近年来关于模糊实物期权定价的项目决策研究有很多，这类文献的一个共同点是模糊量化不确定的现金流、投资额等，即在不遗漏期权价值的基础上，准确地估计项目初始投资价值。但不管是改进的 B - S 模型还是扩展的二叉树模型，其与模糊理论的结合都是从单一放宽某种应用条件进行的定价模型改进，这种纵向的实物期权定价研究思路并没有把复杂的实业投资决策系统、实物期权特征等因素充分考虑。由于实物期权本身兼含欧式期权和美式期权的性质，因此，在不同的项目环境下，要选择不同的较为适用的定价模型。比如，一些研发类项目，可能只需要一次性初始投资，且在项目结束后才能确定后期的投入，这类项目的内在价值预估可能更符合欧式期权的定价性质，因此可选择用 B - S 模型。而另外一类项目可能要分多个阶段投资，这类项目可以在环境变得恶化时及时选择中断，比较类似于美式期权的定价特性，因此可以考虑用二叉树类模型。

实物期权定价模型的研究推进不仅要保留期权的基本思想和观点，还要在产业投资决策领域进行"领域转换"，同时，要正视实物期权定价可能产生的偏差，运用组织系统对偏差进行修正，如引入模糊理论。然而"领域转换"的成功实现，不仅需要理解经典期权领域的理论假设和逻辑，还需要理解产业投资目标领域的假设和逻辑，以寻求两者之间的一致性。因此，实物期权定价理论在应用到文化产业项目类的实业投资实践时，要充分考虑并结合文化产业自身的特征。文化产业项目区别于一般的高科技风险投资项目，因为大部分文化产业项目都存在或者会产生某种"文化品牌"支撑，这种无形资产会使该类项目具有潜在的价值增值特征，即投资者在开始投资此类项目的过程中会存在无形资产的红利收益。正是由于这一特征，在用经典的期权定价公式如 B - S 模型、二叉树等模型时会存在定价偏差。因此，在考虑文化产业项目投资的实物期权定价中，不仅要引入随机波动理论、模糊理论，还需考虑标的资产存在固定红利收益的特征。

为了结合现实不确定性环境，本节从随机性、模糊性、红利影响三个视角综合分析文化项目投资决策中的实物期权定价问题,并对不同类型的投资项目价值预估进行横向的分类讨论;充分考虑随机性和模糊性两类不确定性特征,把随机波动引入到经典的 B-S 定价模型和二叉树定价模型,并用模糊理论对相关变量和参数进行量化处理,同时考虑红利影响因素,分别推导基于潜在红利收益的连续型模糊随机实物期权定价模型和离散型定价模型。最后,本节结合案例分析,对所建模型进行检验分析。

3.3.2　引入随机波动和红利收益的模型构建

文化产业项目投资周期比较长,投资者在拿到项目之后,一般并不是立即开始投资,其投资战略是在充分考虑各种影响因素之后的综合规划。因此,不管是一次性投资,还是分阶段投资,项目的标的资产和预期投资成本都会因环境的变化而表现出随机变动特征。此外,文化产业项目投资中还存在无形资产增值的潜在收益特征,为了便于分析,在模型推导中将假设这一红利收益是固定的,用 δ 表示。

3.3.2.1　连续型 B-S 实物期权模型推导

对于初始阶段需要一次性资金投入的文化产业投资项目,决定此类项目投资价值的两个关键因素是初始的投资成本和项目整体的预期收益。如果以实物期权的投资思想来评判该项目的话,则投资成本可以理解为执行价格 X_t,预期收益可以理解为标的资产价格 S_t。由于预期收益受到各种不确定因素的影响,本身又难以预测,因此,可假设项目的预期收益也即标的资产价格服从几何布朗运动:

$$dS_t = S_t\mu dt + S_t\sigma dw \tag{3.13}$$

其中,μ 是项目获得投资注入后的期望收益率;σ 是不确定性引发的波动率;dw 是标准布朗运动。

传统的连续时间状态下的经典欧式期权 B-S 定价模型公式如下:

$$C = S_0 N(d_1) - e^{-rT}XN(d_2)$$

$$d_1 = \frac{\ln(\frac{S_0}{X}) + (r + \frac{\sigma^2}{2})T}{\sigma\sqrt{T}} \tag{3.14}$$

$$d_2 = d_1 - \sigma\sqrt{T}$$

其中,C 是期权价格;S_0 是标的资产价格;X 是执行价格;T 是项目投资期;r 是无风险利率;$N(\cdot)$ 是标准的正态分布函数。

当假定存在一个标的资产的初始价格 S_0 时,根据伊藤积分公式,式(3.13)可以变形为:

$$S_t = S_0 e^{\left[\left(\mu - \frac{\sigma^2}{2}\right)t + \sigma\omega_t\right]} \tag{3.15}$$

将式（3.15）代入式（3.14），并根据布莱克和斯科尔斯在推导 B – S 模型公式的风险中性环境假设，可得基于随机波动状态下的欧式实物期权定价公式为：

$$C = S_t e^{-\delta t} N(d_1) - e^{-rt} X_t N(d_2)$$

$$d_1 = \frac{\ln\left(\dfrac{S_t}{X}\right) + \left(r - \delta + \dfrac{\sigma^2}{2}\right)T}{\sigma\sqrt{T}} \tag{3.16}$$

$$d_2 = d_1 - \sigma\sqrt{T}$$

其中，S_t 和 X_t 为随机变量，分别代表项目预期收益和投资成本；δ 由伊藤积分导出，可以理解为项目潜在价值增值所带来的红利；T，r，$N(\cdot)$ 等参数与经典 B – S 模型一致。

3.3.2.2　离散型二叉树实物期权模型推导

现实中大部分文化产业项目投资是长期的和不可逆的，其投资需要多阶段完成。阶段性项目投资实际上给予决策者一个选择权，而选择权是有价值的，在不确定的投资环境中，选择权的存在可以有效降低投资项目的风险。但这种阶段性投资方法使得投资决策变得更加复杂，理论上也使得项目的价值评估变得复杂。

分阶段的项目投资所暗含的期权价值类似于二叉树模型的期权定价过程，罗斯等提出的这种简单化的定价模型的出发点就是便于理解和更为贴近实践。对于二叉树模型的简单理解如图 3 – 3 所示，它是在离散时间状态下，假设项目的价值变化只存在两种状态，一个是上升 u，一个是下跌 d，则标的资产的价值变化也将存在两个状态，uS 和 dS。将这两个状态与该时间点 Δt 的执行价格（项目投资成本）作期权的内在价值比较，即可得出 Δt 时刻的期权价值 f_u 和 f_d，再利用倒推法反向计算出初期的期权价值。二叉树模型理解较为简单，但由于假设条件是离散时间状态，因此计算误差可能较大，但当把投资期限 T 进行多期分割后，便可较为真实地刻画现实的投资环境。

推导二叉树期权定价公式的方法有很多，其中最基本和简单的思路就是复制策略。假设市场是有效的，则可以构建一个标的资产 S_t 和无风险资产 B_t 的投资组合，令该组合的价值等于项目投资初期的期权价值 f_t，则当标的资产价值出现上升和下跌变化时，可得如下方程组：

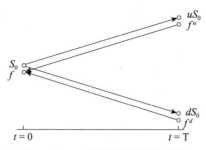

图 3-3　二叉树模型的简化推导

$$S_t + B_t = f_t$$
$$S_{t+dt}^u + B_t e^{rdt} = f_{t+dt}^u \qquad (3.17)$$
$$S_{t+dt}^d + B_t e^{rdt} = f_{t+dt}^d$$

其中，f_{t+dt}^u 和 f_{t+dt}^d 表示不同时刻的期权价值，S_{t+dt}^u 和 S_{t+dt}^d 表示标的资产上涨和下跌时刻的价值，u 和 d 是标的资产的上涨和下跌幅度。消除无风险资产的未知变量 B_t，式（3.17）可变为：

$$f_t = e^{-rdt}\left[f_{t+dt}^u \left(\frac{e^{rdt} S_t - S_{t+dt}^d}{S_{t+dt}^u - S_{t+dt}^d} \right) + f_{t+dt}^d \left(\frac{S_{t+dt}^u - e^{rdt} S_t}{S_{t+dt}^u - S_{t+dt}^d} \right) \right] \qquad (3.18)$$

因为在风险中性的假设条件下，在 $t+dt$ 时刻，标的资产存在 $Se^{rdt} = pS_{t+dt}^u + (1-p) S_{t+dt}^d$，由此可得：

$$p = \frac{e^{rdt} S_t - S_{t+dt}^d}{S_{t+dt}^u - S_{t+dt}^d} \qquad (3.19)$$

将式（3.19）代入式（3.18），得：

$$f_t = e^{-rdt}\left[f_{t+dt}^u p + f_{t+dt}^d (1-p) \right] \qquad (3.20)$$

结合前面关于项目存在固定红利 δ 的假设，在标的资产价格上涨幅度 u 和下跌幅度 d 都确定的情况下，$ud = 1$，且 $u = \sigma \sqrt{dt}$，$d = -\sigma \sqrt{dt}$，根据几何布朗运动规则，则标的资产价值将遵循新的随机波动变化如下：

$$S_{t+dt}^u = S_t e^{u+\delta dt};\ S_{t+dt}^d = S_t e^{d+\delta dt} \qquad (3.21)$$

将式（3.21）代入式（3.19），得：

$$p = \frac{e^{(r-\delta)dt} - e^d}{e^u - e^d} \qquad (3.22)$$

综合上述分析，对于离散型实物期权价值的二叉树模型计算可归纳如下：

$$
\begin{aligned}
g_t &= \max(S_t^u - X;\ 0)\\
g'_t &= \max(S_t^d - X;\ 0)\\
f_t &= e^{-rdt}\left[f_{t+dt}^u p + f_{t+dt}^d (1-p) \right]\\
F_t &= \max(g_t;\ f_t)
\end{aligned}
\qquad (3.23)
$$

对于分阶段投资，项目内含的实物期权会表现出较多的美式期权性质，当标的资产价值存在上涨和下跌的随机变化时，其初始的实物期权价值要通过每一节点的内在价值对比后经过反向贴现来获得，上式所描述的期权定价过程满足经典的贝尔曼动态最优规划方程，这与现实的项目投资决策更为吻合。

但不管是连续 B – S 实物期权模型，还是离散二叉树实物期权模型，上述推导只是考虑了变量 S_t 和 X_t 的随机波动变化，而对不确定性的另一模糊性特征并未考虑。因此，接下来引入模糊理论对期权定价模型中涉及的相关随机变量和参数变量进行模糊量化处理。

3.3.2.3　模糊理论与 F – S – δ 实物期权模型

（1）模糊数学与相关理论。

投资中最重要的就是对项目价值进行评估。在实际操作中，模型中的预期现金流量收益值、无风险利率和方差不是恒定值，而是在一定范围内波动，显然，直接给出参数值是不符合实际情况的，此时基于模糊数学的参变量估值可以弥补这种不足，这也是当前模糊实物期权价值评估成为实业投资领域重要决策理论的原因之一。

模糊理论最早源于美国学者扎德于 20 世纪 60 年代创立的模糊数学（fuzzy math），随后中国学者邓聚龙创立的灰色系统理论（grey systems theory），波兰学者帕夫拉克（Z. Pawlak）创立的粗糙集理论（rough sets theory），都是不确定的模糊性表现。模糊数学是理论，也是工具，本节仅将模糊理论中的相关定义与定理应用于实物期权的变量处理中，相关的公式推导不再详细介绍。

定理 1：对论域 U 上模糊集合 $\tilde{A}$，若 $\tilde{A}_\lambda = \{x/x \in U, \mu_{\tilde{A}}(x) \geqslant \lambda\}$，则称 $\tilde{A}_\lambda$ 为模糊集合 $\tilde{A}$ 的 λ 截集。

定理 2：若模糊集合 $\tilde{A}$ 为三角模糊数 $M(a, b, c)$，且 $a < b < c$，m，$n \geqslant 0$，则其隶属度函数为：

$$\mu_{\tilde{A}}(x) = \begin{cases} 0, & x < a \\ 1 - \left(\dfrac{b-x}{b-a}\right)^m, & a \leqslant x \leqslant b \\ 1 - \left(\dfrac{b-x}{c-b}\right)^n, & b < x \leqslant c \\ 0, & x > c \end{cases} \tag{3.24}$$

其中，参数 m 和 n 反映了隶属度函数的变化程度，通常情况下，模糊数越不确定，变化越剧烈，这两个数值就越大。这两个参数一般由专家根据项目投资现状进行评估给出。

定理 3：由 $\tilde{A}$ 的 λ 截集性质和分解原理，对满足定理 2 中的三角模糊数 $\tilde{A} = M(a, b, c)$，其模糊均值和方差可表示如下：

$$\overline{M}(\tilde{A}) = b - \left[\frac{2n^2(b-c)}{(1+n)(1+2n)}\right] - \left[\frac{2m^2(b-a)}{(1+m)(1+2m)}\right]$$

$$\mathrm{Var}(\tilde{A}) = \left[\frac{n^2(b-c)^2}{4(1+n)(1+2n)}\right] + \left[\frac{m^2(b-a)^2}{4(1+m)(1+2m)}\right]$$

$$- \left[\frac{m^2n^2(b-a)(b-c)}{(m+n+2mn)(m+n+mn)}\right] \quad (3.25)$$

（2）基于 F - S - δ 的实物期权定价模型。

对于文化产业项目来讲，项目内含实物期权的标的资产价值是由项目净收益现金流贴现值来表示的，项目的执行价格可由投资成本来表示。由于现实中预期现金流是一个不确定的数值，需要预测和估计，而投资成本在实际运营中也会不断调整，因此，令这两个随机变量为模糊数，分别由 $\tilde{V}$ 和 $\tilde{I}$ 来表示。假设 $\tilde{V}$ 和 $\tilde{I}$ 是三角模糊数，且 $\tilde{V} = M(v_1, v_2, v_3)$，$\tilde{I} = M(i_1, i_2, i_3)$，则由模糊截集定理，可得 $\tilde{V}_\lambda = [\tilde{V}_\lambda^-, \tilde{V}_\lambda^+]$，$\tilde{I}_\lambda = [\tilde{I}_\lambda^-, \tilde{I}_\lambda^+]$，此处的 $\tilde{V}_\lambda^-$，$\tilde{V}_\lambda^+$，$\tilde{I}_\lambda^-$，$\tilde{I}_\lambda^+$ 分别代表模糊数的最大值和最小值，即项目投资的现金流贴现值和投资成本支出都在一个相对稳定的区间内波动，这与现实的投资现状十分吻合。大部分实践中的项目投资都是在对预期收益和预期投资进行一定范围内的评估和决策，因此用模糊理论来优化项目内嵌的实物期权价值计算是较为合理的。

由模糊理论相关定义，当影响实物期权定价的随机变量用模糊均值和方差处理后，可以得到标的资产价值的波动率和投资成本的波动率。即把 $\tilde{V}$ 和 $\tilde{I}$ 代入模糊均值和方差公式后，则有 $\mathrm{Var}(\tilde{V}) = \tilde{\sigma}^2(\tilde{V})$ 和 $\mathrm{Var}(\tilde{I}) = \tilde{\sigma}^2(\tilde{I})$，在给定无风险利率 r、项目投资预期红利率 δ、经过模糊处理的变量均值 $\overline{M}(\tilde{\cdot})$ 和相应的波动率 $\tilde{\sigma}(\tilde{\cdot})$ 后，结合式（3.16）和式（3.23）期权定价的推导，可得基于 F - S - δ 的实物期权定价模型如式（3.26），其中式子左侧部分代表连续型模型，右侧代表离散型模型。

$$F = \tilde{S}_t e^{-\delta t} N(d_1) - e^{-rt} \tilde{X}_t N(d_2)$$

$$d_1 = \frac{\ln(\frac{\tilde{S}_t}{\tilde{X}}) + \left[r - \delta + \frac{\tilde{\sigma}^2(\tilde{\cdot})}{2}\right]T}{\tilde{\sigma}(\tilde{\cdot})\sqrt{T}}$$

$$d_2 = d_1 - \tilde{\sigma}(\tilde{\cdot})\sqrt{T}$$

$$\tilde{g}_t = \max(\tilde{S}_t - \tilde{X}; 0)$$

$$\tilde{f}_t = e^{-rdt}[\tilde{f}^u_{t+dt}p + \tilde{f}^d_{t+dt}(1-p)] \qquad (3.26)$$

$$F_t = \max(\tilde{g}_t; \tilde{f}_t)$$

（3）算例分析。

首先，连续型 F－S－δ 实物期权定价应用。假如某动漫技术类文化产业项目，当技术升级换代时，需要一定的技术研发和投入，随后推向市场进行运营获益。此项目属于一次性投资类项目，可考虑用连续型 F－S－δ 实物期权定价。假设该项目投资成本 $\tilde{X} = M$（700，800，900），期望收益 $\tilde{S} = M$（1 000，1 100，1 200），项目投资期 5 年，无风险利率采用 5 年期国债利率 $r = 5.41\%$。根据行业经验，令模糊数处理后的项目潜在红利收益 $\tilde{\delta}$ 为 0.03。

由于对一般的投资项目来讲，在成本支出和预期收益都比较模糊时，符合理性的判断是投资者更偏向较高的收益和较低的成本，因此，令模糊数的参数 $m=1$，$n=2$，同时将上述基础数据代入模糊理论所给出的均值方差公式，则可得 $\overline{M}(\tilde{S})$，$\overline{M}(\tilde{X})$，$\tilde{\sigma}(\tilde{S})$。最终得到考虑红利和不考虑红利时的实物期权价值结果，如表 3－4 所示。

表 3－4　　　　经典 B－S 模型与 F－S－δ 模型的期权定价对比

项目	经典 B－S 实物期权值	模糊 F－S－δ 实物期权价值
无红利 δ	634.63	659.89
有红利 δ	505.15	526.56

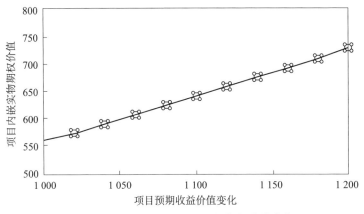

图 3－4　　连续型 F－S－δ 实物期权定价变化

表 3－4 给出了经典 B－S 模型下的期权定价和基于模糊处理的 F－S－δ 模型的期权定价。从表中数据可知，不管项目是否存在红利收益，模糊期

权定价都高于经典期权定价，表明当项目预期收益处在一定的变化范围时，其内嵌的期权价值将表现得较高，这一现象符合现实状况。但当考虑红利存在时，经典期权定价和模糊期权定价都小于无红利存在的状况，这表明红利的存在使得项目的部分预期收益变得较为明确，潜在地缩短了项目的投资周期，因而使得内嵌期权价值相对变小。图 3 - 4 给出了连续型 F - S - δ 模型下的实物期权定价动态变化图，其时间状态是连续型的，因此在标的资产价值变化的不同时刻点会有一个相应的实物期权价值存在，且随着项目预期收益的增多，项目内涵的期权价值也就越高，这一现象同样与实业投资现状相吻合。

其次，离散型 F - S - δ 实物期权定价应用。假如某文化旅游园区的投资项目需分阶段投资，考虑用离散型 F - S - δ 实物期权定价。假设首期投资包括基础设施与原有旅游资源整合，首期完成后项目即可运营，预期收益是每年 100 万元，投资额大约 300 万元；第二期投资预计 200 万元，完成后即可使项目未来年预期收益达到 200 万元；第三期投资是对项目整体的完善，需继续追加投资约 500 万元，随后项目进入正常运营，年收益变为 300 万元。假设每期投资之间的间隔为 1 年，其投资程序及内嵌期权价值如图 3 - 5 所示。

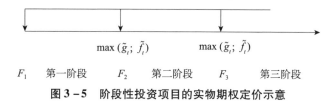

$$\max (\tilde{g}_t; \tilde{f}_t) \qquad \max (\tilde{g}_t; \tilde{f}_t)$$

F_1　　第一阶段　　　F_2　　第二阶段　　　F_3　　第三阶段

图 3 - 5　阶段性投资项目的实物期权定价示意

此类项目的实物期权价值包含在两个投资阶段之间，其中，期权 F_2 内容的理解为：投资者以首期投资买入了一个项目净收益在 T_1 时刻的贴现值为 V_1 的标的资产，并以第二期所追加投资 I_2 为执行价格，期限为 1 年的实物期权。同理，在第二期投资和第三期投资之间存在实物期权 F_3。

假设该项目总投资期限为 5 年，无风险利率 $r = 5.41\%$。将上述基础数据代入前面模糊理论所给出的均值方差公式，则可得 $\overline{M}(\tilde{S})$, $\overline{M}(\tilde{X})$, $\tilde{\sigma}(\tilde{S})$。此外，为了对比红利因素对项目实物期权价值的影响，此处仍假设 $\tilde{\delta}$ 为 0.03，计算结果如表 3 - 5 所示。

表 3 - 5　　　　　　　　　　离散型 F - S - δ 实物期权定价

项目	F_1	F_2	F_3
无红利 δ	237.3	118.6	138.5
有红利 δ	222.4	111.2	129.8

表 3 - 5 给出了离散型 F - S - δ 实物期权的定价，该模型是基于二叉树模型的推导，其定价过程表现出贝尔曼动态规划的性质，比较符合实业投资的决策过程。这一定价过程理解简单，但计算较为复杂。从表中可以看出，当考虑项目的潜在红利收益时，有红利存在的离散 F - S - δ 模糊期权定价都小于无红利存在的状况，这与连续型模型的结果一致，再次表明红利的存在使得实业项目的部分预期收益得以提前实现，潜在地缩短了项目的投资周期，因而使得项目内嵌实物期权价值相对变小。

3.3.3　文化项目实物期权定价投资决策

文化产业项目大多是不可逆的投资，一旦失败，其沉没成本将很高，因此项目价值评估很重要。本节结合文化产业特征，从实物期权定价的视角研究了文化产业项目内嵌期权价值的问题，通过引入随机波动、模糊理论等描述不确定性的相关知识，在经典的 B - S 期权定价模型和二叉树模型定价基础上，推导了模糊随机期权定价方法（fuzzy-stochastic）。考虑到文化产业项目存在潜在红利收益的特征，后将红利 δ 因素纳入到定价过程，进而分别得出了基于 B - S 模型和二叉树模型的连续型和离散型 F - S - δ 实物期权定价模型，并用实际的案例对模型结论进行了验证。数值分析结果表明，考虑红利因素的模糊随机方法处理的实物期权价值较为符合实业投资现状。

由于政府扶持及产业潜力，文化产业正在吸引大量的投资资金，然而这些投资能否真正推动文化产业发展，关键还要做好具体的文化项目价值评估及投资决策。文化产业起步较晚，缺乏可参考数据，又有典型的风险投资特征，因此基于传统的 NPV 等价值评估的投资判断方法几乎行不通。实物期权理论往往被用于对内嵌期权价值的实业项目预算评估，且在动态的投资环境中，决策者需要知道投资利润和成本支出以便很好地平衡风险和机会，与随机波动、模糊理论相融合的模糊实物期权定价正好可以弥补这些不足，并为处理文化产业项目投资决策提供了一种更符合现状的理论模型和系统方法。

第4章 文化产业跨要素融合的动因与方式

根据经济学的基本原理,影响经济发展的宏观要素一般包括社会经济结构、经济发展水平(生产力)、经济体制(生产关系)、宏观经济政策、国际国内环境、当前实际经济状况以及其他一般经济条件等,微观层面的要素还可细分为人才、资金、市场、劳动力、交通、资源、教育等方面。而从中观层面的产业视角来理解,国民经济是由形色各异的不同行业支撑的,包括制造业、旅游业、金融业、体育产业、互联网行业、教育行业、传媒行业等,涵盖农业、工业、服务业一二三次产业,这些细分的行业构成支撑国民经济增长的基本要素,因此,具有包容性特征的文化产业与这些要素进行跨领域的融合,宽泛的理解其实就是产业之间的融合,是文化产业与其他产业的交集或集聚。本章所要论述的文化产业跨要素融合,实质就是指文化产业的跨产业跨领域融合发展。

自"十三五"时期文化产业大规模规划建设以来,文化产业整体以及产业影响力有了比较迅猛的发展。文化产业的产品供给状况从短缺转向富裕甚至与过剩并存,产业发展动力从政府推动转为市场引导和激励,产业的内容生产也不再局限于物质生产,逐步转向物质生产与精神生产共存。文化产业制度层面的体制改革与政策激励不断更新,不仅开启了新的制度红利,更发挥了文化产业融合包容的产业特征,"文化 +"的范围经济和聚集效应正在凸显。

4.1 文化产业的要素禀赋

要素禀赋是人们在生产活动中需要的最基本的物质条件和生产要素,即指一国或地区或某一产业拥有各种生产要素的数量比例。要素禀赋理论(factor endowment theory)最早由赫克歇尔(Heckscher,1933)提出主要论点,指可利用的经济资源要素的总供给,要素禀赋的结构会导致生产效率的区域差异。

而关于产业要素融合的研究从提出开始发展到现阶段，其定义繁多，但总的来说，指随着科学技术的发展，原本相互独立的产业，或者在同一产业的不同行业之间互相交叉渗透，导致产业边界逐渐模糊，最终使得两个或两个以上产业或行业融为一体，形成新兴产业的过程。通过行业间的功能互补和链条延伸，文化内容和创意设计能够渗透到三次产业中，产业间的共生相辅相成，逐步消解"分离产业"的行业壁垒。文化与其他产业相融合，就是要加大资源获取、要素整合和产业耦合的力度，在不同产业之间搭建桥梁，实现文化产业从初级阶段向高级阶段融合。

4.1.1　文化产业的外在资源禀赋

发展文化产业，需整合文化生产所需的各种要素，以生产社会所需的文化产品，实现其高附加值。要素禀赋较大程度会影响文化产业发展的比较优势，比如不同地区的历史遗留或传统文化资源不同，创造出的文化附加产品也会不同。而对于这种因区位等的不同而形成的外在的文化资源要素，一般可归类为历史文化资源、地域文化资源、人才资源、资本要素等。

4.1.1.1　历史文化资源

历史文化资源不仅是文化产业的发展核心，更是代表一个国家和地区的文化内涵。中华民族历史文化源远流长，形成了完整的、多层次的、多元化的文化宝库。虽然我们五千年的历史文化资源非常丰厚，资源优势转化为产业优势的潜力巨大，但是同发达国家相比，我们对历史文化资源的利用和开发度却依然很低。制约许多国家文化产业发展的重要因素就是自身文化内涵不足，以美国好莱坞全球发行的电影为例，往往以文明古国的历史文化题材为主题，如希腊传说木马屠城的《特洛伊》、彰显古埃及追求自由文明的动画电影《埃及王子》等，容易在全球产生共鸣和良好的商业票房，这不仅体现出人类文化无界的美好愿望与信念，也凸显出文化软实力的重要性。

4.1.1.2　地域文化资源

地域文化是指某一地区长期存在的、独特的、至今仍然有效的文化传统。生态、民俗、风俗构成了区域文化的文明表现形式，特定区域的自然、地理和历史等各种环境和要素的独特性，以及文化形成的持续时间，使地域文化具有独特的地方性和稳定性。文化的独特内涵、人文特色和现代品质，是提升城市认知度、接受度和传播度的基本支撑，许多成功的城市形象广告已经证明，区域文化特色已经成为城市形象传播的核心。北京、西安、成都、杭州、重庆等城市都有鲜明生动的形象，且以其鲜明的地域文化符号和突出的特色深入人心。这些具有典型地域符号的文化资源被融合进当地的经济发展，形成琳琅满目各种各样的商品、餐饮、工艺品、艺术品、纪念品等，成为吸引众多旅游消费人群络绎不绝的根本动力，古城西安成为网红打卡地，地域文化特色的融合发展功不可没。

4.1.1.3　文化人才资源

文化产业被称为创意产业，更多依靠的是人的主动性。因此，文化产业的发展对人力资源提出了很高的要求，特别是在创意和设计、生产技术、管理和运营等方面，人才作为文化产业发展的基础动力，直接关系到产业竞争力的水平。我国历史文化资源开发程度不高的关键因素之一就是人才的匮乏，准确地说是对文化产业感兴趣和愿意深挖文化资源的人才相对缺乏，导致部分地区文化产业只能被动地跟随，不能主动地引领。以故宫博物院文化创意衍生品引发的文化消费热为例，故宫是全世界独一无二的文化瑰宝，但直到今天才有众多的文化衍生品被创意设计出来，根本原因是随着我国经济国力的提升，国民整体素质提高和对文化产业的重视，培养和造就了该领域众多的文化创意人才，使得故宫的文化经济价值不再局限于简单的门票收入，而是依托文化创意人才对具有无限价值的故宫文化资源的深入开发。

4.1.1.4　资本支持要素

文化产业作为知识密集和资本密集的产业，必将成为当前知识经济、数字经济时代的代表性产业。文化产业并不单单是历史文化资源与创意的简单组合，更是要通过不断的文化、资本积累与各种技术创新形成产业经济，从而提供文化服务为社会创造财富。因此，文化产业的发展需要大量资本资源，这就需要进一步完善文化市场机制与市场结构，在保障国家文化安全的同时，扩大市场准入，拓宽融资渠道，鼓励各类金融资本投资参与。以我国动漫领域的《大圣归来》《姜子牙》等现象级电影为例，这些带有中国传统文化特色题材的故事能够搬上银幕，得益于众多电影资本的投入，因为动漫制作的技术投入要求很高，没有金融资本元素的参与，动漫文化产业的寒冬也许还会很长。好的文化产业开发需要长期、大量、高风险的研发投入，我国具有丰富的历史文化底蕴，而且文化产业对资金具有吸引力，因此拓宽投融资渠道会对我国文化产业的资本因素带来很大的改进，从而进一步推动产业的融合发展。

4.1.2　文化产业的内在创意要素

文化产业的内在经济价值赋能，一般可以通过文化创意、体验价值、规模经济等因素来加以理解，这几类要素体现了文化产业价值的产生及其增值过程。

4.1.2.1　文化创意

创意是指提出有创造性的想法、构思，而文化创意则是指对原有文化资源进行加工提炼，聚集创意元素，在提升了文化创新力的同时，也创造出包括物质和精神方面的更大的效益。文化创意已成为现代产业发展中的一个热点，世界创意产业领军者霍金斯在其代表作《创意经济》中指出，任何创意都有三个基本条件：个性、独创性和意义。首先，人是有创造力的，而创造力需要个人对某一事物进行深入的观察，然后赋予其形式。其次，创造力是原创的，它可以是一种新的"无中生有"的创造，也可以是赋予某物以新的特征。最后，创意是具有深远意义的，一方面，它满足了创作的需要，带来了创作的乐趣；另一方面，通过知识产权和市场，个人和原创的想法被转化为创意产品并推向市场，实现了创意的经济价值。

好的创意在设计过程中起到加分项的作用，创意因素对促进文化创意产品获取经济效益有着巨大的牵引力。文化包括人类所有的精神活动和相关产品，创造性的文化产品主要以文化为基础，并来源于文化，文化创意产品重在文化创新，只有创新才能给产品带来活力。

4.1.2.2　体验价值

对于文化产业在有了文化创意并整合为相应创意产品后，也需要给顾客提供精神享受的体验价值。而提供体验价值的基本问题就是洞察顾客的精神需求、生活方式，以及如何提供适宜的个性化服务。随着经济与文化的日益发展、融合，顾客的需求逐渐由以功能价值为主导向以体验价值为主导过渡。在此背景下，若是缺乏对顾客体验价值的关注，纵然有精美的创意、先进的技术，也很难在市场上获得可持续发展的商机。

提供良好的客户体验是实现文化产业价值的基础。文化企业的竞争力是强是弱，很大方面取决于是否能够源源不断地开发创造出适合顾客体验价值的产品和服务。在经济与文化日益趋于融合的时代，人们的需求会逐渐由功能价值向体验价值再到自我实现的自由而全面发展的阶段进行过渡。而顾客的体验价值包含审美、娱乐、教育等要素，可以具体表现在产品内容、设计思路和服务方式与感知特点相匹配，能够满足人们娱乐、信息交流、情感慰藉、提升自我的精神需要。

文化产业主要通过文化创意给顾客提供精神享受的体验价值。文化产业的竞争力最终是由企业为客户创造的价值决定的，这种价值超过了企业的成本，同时，如何提高顾客的忠诚度是体验式价值的主要问题。总之，一家文化公司竞争力的强弱，关键在于该公司是否能够不断开发适合顾客的产品和服务,创造顾客的体验价值是实现文化产业价值的基础,也才能为公司创造更多的经济价值。

4.1.2.3　规模经济

对于文化产业来说,规模化生产既是标准化的批量制造,又是对统一内容资源的可重复价值的不断增值开发。一方面,文化产业的规模经济指以历史文化、人才技能和资源的传承、实现规模化生产等因素为基础,在同一区域或相邻几个区域形成具有相同特色的文化产业的发展方式。企业在这种集聚环境下生产,有助于构建良好的产业生态环境,有利于形成规模经济,也能产生积极的市场影响力和扩散力,还能在此基础上进一步促进产业的内部协同,完善产业链,形成更高层次的产业集群现象。另一方面,规模经济下的文化产业,可以在好的创意和内容之上形成可持续开发的产业链,如一个创意多次使用,有创意的具体内容,改编为小说、电视剧、电影、游戏、主题公园等多种衍生品,形成一个庞大的产业王国,才能达到规模经济、降低成本的成效。

此外,依托文化产业内在的资源禀赋特征,比如凭借独特的创意内容可以为本身就具有较高文化含量的资源再度赋值。而某一文化产业资源也可能在其他相关文化类别中被反复使用或共享,同时,该资源也可以通过延伸其文化产业链与相关产业产生联动,如通过文化衍生品的方式,从而持续不断地创造附加价值。因此,文化产业最终会呈现具有高文化含量、高关联效应、高附加价值、长期盈利回报的“三高一长”的融合性产业发展规律。

如前所述,文化产业具有体验价值和意向性多重效益等基本要素,因此完善文化产业链条成为每一个文化企业的基本选择。文化产业发展必须提高市场运营能力,构建以文化创意内容研发为主导的渠道和衍生价值链循环增值的商业模式。未来,文化产业将成为支柱性产业,已是不争的事实,“文化+”战略的提出,为整个行业提供了新思路、新模式,通过文化产业跨要素融合,能很好地促使产业间的相互衔接,加强文化产业对经济的外溢性和渗透性效应,不但能够扩大文化产业发展的规模,也能够促进我国经济的结构转变和经济实力提升,加快供给侧结构的变革。

4.2　文化产业跨要素融合动因

4.2.1　文化产业融合发展的动因

产业融合的动因最早被归于 20 世纪 80 年代数字技术的快速发展,在随后的发展过程中，单一产业发展到一定程度便难以获得超额利润，于是企业试图通过产业间的相互融合来减少自身成本以提高利润水平，加之科学技术的不断推陈出新愈发加速了产业融合进程。此外，政府对于产业政策的制定也不局限于单一化，而是朝着有利于产业融合进步的方向发展，在诸多因素的推动下，文化产业融合发展机制逐渐完善。本节将主要通过技术创新推动、政策管制放松、产业升级需要、产业关联与消费需求升级这五个方面来深入阐述文化产业跨要素融合的动因。

4.2.1.1 技术创新的推动

技术创新可以极大推动产业之间的相互融合，因为任何产业的发展水平在固有条件下必然会遇到技术瓶颈导致难以提升突破，而通过科学技术的不断进步会推动产业自身发展，让产业进步紧跟社会进步浪潮，原有的发展模式将不再适应整个社会的发展模式，必须进行商业模式的迭代升级，对于企业来说便是创造利润最大化的手段，所以产业融合是产业发展到一定程度的必然结果。在技术进步下产生的新媒体网络，本身就是各式各样的文化资源汇集在互联网终端，减轻人们资料收集的困难，同时方便大众根据自我兴趣随时查阅，比如数字媒体就大大占据了传统纸质媒介的消费群体，这种变革就是典型的文化与数字技术产业融合后的新媒体经济模式。所以，技术创新必然推动着产业之间的融合，并为产业良性循环发展提供着条件支持。

4.2.1.2 政策管制的放松

文化产业过多政策的束缚会导致文化创新企业难以施展拳脚，故而政府对于文化方面的政策管制需逐步放松，并引导创新企业将文化产业作为支柱型产业大力发展。随着文化产业经济产值在 GDP 比重的逐年增加，各级政府越发重视文化产业及其融合发展带来的经济效应，产业主管部门及各地方政府纷纷出台专项政策，鼓励支持文化产业的融合性发展，如 2022 年文化和旅游部、自然资源部、住建部发布《关于开展国家文化产业和旅游产业融合发展示范区建设工作的通知》，2022 年广州市出台《广州市关于推进数字文化创意产业高质量发展的实施意见》等。这些政策为"文化 +"的融合发展指明了方向，同时也使得文化产业能在松弛的环境中获得资本的青睐，文化创新创意的动力更为充足。除了出台正向支持性政策外，对于原先较为严格的文化产业管制的松绑也会驱动文化产业快速发展，当准入限制放宽、投融资渠道扩张、文创审查优化后，与文化相融合的产业可以更容易进入文化领域，更多企业出于对利润的追求会增强文化和其他产业的融合，从而带来更多外部资金与资源。例如，全球化浪潮下，包括美国在内的西方国家对出版传媒业放松管制，引来传媒业的快速融合与扩张期；又如，在文化与农业相结合的层面，县乡政府可以与影视公司合作，引入投资方制作关于本地乡村的文化作品以支持乡村振兴，当文化影视出版的门槛降低、审核更加便利后，影视作品将更有机会面向大众，影视所获收益可以支持乡村振兴的发展，影视企业可在更广阔的平台上相互竞争，促进文化影视及融合产业的双赢。

4.2.1.3　产业升级的需要

在当前"双碳"、绿色发展、"双循环"、高质量发展等新时代战略发展新格局下，各行各业尤其是高污染高耗能的传统的产业结构亟须升级换代。文化产业本身属于绿色低碳产业范畴，依靠的是文化资源的传承和创意，"文化 +"的资源整合能力会降低融入产业的能源消耗，是促进传统高耗能产业结构升级的有效途径之一。传统行业受到资源发展限制，例如，在"文化 + 生态"方面，河南焦作将一座以传统煤矿起家的城市成功转变为文化休闲旅游胜地，"煤城焦作"在国家"双碳"转型发展道路上不得不摒弃原有的发展模式，将高污染煤炭产业转型升级为环境友好型产业，利用文化旅游资源的轻资产、低污染优势打造多处 AAAAA 级国家旅游景区，从而让产业升级需求驱动文化产业融合发展，让煤矿文化与旅游、历史相融合，创造出产业升级与融合并存的新型城市发展道路，使产业与产业相互交织，用融合激励竞争，以竞争促进融合。

4.2.1.4　产业间的关联性

包括文化产业在内的所有产业之间彼此都有直接或间接的相互关联，没有一个产业可以脱离社会而独自存在，而文化产业由于包含人文社会内容，只要在一段时期内有人类的思想与活动，便能在历史上留下印迹、生成文化。所以文化产业极具包容性，它与其他产业的关联度较大。例如，文化与旅游产业之间就具有紧密的关联性：西安作为六朝古都有着深厚的历史底蕴，大雁塔、兵马俑等旅游景点必然蕴含着历史文化，在这些优质的文化资源的基础上，西安市政府将文化与旅游进一步扩展融合，打造出大唐不夜城、芙蓉园等文化景观与文化剧、舞乐演出等形式以现当年大唐之盛事，仅 2021 年春节假期就吸引 880 余万名游客前往游览。西安成功利用丰富的文化资源，做大做强"文化 + 旅游"产业，为全市创造经济价值的同时也让游客获得文化价值。此外，全国在近年兴起的一波旅游文创产品也是文化与其他产业关联融合的体现：故宫模样的雪糕、马踏飞燕的毛绒玩具等，成功地将文旅产品与商业消费完美结合。故而，产业相互关联会自然推动二者融合发展，关联越强烈所产生的融合可能性就越大，同时也较容易创新相关产品进行商业运作。

4.2.1.5　消费需求的升级

人们的消费不是一成不变的，而是随着产业升级与社会的发展逐步升级提高，当温饱满足之后，人们会消费更高层级的健康食品，更加在意饮食的营养搭配，从而促进饮食业升级。各个产业也是同样的道理，由于人类的欲望是无限的，所以人类对于产品的需求就会提升，倒逼产业进行新一轮变革。消费的升级会为产业融合带来动力，文化产业与其他产业的融合需结合时代变化，淘汰落后的、不合时宜的产能，分析消费者的消费倾向，创新产业融合。曾经陨落的诺基亚手机与故步自封的柯达胶卷就是鲜明的例子，当消费者的倾向已发生变化，企业却没有意识到新的产业革命已经到来，所以当今新能源车初具发展势头时，各大车企争先入局，连以发动机品质著称的本田与丰田也不敢怠慢，谋求通过研发与产业合作进军新能源汽车领域。所以当消费需求发生变化时，企业为了紧跟潮流、获取利润便要进行革新，而跨越产业的相互融合本身就是一种创新。

4.2.2　文化产业跨要素融合进程

文化及相关产业的融合可以大致分为几个时期：一是边界清晰的融合阶段，二是各种资源要素禀赋相互交叉作用的阶段，三是交织融合、产业边界逐渐消失的阶段（见图4-1），三阶段各自也并无明确的界限划分。

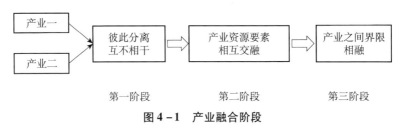

图4-1　产业融合阶段

在第一阶段，产业之间具有很大的差异，由于各自都处于发展初期，企业的创新红利还在增长，企业并没有相互融合的需求便可以获得较高的利润水平，此时产业彼此之间并没有交集，例如，文化产业和计算机产业在发展初期并没有考虑为对方服务，计算机产业只是考虑硬件与软件的提升以制造更好的设备，文化产业也只是在自己的圈子里发展，并没有想到与计算机相互融合。

在第二阶段，产业发展到一定程度便会进入企业利润增加值降低的时期，企业为了自身发展便会与其他产业融合创新，不同产业之间的要素开始出现相互融合的现象，例如，文化产业与体育产业本身互不相干，但是我国传统文化中便有射箭、蹴鞠、骑马等体育运动,当传统文化与现代体育碰撞时便会产生新的产品,体育商品供应商借文化之题来推广体育运动,创新仿古射箭、抖空竹等新型文化体育产品。政府亦可参与其中,举办相应文化体育赛事,激发市民的运动热情,侧面助推了相关体育文化用品的销售,让文化产业与体育产业之间有了交集。同时,这一进程会激发其他体育或文化企业模仿,催生更多体育元素与文化元素相互融合。

在第三阶段,文化产业与其他产业经过长时间的磨合交融,产业之间的边缘会从锯齿化发展到模糊,最终完全融合,而在第一阶段中清晰的产业边界几乎消失,产业之间通过融合创新迭代出新的产品,其中最典型的就是文化和旅游的融合。旅游资源遍布全国各地,其中不乏已经具有历史文化的旅游地,诸如北京故宫、敦煌壁画、杭州西湖等,这类旅游资源与文化产业的融合相对容易,而其他不具有文化属性的旅游资源也在积极将文化融入其中,如在景区题词"桃花源",将《桃花源记》的诗词氛围引入其中,打造书本中桃花源的意境,可使游客在纵览山水之时增添一种文化沉淀感,以此吸引更多游客前来,景区还可结合商业演艺活动与文化产品的销售,这种文化与旅游的融合可以增加其各自产业的收益。因此,产业融合发展到这一阶段会带来融合产业效率的提升,这种提升不仅体现在产品端的各方收益增加,而且在整个产业链上都彼此融合,在产品的设计、制造过程中将文化产业思想与相应产业技术相结合,而这又需要技术的改造与人才的加入,发展到后面便是交叉产业的技术人才逐渐涌入,创造出新一代产品提升交叉产业链上的价值,之后再由超额利润吸引相关资源加入,使二者的融入广度与深度都进一步延伸。

4.3 文化产业跨要素融合方式与依据

在产业互联互通发展的进程中,相关产业链上的企业会改善原先的单一产业发展模式以适应相互融合的趋势。由于与文化产业相结合的产业有很多种,融合模式会因各自产业的具体情况不同而导致融合方法不能一概而论,应该具体分析产业融合所面临的具体问题,但是大体上来说文化产业融合需要依赖一定的方式与路径,本节主要探讨三种文化产业融合的方式:新科技赋能融合、多元化互补融合与衍生互联融合。

4.3.1 新科技赋能融合

新科技赋能融合是指将新型科学技术嵌入文化产业,使文化产业与新科技相互融合,从而产生更符合时代发展趋势的新型文化产业,例如将网络、电子信息技术运用到纸质出版传媒行业,催生出新型电子融媒体产业集群,将原本的纸质文字传播革新到视频创作、有声书传播层面,利用科技赋能文化产业融合。

当前,数字技术的高速发展促使文化产业与大数据、智能设备、电子商务相融合。文化媒体平台利用大数据技术可以精准获取用户的偏好,了解用户喜欢看哪一类新闻杂志或小说,通过后台计算分析可以为读者推送与之相关的内容,满足客户的阅读需求,同时增加用户的黏性。例如,电子特效技术与影视产业的结合可以为影视观众呈现出现实中无法看到的场景,让文字化的文学作品有了更大的驰骋空间。文化产业要与时俱进,运用智能化、数字化、网络化方式走可持续发展道路,进一步增强文化自信,激发新一轮经济内生型增长的重要动能。

所以,包括文化产业在内的其他产业融合要紧跟科技趋势,科技与文化产业的融合是文化产业再与其他产业相互融合的基础。国家文化战略要依靠数据信息精准掌握社会精神文明需要,高效利用好数字化、高科技为文化产业带来的技术变革,让科技文化、数字文化服务于全社会高质量发展。

4.3.2 多元化互补融合

多元化互补融合是指文化产业内不同属性的文化企业之间的互补融合。文化产业内包含很多分支范围,诸如影视、音乐、出版、动画等不同形式,随着消费需求的变化,需要不同分支的企业将业务相互融合,例如将话剧、舞蹈、舞台效果相互整合以创新出文化舞台剧,可运用至景区或博物馆以叙述相关历史事实满足游客需要,于是逐渐整合诞生出旅游演艺产业,随之配套的上下游产业如文化服装、道具创作、编剧也融入其中,实现文化产业内的多元互补整合。

利用多元化互补来进行文化产业融合多用于文学、影视产业链上。例如,前些年科幻小说《三体》风靡全国,图书出版企业可以从中获取巨大利益,但是仅以图书文字的形式远不能承载其科幻文学价值,于是在喜马拉雅有声书平台上架了《三体》的有声读物,再到2022年9月首次被拍摄为电视剧在腾讯视频上映,从小说到有声书再到电视剧的递进可以带来所有衍生产业的发展,之后还有可能涉足游戏领域与相关消费品,于是与之相关企业的业务也在不断进行扩展融合,最终形成独立的"三体"产业链,利用同一个文化IP带动多个产业互联互通正是多元化互补融合的妙处。

又如，网易集团初始从游戏起家，集聚一定资金后便开始多元化发展，创立有道在线教育、网易云音乐、网易新闻、CC 直播等平台，实现文化产业的多元化互补融合发展，此类多元模式在腾讯集团和阿里的发展中也有体现。所以，多元化互补融合对于同一产业内的企业来说具有整合扩张公司规模与业务的作用，通过产业内部融合不断补充自身短板、强化发展动力，对于整个文化产业来说可以不断推陈出新，融合创新出外延产业。

4.3.3　衍生互联融合

衍生互联融合是指文化产业与其他产业间的各种要素相互交叉作用，衍生互联、相互融合，不同于多元互补融合的同一产业内融合，衍生互联融合是两个及以上不同产业之间的互联融合。随着现代信息交互逐渐通畅，产业与产业间的交流互通会更加便捷，从技术层面助推产业间融合的可能，同时由于与文化产业相触及的产业非常多，彼此之间都有交集，故以文化产业为中心点，向外辐射的衍生互联融合更容易实现，采用以企业为主体、以业务为抓手、以产品为导向的思路将文化产业的外延进行扩张，进行文化产业的跨界互联融合。

例如，西湖龙井茶有限公司打造的"贡"牌龙井采用"文化 + 乡村 + 数字 + 制造"等多产业互联融合，先采用"公司 + 农户 + 基地"的茶园管理模式，聘请专业人士进行技术指导，再利用 5G、区块链及 AI 技术，率先在龙井村狮峰山建设了 70 亩智慧型茶园，确保品质和生态安全。此外，融入底蕴深厚的茶文化，龙井茶传承至今已有 1200 多年历史，公司将空谷幽兰的中国茶文化融入其中，最后通过大数据引流的方式进行推广，在电商平台同步销售，通过各个产业链互联互通，使产品远销海内外。

所以，现代产业融合更多是多产业之间的衍生融合，不仅仅局限于同一产业内部或单纯两个产业之间。多产业的衍生融合可以将更多资源、技术、人才统筹利用，创造文化产业互联合作平台，促使商业企业、地方政府、金融资源快速聚集于产业融合中，各自发挥更大作用。此外，多产业融合相较于产业内部融合来说更容易催生出新型的产业分支，利于构建新型文化产业融合生态。

4.3.4　融合基础与依据

4.3.4.1　具有相似技术基础的融合

相同技术基础的产业融合因有其相似路径故而更易融合。诸如文化产业与信息技术产业具有相似的技术基础，根据产业门类的定义，文化产业是按照工业标准生产、再生产、储存以及分配文化产品和服务的活动；而信息技术是指利用电子计算机、网络、广播电视等各种硬件或软件对文图声像等信息进行获取、加工、存储与传输。二者都以所要表达的思想或传播的信息为内容，以文字、图像、声音等为载体，通过进一步加工，传播给信息的接收者。所以文化产业与信息技术产业之间可以借用同一路径来进行产品和业务的融合。例如，以文字为载体的文学作品可以通过网络、电视等信息技术渠道在媒体展示，而展示的形式可以通过编剧演艺、文学叙述等方式进行，最后形成的产品再进行市场化融合，推向消费者。

如图 4-2 所示，在融合的第一阶段，文化产业与信息技术产业在信息的存贮、加工、传输方面有着相似相通的技术方式，故文化产品可以信息技术的渠道进行传播，信息技术与文化产业的传输渠道可以共用。在第二阶段，由于渠道的共享性特征，文化产业与信息技术产业的相关产品与业务可以相互打通，例如运用新兴的数字融媒体平台进行文化资源的共享与传播，近年来兴起的有声读物便是以文化文学作品为内容，借助有声平台的传输渠道进行推广，深受市场的认可。在第三阶段，文化与信息技术产品通过融合出新兴产品后需要投放市场，这就会带来文化市场与信息技术市场中交集元素的融合，创新出数字文化信息产业市场。

图 4-2　具有相似技术基础的文化产业融合路径

例如，信息技术产业中的 5G 与万物互联的创新可以与博物馆中的讲解介绍相互融合，当参观者走到相应的文物面前时，耳机内便会自动响起对于文物的介绍，同时运用数字 VR 技术实时展现文化的历史背景与文化内涵，类似这样的交互会产生出数字博物馆领域的技术创新，"信息技术+文化"市场更具活力，不断推出适应现代生活的新产品。

4.3.4.2　具有共同资源基础的融合

所谓具有共同资源技术的产业融合是指产业间的资源要素可以互融互通，二者并没有清晰的界限。文化产业与旅游产业便是典型的例子，二者的技术途径并不相同，旅游产业是通过游客的实地游览创造经济价值，而文化产业可理解为思想的创造与输出，故不具备技术相似性。但是二者的资源有很大重叠部分，历史文化资源与旅游资源不可分割，同时，二者的资源可以相互转化，仅有文化资源或许创造不了更大的经济价值，但是丰厚的文化资源可以通过推广与开发转变为旅游资源；相反，仅有旅游资源所创造的经济价值有限，通过由旅游资源向文化资源的转换可以让旅游资源具有文化底蕴，具有文化的资源往往更具价值，因为它是在自然力的基础上加入了人类的思想，其意义有了根本的转变。

如图 4-3 所示，在第一阶段，具有相同资源的文化与旅游产业会自然进行资源的相互整合，赋予旅游以文化内涵，给予文化以旅游价值；在第二阶段，旅游与文化的资源在整合之后便会进行产品和业务的融合创新，推出文旅产品、打造文旅项目；在三阶段，文化与旅游产品推出后市场便会自然融合。例如，有"童话世界"之称的九寨沟旅游景区在开发之前就是自然界的一种湖泊瀑布自然景观，由于其水色绝美而具有观赏价值，之后被人类开发成为旅游景区。但是，仅作为自然景观会欠缺人文历史内涵，于是引入当地的少数民族文化，因当地有九种民族聚居，故名曰九寨沟，并以藏族文化和羌族文化为主要抓手进行旅游和文化资源的融合，在景区打造出藏羌文化特色区，并对游客销售相关旅游文化纪念品进行市场化融合。

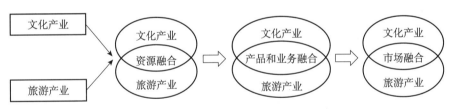

图 4-3 具有共同资源基础的文化产业融合路径

当然，除了文化与旅游外，文化与体育、文化与农业也有资源共通之处。体育代表的是人类突破极限，追求超越、改造自然的精神，奥运会的圣火便是自希腊赫拉神庙前借太阳之光点燃，象征光明、团结、友谊、和平与正义，这便成为一种体育文化、奥运文化，这种资源的融合便会带来新的产品与市场。农业之中也蕴含着自古发展而来的农耕文化，早期人类耕种的爬犁等农具保存至今就是农业与文化资源融合的见证。

4.3.4.3 其他类型的融合

其他类型的产业融合是指没有相似技术或共同资源的融合。产生融合不一定需要上述两个相通点，相关企业出于自身发展与利润增值的考虑，自然会利用文化产业的特殊性来进行融合。此外，随着我国"双碳"计划的推行，一些高污染、高能耗的产业必须进行绿色化转型才能确保碳中和、碳达峰的实现。在朝着低碳方向转型的过程中，企业必须考虑创造新的利润增长点，而这种增长点必须是低碳化的，于是文化产业就是一个很好的融入点，因为文化产业是轻资产、低污染的环境友好型产业，既符合融合产业的发展利益，又合乎绿色发展的远景目标。

文化产业与制造业之间的融合中包括食品制造、石油化工、机械设备等传统制造业，与文化产业并没有直接的技术联系，但是"文化"二字就如同产业的灵魂与传承，存在于一切产业活动之中，是一种大文化、泛文化，因此在文化层面上是相同的，让传统制造业与文化产业之间有了融合的契合点。这种融合包括两个方面：一个方面的融合是由于文化产品的需要而进行的制造业的加工，这是一种制造业对于文化产业的依存，诸如制造业中的雕刻产业，技术发展之前雕刻只能用人工的手挖石凿来进行，这样导致雕刻出一件工艺品需要耗费大量的人力和时间，但之后由于机器与数控化的发展，机床便可以代替人们完成这一活动，原先一件产品需要十天才能完成，有了制造业的融合，一件产品只需几分钟就能雕刻完成。另一个方面的融合是指让文化渗透进制造产业，赋予制造业以活的灵魂，例如我国的石油产业就可以赋以文化，新中国成立初期，玉门油田成为首个石油基地，开启了新中国石油工业的新篇章，中国石油"石油魂"打造出中国石油文化传播品牌，在长期的艰苦奋斗历程中，孕育出石油精神和大庆精神的铁人精神，从而形成石油产业的凝聚力，助推整个产业更好地发展。

文化产业与金融业间的融合也是不具有相似技术或资源的融合，所以这种融合更多体现为文化产业对金融业的融合作用。文化与金融的融合也是通过两个角度来体现：一个角度是在金融产品中融入文化思想，使金融产品的价值获得增加。例如，每当逢年过节或有重大纪念事件发生时，金融机构便会发行一系列的纪念币或纪念钞，投资者可以购买或投资，而纪念币的面值与购买价值是不相同的，正因为将文化的灵魂嵌入金融产品，使之具有投资与收藏价值，客户购买后可以自己留存或待市值变化后转手卖出，这样的融合让金融业的产品附加值得到提升。另一个角度是文化产业为了自身的存活与发展，需要资金的投入，而金融产业可以帮助文化企业设计融资方案，同时自己也获得利润，诸如文化投资的资产证券化就是以文化产品内容为依托，在资本市场进行融资设计，证券化产品发行成功后文化企业可以获得资金来进行文化创作，而待证券化产品到期之后金融机构也可以获得相应的报酬。

所以尽管有的产业与文化产业之间联系较弱，但凭借文化产业的兼容化与共享化特征，都可以进行适当的融合创新，从文化要素相融到文化管理相融，最后再依托产品与业务进行市场化融合，最终实现文化产业的跨要素融合（见图 4 - 4）。

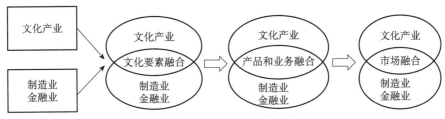

图 4 - 4　其他类型产业融合路径

综上所述，文化产业融合的大体阶段以及机理可以归纳为如图 4 - 5 所示，每个产业都有其各自的特点，与文化产业相互融合时要根据产业特征及企业自身情况进行分析，而当前我国文化产业正处于加速发展阶段，未来与其他产业的融合将大有可图。随着科技、经济的发展，以及绿色低碳成为各个产业的趋势，产业融合更需要适应人们不断变化的消费需求，使文化以其水一般的特性浸入其他产业并融合相生。当然，在文化产业与其他产业互相融合的进程中，还需做好相关配套服务，诸如相关文化融合的法规完善、渠道建设等。

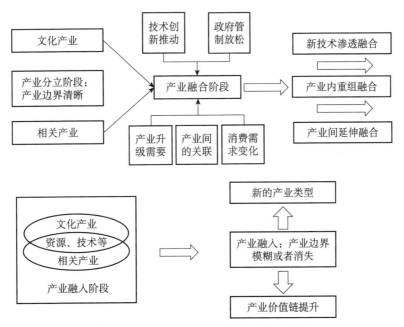

图 4 - 5　文化产业跨要素融合的作用机理

第5章 文化产业与科技要素的融合

科技已经成为任何产业发展必须依靠的手段，其改善产业结构、提高产业竞争力的功能愈发凸显，要使文化产业规模不断扩大并加速成为国民经济支柱性产业，必须坚持推进文化科技的融合创新。

5.1 文化产业与科技融合

国务院办公厅印发的《关于推进实施国家文化数字化战略的意见》明确了文化数字化战略的总体目标，为新时代文化和科技融合谋划了新蓝图。该文件提出，发展数字化文化消费新场景，大力发展线上线下一体化的数字化文化新体验，统筹推进国家文化大数据体系、全国智慧图书馆体系和公共文化云建设，增强公共文化数字内容的供给能力，提升公共文化服务数字化水平等重点任务，依托科技赋能的文化产业融合化发展正在进入快车道。

5.1.1 文化科技融合的业态表现

5.1.1.1 网络视频

智能科技时代，短视频已成为用户黏性最高的互联网文化体验之一，超六成用户每天看短视频，人均单日使用时长约110分钟，如图5-1所示。短视频始于娱乐但不只娱乐，正不断向新闻、电商、广告、教育等应用场景渗透，已逐渐成为最具文化科技融合特征的信息传播渠道。

5.1.1.2 网络文学

影视制作、游戏改编、广告收入等多元化的业务组合逐渐成为各大网络文学平台的常规盈利手段，企业收入占比明显提升，为行业的健康发展提供了坚实的基础。其中，通过免费作品吸引用户进行广告付费的商业模

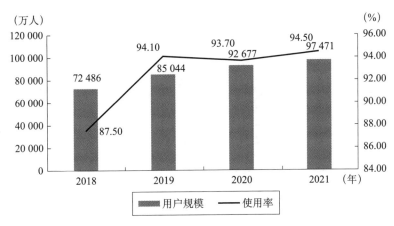

图 5 - 1　2018 ~ 2021 年网络视频用户规模及使用率

资料来源：CNNIC 中国互联网络发展状况统计调查。

式尤其值得赞赏。CNNIC 数据显示，自 2016 年以来，我国网络文学用户规模呈现上升趋势，截至 2021 年底，用户规模约 5.02 亿人，较前一年增长了 4 145 万人（见图 5 - 2）。

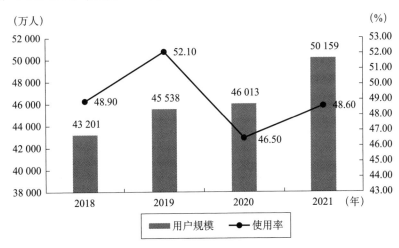

图 5 - 2　2016 ~ 2020 年网络文学用户规模及使用率

资料来源：CNNIC 中国互联网络发展状况统计调查。

5.1.1.3　网络游戏

全球游戏产业稳步增长，2021 年全球有近 30 亿名玩家在游戏上的总支出额为 1 758 亿美元。据市场调研公司 New200 对全球游戏产业的调研数据，2019 ~ 2024 年游戏市场以接近 90% 的复合年增长率保持增长，并在 2024 年达到 2 200 亿美元左右，如图 5 - 3 所示。

（十亿元）

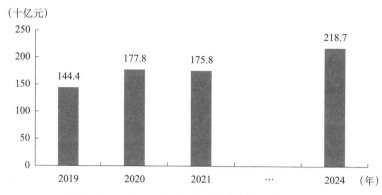

图 5 - 3　2019 ~ 2024 年全球游戏市场及收入预测

资料来源：Newzoo 发布的《2021 年全球游戏市场报告》。

2021 年，我国游戏市场实际销售收入 2 965.13 亿元，比 2020 年增长了 178.26 亿元，同比增长 6.4%。与此同时我国游戏用户数量也保持了稳定增长，用户规模达到 6.66 亿人，同比增长 0.22%。2021 年，移动游戏市场持续爆发，不仅用户人数达到 6.56 亿人，同比增长 0.23%，在实际销售收入方面更是达到 2 255.38 亿元，比 2020 年增加了 158.62 亿元，同比增长 7.57%，在整体市场营业收入中占比达到 76.06%。此外，从游戏用户角度分析，截至 2021 年底，我国游戏用户规模约 5.54 亿人，较上一年增加了 3 561 万人，占整体网民的 53.6%（见图 5 - 4）。

（万人）

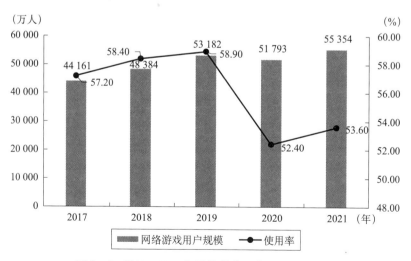

图 5 - 4　2017 ~ 2021 年网络游戏用户规模及使用率

资料来源：CNNIC 中国互联网络发展状况统计调查。

5.1.1.4　网络直播

2021 年，以电商直播为主要方式的网络直播行业发展迅速，中国互联网络信息中心（CNNIC）发布第 49 次《中国互联网络发展状况统计报告》数据显示，截至 2021 年底，我国网络直播用户规模约 7.03 亿人，较 2020 年增长 8 652 万人，占网民整体的 68.2%（见图 5 - 5）。

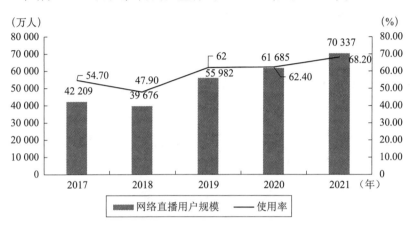

图 5 - 5　2017 ~ 2021 年网络直播用户规模及使用率

资料来源：CNNIC 中国互联网络发展状况统计调查。

"直播 +"实现全面赋能，与电商、游戏、教育、助农等领域深度融合，其中，"直播 + 电商"增长最快，成为助推我国经济"内循环"的重要力量，2021 年更是体现出主体多元化、商品本土化、运营规范化的特征。

5.1.1.5　网络音乐

如图 5 - 6 所示，截至 2021 年底，我国网络音乐用户规模约 7.29 亿人，较 2020 年增长了 7 121 万人，网络音乐用户占网民整体的 70.7%。

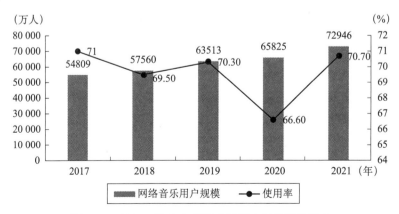

图 5 - 6　2017 ~ 2021 年网络音乐用户规模及使用率

资料来源：CNNIC 中国互联网络发展状况统计调查。

5.1.2　文化科技融合的未来生态

5.1.2.1　基于互联网的文化科技生态

随着互联网技术的不断更新，包括互联网信息传播、娱乐内容、文化生活、文化服务、文化消费等新兴数字文化产业业态会不断涌现。从 2014 年以来，数字内容产业的一大发展主题就是依托文化 IP 为核心的内容转化生产。在经济效益上，数字内容产业已然获得巨大成功，以数据为例，2014～2021 年我国游戏产业收入大幅上涨（见图 5 - 7 和图 5 - 8），数字内容产业正在迎来前所未有的契机。

图 5 - 7　2014～2021 年我国游戏市场销售情况

资料来源：《2021 年中国游戏产业报告》。

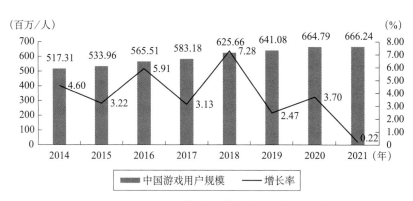

图 5 - 8　2014～2021 年我国游戏市场用户规模情况

资料来源：《2021 年中国游戏产业报告》。

从技术基础的角度上，商用 5G 技术上马在即，互联网技术将实现巨大突破，各种新技术不断发展，将为数字文化产业提供新的动力。AR、VR、MR 等体验技术的迅速发展，智能音箱、机器人等自主性设备与智慧空间的出现与普及，都将为文化产业提供新的载体和应用场景。

另外，从顶层设计的角度上，数字文化产业的政策红利也在不断释放
（见表 5－1）。

表 5－1　　　　　　　近年来我国数字文化产业的红利政策

时间	红利政策	具体作用
2018 年 8 月	《新产业新业态新商业模式统计分类（2018）》	进行文化新业态统计
2018 年 9 月	《完善促进消费体制机制实施方案（2018—2020 年）》	放开服务消费领域市场准入，实现文化服务领域行政审批标准化
2018 年 11 月	《关于在文化领域推广政府和社会资本合作模式的指导意见》	鼓励文化项目采用 PPP 模式
2019 年 1 月	《进一步优化供给推动消费平稳增长促进形成强大国内市场的实施方案（2019 年）》	加强信息消费，发放 5G 商用牌照，建立信息消费体验中心
2019 年 4 月	《公共数字文化工程融合创新发展实施方案》	实现工程的统筹管理，建立统一的标准规范框架，推出统一的基层服务界面，初步形成公共数字文化自愿服务总目录，统筹开展基层数字文化资源配送，做好工程平台、资源、服务的融合创新发展试点工作
2019 年 8 月	《关于促进文化和科技深度融合的指导意见》	到 2025 年，基本形成覆盖重点领域和关键环节的文化和科技融合创新体系，实现文化和科技深度融合。并从加强文化共性、关键技术研发、加强文化大数据体系建设、促进内容生产和传播手段现代化等八个方面提出文化和科技深度融合的重点任务
2020 年 2 月	《关于运用新一代信息技术支撑服务疫情防控和复工复产工作》	支持完善疫情期间网络零售服务和物流配送体系，加强电子图书、影视、游戏等领域数字文化产品和服务的开发，形成丰富多样的"零接触"购物和娱乐模式
2020 年 6 月	《关于做好国家文化大数据体系建设工作通知》	以旅游景区、游乐园、城市广场等为目标，建设具有一定空间规模的文化体验园，把地域文化、红色文化从博物馆和纪念馆"活化"到文化体验园，促进文化和旅游深度融合

续表

时间	红利政策	具体作用
2020 年 9 月	《关于扩大战略性新兴产业投资培育壮大新增长点增长极的指导意见》	鼓励数字创意产业与生产制造、文化教育、旅游体育、健康医疗与养老、智慧农业等领域融合发展，激发市场消费活力
2020 年 11 月	《关于推动数字文化产业高质量发展的意见》	支持展品数字化采集、图像呈现、信息共享、按需传播、智慧服务等云展览共性、关键技术研究与应用
2021 年 11 月	《"十四五"大数据产业发展规划》	提出到 2025 年底，大数据产业测算规模突破 3 万亿元的目标
2022 年 1 月	《"十四五"数字经济发展规划》	提出到 2025 年，数字经济核心产业增加值占国内生产总值比重达到 10%

资料来源：根据公开资料整理。

　　此外，新媒体也是未来文化科技产业的重点业态内容。互联网带来的数字化生产、传播、管理和消费，让新媒体产业成为文化产业中发展最迅猛的部分，传统媒体也都借互联网的东风不断发展。当前文化产业用数字化作区分，可分为传统文化产业和数字文化产业两方面，如图 5 - 9 所示。有专家认为，未来数字文化产业市场规模将达到整个文化产业的 70%，并且这种趋势将会长期存在。

　　"米糖文创"是小米布局在科技、智能类及文创板块的小米生态链成员企业，跨界合作多家知名品牌，并进行独家联名商品开发及售卖，但商品限定会员定制，多家实力商户主动寻求商务合作，开发主题商品及 IP文创周边产品。"懒人便利商店"属于北京米糖文化创意有限公司旗下场景 IP，经营产品有服饰类、美妆类、文创类、零食饮品等。"懒人便利商店"自问世以来，通过线上、线下联动的传播及营销方式，参与了全国多地、多个主题市集展，并开办了不同主题的限时快闪店，推出了多款网红话题潮品，多领域开展品牌异业联名合作，限定发售了包括美瞳、咖啡、T 恤在内的多款商品，全方位覆盖年轻人消费圈层，通过打造不同场景，结合地域文化，互动体验，成为引领新消费群体的一种生活方式。

5.1.2.2　基于体验经济的文化科技生态

　　体验经济是新出现的经济业态，是经济学的关注热点，体验是指生产者用自己的产品或服务给予消费者生理或精神享受的活动。随着体验经济的发展，消费者的享受逐渐从物质满足转变为精神满足，而这种享受贯穿

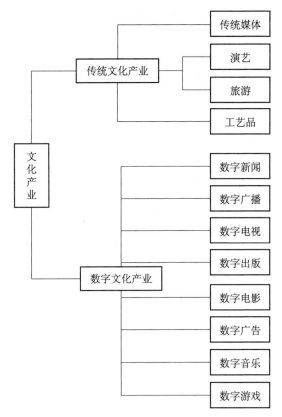

图 5 – 9　数字化下的文化产业分类

整个体验过程。体验经济属于马斯洛需求理论中的自我价值实现，这种消费方式随着生产技术和物质水平的提高而得以实现。

体验是消费者与文化产品形成共鸣的纽带。首先，互联网现在已经完全占据了人们的生活，消费者希望借助沉浸式体验实现感觉和内容的连接，获得精神上的享受。其次，新技术的不断发展和内容的不断创新给消费者带来了全新的视听享受。沉浸式技术不仅正在应用于游戏、影视、旅游等产业，也在向购物、教育等领域发展，一定会掀起新一轮的文化体验浪潮。可以预见，我们正在进入体验经济时代，各类企业尤其是文化类企业，将在文化科技融合的体验经济上进行竞争，这种竞争不仅仅包括硬件制造，更为关键的是内容生产。

5.1.2.3　基于工业与制造的文化科技生态

科技进步在影响人们生活的同时，也在不断改变着实体工业，甚至引发了改革的浪潮。由于互联网的发展，新的工业革命爆发，大数据、云计算、物联网技术不断促进着工业的发展，信息化与工业化的融合使得工业互联网出现。要密切关注工业制造的技术发展，在牢固树立工业制造的基础上不断实现创新，弥补工业设计领域的不足，未来工业设计不仅要注重功能性，更要考虑审美和人性化，这是未来我国工业制造业从简单加工转变为创新创造的重要机会。此外，国务院发布的相关政策明确提出，要不断深化"互联网＋"，实现经济和科技的相互促进，建设完善的经济体系。2019 年，国家建立了专业的工作组来专门管理工业互联网的建设，由此我国工业互联网进入高速发展阶段。

5.1.3　文化科技融合的溢出效应

5.1.3.1　生产与服务的社会化

数字化与人工智能等新技术的使用一再降低创意和设计的门槛，使普通人能够发挥更大的创造力。以腾讯推出的敦煌诗巾为例，其制作增加了互动环节，通过微信小程序的便捷交互，让参与者任意组合官方精选出的 8 大主题和 200 多个壁画细节元素，通过调整数量、大小等，设计出属于自己独一份的"敦煌诗巾"，而设计完成后，每个丝巾款式都被收录进数字展览馆，所有用户都可以通过访问数字展览馆来参观别人的设计，给了大家一种独特的参与感。短短的活动期限内，有 200 多万人次参与，并设计了 10 万余件可以进行商业化的创意作品。

而网络技术、数字技术和智能技术等相融合也使得文旅服务的便利程度大大增加。例如，由云南省人民政府与腾讯公司联合打造的服务于全域旅游的智慧平台——"一部手机游云南"，基于物联网、云计算、大数据、区块链、人工智能等技术，该智慧平台深耕目的地智慧化旅游体验，为吃、住、行、游、购、娱等旅游环节提供数字化解决方案，全面覆盖游客游前、游中、游后的各项需求，全方位为游客提供一站式的智能服务。

5.1.3.2　营销与推广的智能化

借力互联网的便利性，许多文化商品乃至景区旅游产品等，利用社交平台以及快手、抖音等音像媒体平台线上的海量流量进行裂变式、智能化营销与推广，以风景名胜的营销为例，之前我们国内的热门旅游地主要都集中在传统的景区，如大理、丽江、黄山、泰山等地，而近年来，最新火起来的一批网红城市如重庆、上海、西安等地的旅游行业慢慢赶超。作为网红产业的附属品，打卡经济也逐渐系统成熟化，2022 年 1 月，抖音发布《2021 抖音数据报告》，报告显示，文旅"打卡经济"正在兴起。综合来看，2021 年抖音热门景点前十名，无论是杭州西湖风景名胜区还是上海迪士尼度假区，有很多都是以网红孵化的模式，从线上到线下展开运营营销（见表 5 - 2）。

表 5 - 2　　　　　　　　2021 年抖音最受欢迎十大景点

排名情况	所在城市	景点名称
1	杭州	杭州西湖风景名胜区
2	上海	上海迪士尼度假区
3	上海	上海外滩
4	西安	西安大唐不夜城
5	北京	北京环球度假区
6	广州	广州塔
7	金华	横店影视城
8	洛阳	老君山风景名胜区
9	黄山	黄山风景区
10	舟山	普陀山风景名胜区

资料来源：《2021 抖音数据报告》。

　　大数据、云计算、人工智能技术等推动文化旅游智能化营销，大量的内容产品和服务场景、算法和 AI 在销售过程中占据绝对优势。目前，在文旅行业，众多景区选择 VR，都是寄希望于 VR 能够提供沉浸式体验，以便让用户感受到最真实的体验，当用户沉浸于这种环境时，很容易对一些景点产生兴趣，使得有出行计划的目标用户坚定出行想法，起到较好的引流效果。

5.2　文化产业与互联网融合

　　文化产业涉及公众对文化、教育、娱乐、服务等一系列的日常生活基本需求，这些信息和需求内容往往依托互联网来全面推广和快速传播，因此，互联网在某种意义上讲是以文化的吸引力为基础的，互联网信息内容创新是文化产业融合性成长的平台支撑。

　　文化产业的强项是内容，互联网平台的强项是宣传营销，二者的合作能够突破瓶颈，不断培养核心竞争力，变革商业模式，创造新的文化产业业态。另外，互联网还能推动文化企业转型升级。比如，很多传统文化旅游企业创办网站，借助互联网寻找顾客，改变经营方式；民营类文化企业借助网络进行营销宣传；传统媒体不断加强数字化改造，延长产业链；电视行业与视频网站合作等。可以说，目前所有的传统文化产业都在互联网的大潮中逐步转型为"互联网＋"，只有不断创新"互联网＋文化产业"的融合商业模式，优化投融资环境，拓宽投融资渠道，才能更好地实现文化产业的加速发展。

5.2.1　文化产业与互联网的相互影响

5.2.1.1　促进合作是二者融合的前提

产业融合源于产业的边缘和交集，核心目标是改变其原生行业的特征，调整至适应市场需求，使得竞争变得模糊，产业界限不再鲜明。目前我国文化产业活跃，在其发展初期就与互联网形成了融合，文化产业负责制作及生产文化内容产品，互联网使产品商业化，二者共赢，这是互联网和文化产业相辅相成的一种典型经济形式。以电影和电视作品为例，以互联网为渠道播放影视作品已成为一种常规现象，各类视频成为了典型的互联网与文化产业融合的产物。

5.2.1.2　技术创新是二者融合的条件

当然，互联网与文化产业的融合也是在技术的前提下进行的，将本身处于不同行业的价值活动单独或整体整合到另一个行业中，形成一个新的行业。互联网使得文化产业得到升华，在这一过程中，互联网技术的创新具有举足轻重的作用。在如今的互联网时代，大力发展文化产业带动了无线终端的功能扩充。科技助推智能无线终端发展，从而推动文化内容传播，实现文化产业的转型。从中长期来看，我国文化产业正处于发展的加速起步阶段，需要政府和市场的配合引导以及在合理范围内的管控，以实现互联网与文化产业的完美交融。

5.2.1.3　互联网与文化产业的互相成就

互联网与文化产业融合的内核主体是文化内容的制作以及媒体的传播。互联网技术融合了文化产业所生产的内容创意，无线智能终端方便了文化产业内容宣传与创新发展，进一步刺激了终端的更新迭代，互联网数字信息技术有效地结合文化产业内容，支撑了文化产业良性发展。而文化产业也正全方位向互联网渗透，包括文化商品渗透、文化服务渗透，以及人为的价值导向渗透，业态形式多式多样，比如"互联网＋影视剧作""互联网＋图书""互联网＋出版""互联网＋广告""互联网＋软件""互联网＋艺术作品"等新型网红商业业态层出不穷。

总之，互联网文化产业的市场价值远高于传统文化产业，一些具有创意的融合业态如短视频产业正在快速成长。在"互联网＋"时代，不断创新发展的产品以及科技高速发展带来的信息量和文化内容，是以满足大众海量信息需求为前提的。文化产业的发展是需要传播平台的，而互联网可以有效地提供这一平台，并且互联网中具有庞大的数据库，相同种类的数据信息可催生一系列产业发展支链，理清产业链，合理利用互联网资源，把握"文化 + 互联网"融合发展的途径，可以更好地实现文化产业多样性和多元化的融合价值。

5.2.2　文化与互联网融合的关键环节

5.2.2.1　发展多终端的文化市场

当前，无线智能终端和移动互联网技术的普及，使得文化传播十分便捷，大量的文化企业开始运用互联网技术结合电子商务的策略来对接线上和线下，这条道路极大程度地拓展了文化产品传播的渠道和范围，加快了传播速度，也加深了文化价值辐射与影响。以"文化 + 移动互联终端"为例，智能手机和网络游戏的双向升级，使得传统不易移动的 PC 端文化消费变得灵活多样。从移动图书馆、移动博物馆，到以喜马拉雅等为代表的线上音频文化传播，从线上支付、移动手游到各类视频 App，文化的传播变成了不间断的文化视觉冲击，极大程度上满足了人们对知识、文化、艺术等的需求，这种需求导向刺激下的巨大的文化消费市场，又会反向引领文化创意、文化产业的创新与融合。

依据"互联网 +"模式，利用"互联网 +"技术，连接多种无线智能终端，有利于帮助消费者获取文化产品。例如，利用智能终端实现自购、查阅文献图书等用户体验。另外，依照上述消费数据分析可知，网络销售模式下的如剧场、景区的票价打折活动能够刺激消费者的消费需求，提高文化产品的销量，并且网络电视和各种应用 App 的出现吸引了大量的消费者，拓宽文化交流宣传路径，提高了文化的产业化效率，对于文化产品的使用、创新、传播提供了新模式。

5.2.2.2　优化文化传播的产业链

互联网使得文化产业内部产业链结构正在一步一步进行优化，实现更新换代。如果把依托外在文化资源禀赋为主的初级文化产业界定为第一阶段，则该阶段的产业发展相对来说就比较落后，文化产业及产品无法满足众多消费者的需求。而把市场化发展阶段的文化产业界定为第二阶段时，相对于第一阶段，这一阶段的文化产业在内容、传播渠道等各方面会有很大的提升，但依然不能满足消费者对文化产品更新的需求，尤其是传播渠道和传播时效方面更加难以满足。所以，基于以上，在互联网技术的影响与支持下，文化产业进入到第三阶段，该阶段的文化创意产业依赖高科技发展，文化与信息技术相结合，形成一种新的商业模式，比如新媒体、自媒体、大数据、移动电商等。互联网的普及，导致线上线下消费渠道之间的障碍消除，文化产业实现有效整合，文化内容经过整合、融汇发展成为文化产品，以此又倒逼文化产业结构改革，发展成产业链结构的新模式。正如腾讯大力拓展互动娱乐板块，其他互联网行业巨头企业如百度、阿里巴巴等，也在文化领域进行着规模、形式各不相同的融合探索发展。

5.2.2.3 促进文化业态的商业创新

网络化正在成为文化产业融合发展的重要方向。以传统报纸类型新闻媒体为例，在受到新闻类应用程序的影响后，会催动这些公司将相关业务转移到互联网平台，比如我们在移动端经常看到的新闻媒体微信公众号、大型报社的官方微博等。众筹、文化 IP 等类型的商业模式，也是由文化产业与互联网产业的有效衔接带来的结果，并且互联网的更新会带来更多商机。当文化企业掌握用户需求时，就可以研发出创意经济产品，这就是文化众筹模式起到的系带作用。艺术家或文化产业创业者可以通过网络平台传达创意思想，收集公众意见，提前筹集资金，然后进行产品的创作和生产。

传统文化产业受内容的影响，难以复制和广泛传播，网络化融合后可以通过网络推广平台，使文化内容的质量与客户资源产生良好的变化。另外，在文化产业 IP 的形成过程中，对产业链的延伸有着一定的要求，如果加入互联网技术就可以有效地解决这个问题，则用户的理念要求就可以在创作之初就融入其中，增进了文化产品与消费者之间的联系，最终使得文化产品在创意阶段就有一定的消费群体，即在一开始就为产品的销售与推广做好铺垫。

5.2.3 文化与互联网融合的服务平台

互联网目前已经渗透到文化产业的各个环节，从文化产业的融资、内容的创作、实体产品的生产，到文化产品的销售、应用，乃至文化产业投资资金的退出等，从文化产业链的上游到下游，都离不开互联网科技的支持与辅助，互联网的无界化为文化产业的发展提供了技术基础，使文化信息、知识产权、资本、文化元素、企业主体等聚集起来，形成以平台型企业与平台型经济相结合的数字文化产业发展格局。为了更好地服务文化产业与互联网科技的融合发展，我们需要构建五大服务平台，分别是融资平台、产权交易平台、资源整合平台、企业合作平台、信息服务平台（见图 5 - 10）。

5.2.3.1 融资平台

通过互联网技术加强文化和资本市场的结合，可以提升市场化程度，

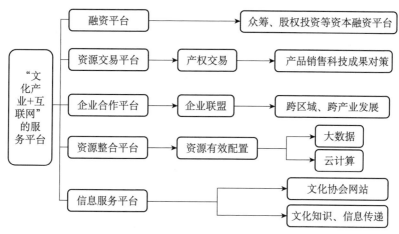

图 5 – 10　文化产业与互联网融合发展的五大服务平台

缩小供给缺口。互联网提供的开放平台可以筹措更多的资金用来发展文化产业，实现社会资本融入。比如借助互联网平台，类似于众筹和股权投资等新的文化金融模式，可以实现金融资本和文化产业的高效对接。

以众筹为例，在众筹模式中文化公司或机构先发布文化项目，通过互联网平台，投资者可以选择有投资意向的项目进行匹配，接下来进行资金筹集，由文化项目的发起者确定筹资金额目标，根据目标，众多投资者对项目进行投资，如果成功达到融资目标，文化项目融资者获得融资，项目开始进入实施阶段，相应的管理机构对资金进行管理，投资人可以通过股权转让、IPO、融资企业回购、兼并收购等方式实现退出并获得相应回报（见图 5 – 11）。当然上述众筹的文化产业融资模式在每个环节的风险管控非常重要，互联网平台和文化项目发起者都要高度重视，以免变形为非法集资等违法融资行为。

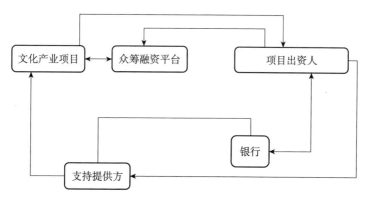

图 5 –11　文化产业项目互联网众筹模式

5.2.3.2　产权交易平台

利用互联网无界化的特性，打破时间和空间的障碍，可以连接文化产业涉及的各个领域，将传媒、金融、娱乐、教育、营销、社交等行业与文化产业进行融合，在丰富文化产业内容的同时也为文化产业提供了广阔的发展空间。文化科技成果供需对接平台、文化科技成果转化平台、文化科技创新平台、文化知识产权交流平台等都是在"互联网＋"大背景下形成的，由这些平台组合最终形成的文化产业资源交易体系，可提供文化资产管理、互联网文化服务、O2O联合交易、财富管理等系列增值服务。

5.2.3.3　资源整合平台

借助互联网的大数据、云计算等功能，在海量数据存储、需求和供给中实现社会资本资源与文化产业资源的优化配置。例如，针对文化创意产业园"多而不精"的情况，可以通过互联网在文化园区设点，采用智能方式为园区内的企业和个人提供优质的服务，同时加快园区同城市发展、大型商业综合体等进行有机结合，打造跨产业、跨区域的经营模式。此外，在互联网的助力下，文化科技产业园区等平台集聚了网游动漫、数字化集成等高科技技术，同时，平台集聚了技术研发、产业孵化、销售交易、人才培养功能，为园区内企业提供硬件设备、技术支持、基础设施，实现文化企业的高度孵化，促进企业形成规模化、集约化、专业化的发展模式。

5.2.3.4　企业合作平台

借助互联网打造平台模式，企业通过结盟的方式使文化产业聚集起来，呈现出集团化、舰队化的模式。在互联网文化领域，企业之间打破了传统企业间的竞争，形成结构资源互补、技术共同开发的互助体系。例如，阿里巴巴涉足影视制作领域，其分别对光线传媒和华谊兄弟两家影视公司进行投资，与此同时华谊兄弟又与腾讯等公司合作，这几家公司的合作模式很好地体现了企业通过聚集合作进行优势互补，从而形成一种"企业联盟"的形态。

5.2.3.5　信息服务平台

凭借互联网是信息聚集地的特性，大量的信息通过互联网进行传播，新闻、网站、微信、微博等信息发布渠道都是以互联网作为基础。一方面，文化企业可以通过互联网建立文化协会网站传播国家相关文化政策、知识，大众通过平台了解文化产业最新发展趋势，洞悉文化产业价值。另一方面，社会大众可以通过互联网参与各类文化活动，既方便又快捷。近年来，数字化图书行业身份火热，其阅读量已经超过纸质书的阅读量，2021年我国数字阅读产业总体规模达415.7亿元，增长率为18.23%（见

图 5 – 12），既实现了对文化的宣传与弘扬，又为文化企业提供便利，吸引社会资本进入。

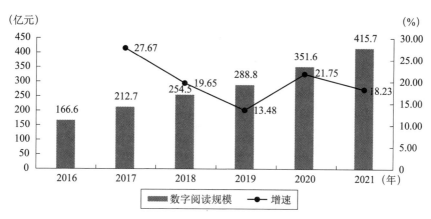

图 5 – 12　2016～2021 年我国数字化阅读率产业规模及增速

资料来源：《2021 年度中国数字阅读报告》。

5.3　文化产业与人工智能融合

人工智能在文化产业中的运用可以提升产业的生产效率，为文化产业的发展构建更多平台和渠道，也有助于各个部门之间的沟通和交流，人工智能的深入融合，将催生文化产业带来新的变革，从而衍生出智慧文化产业等新兴模式。如表 5 – 3 所示，文化与人工智能的发展模式具有多层面的表现。

表 5 – 3　　　"文化 + 人工智能"理念和发展模式的多层面表现

项目	文化	人工智能	文化 + 人工智能
核心价值	内容价值	平台连接	价值观、IP 与用户
要素产品	文化资源与产品	人工智能技术与服务	文化的 AI 赋能
组织机构	文化企业机构	人工智能企业	人工智能文化企业
行业形态	文化行业	人工智能行业	人工智能文化事业

资料来源：根据公开资料整理。

在要素产品方面，文化产业具有文化的相关资源与产品，而人工智能领域是与智能科技相关的要素产品，将文化与人工智能融合即会使新科技赋能于文化产品，让传统的文化产品展现出现代化的生命力，并且可以利用人工智能来代替人类完成部分工作，解放生产力，让人们更专注于一些文化创新性研究。例如，在 2016 年，九段棋王输给拥有多层神经网络大脑的谷歌阿尔法狗，成为写入历史的人机大战事件。随后几年人工智能不断革新进步，2022 年，商汤公司推出"元萝卜"AI 下棋机器人产品，其拥有人类象棋大师级别的棋力并可与人类进行思考性对话，在家中既可以陪伴孩子学习，也可以对弈象棋，锻炼思维，享受乐趣。诸如此类的文化与 AI 技术融合的产品是未来文化产业发展的趋势所在。

在组织机构方面，文化企业以及文化相关部门要积极开阔眼界，大胆寻求科技创新，在人工智能技术潮流下推动文化 AI 企业的设立以及文化与人工智能结合的新兴产业。例如，2022 年 9 月，浙江德清启动了莫干山 AI 影视城，打造拥有数字化虚拟摄影棚、数字化后期制作硬件条件的影视基地，以无边界的创意赋能 AI 影视文化产业发展。影视城以湿地公园为发展空间主轴，两侧产业综合体布局影视、动漫、游戏等产业，并结合康乾八坊、创新雨林等板块，构筑 AI 影视文化产业集群。德清以莫干山 AI 影视城建设为契机，可以推动信息化、数字化、智能化技术深度赋能文化产业创新创造，打造文化新产品、新业态、新模式，借数字文化软实力推动城市转型发展。

5.3.1　　"文化 + 人工智能"的融合形式

5.3.1.1　　文化技术融合

文化技术融合是指将人工智能各个层面的技术运用至文化产业的技术研发中，助力文化产业的发展。人工智能包括五大核心技术：计算机视觉、机器学习、自然语言处理、机器人技术以及生物识别技术。这之中的每一项技术都可以赋能于文化产业。第一，计算机视觉技术主要运用于文化产业中的影视拍摄中，在影视拍摄的特殊场景中计算机视觉技术自动分析画面的构成和人物的识别，进行自主化拍摄，营造出更符合文学作品需求的场景及画面。第二，机器学习技术可以在一定程度上代替人类进行文化创作，例如将海量的音乐资源录入计算机后进行大数据分析，之后通过机器学习便会得出音乐创作中音符、音调等的最佳搭配比例，运用 AI 自动创作出一首动听的歌曲。第三，自然语言处理技术可与文化传媒相融合，例如智能化阅读可以将文字顺畅地转化为个性化语音，为有声文学开辟了新的创作空间。第四，机器人技术在文化产业中的融合更为广泛，包括文化产品的制造链、文化服务业、消费端等诸多产业链都可以有机器人技术的参与。所以人工智能的技术层面与文化产业的融合是非常紧密的，这种融合可以使文化产业进行科技革新，产生源源不断的文化创作动力。

5.3.1.2　文化业务融合

文化业务融合是指利用人工智能技术来辅助文化产业开展业务，对于开拓文化产品市场、增加文创产品销量、提升文化服务水平起到助推作用。首先，在开拓文化产品市场方面，人工智能可以利用采集到的区域人口数据、文化水平数据与产业集群数据分析该种文化产品所要投向的市场能否满足投资收益，例如要开发一种戏剧文化产品时首先进行 AI 受众分析，在某个区域以及某个年龄段的人群可以成为产品的销售对象，之后再进行有针对性的业务投放，在减少业务成本的过程中有的放矢。其次，在增加文创产品销量方面，可以将人工智能交互引入销售环节，例如在文化产品的店铺内设计顾客与店铺的智能交互，将声光电以及 AI 分析联合构成智能系统，当顾客一进店铺就会受到热情的款待，在 AI 与顾客对话的过程中了解顾客所倾向的商品并分析顾客的性格特点，采用更加适合的手段进行销售，提升销售的成功率，并吸引更多的顾客参与体验，从而增加文化产品的销量。最后，在提升文化服务水平方面，利用 AI 机器人参与服务，例如在北京环球影城中的诸多商铺中就提供了 AI 机器人的个性化服务，电影中的小黄人可以与游客聊天、为游客点单等，甚至为游客唱歌以提升游客的游览体验。

5.3.1.3　文化传播融合

文化传播融合是指将人工智能嵌入文化传播渠道，通过情感分析来智能优化传播路径以及改进各个渠道的传播投入量。当今主要的文化传播渠道就是信息流，而信息流传播经历了从书籍报刊到电信电报再到互联网媒体、视频的逐渐更迭。因此，人工智能与文化传播的融合主要集中于新媒体、视频以及创新型传播渠道中。例如，多地文旅景区推出"云游景区"创新项目，人们通过手机、电脑甚至 VR 技术，足不出户便可以感受到华山之险峻和故宫之庄严；快手联合马蜂窝推出的"云游全球博物馆"，以直播形式带领人们在线游览美国大都会博物馆、法国卢浮宫等殿堂级博物馆。又如，文创设计师们可以利用人工智能来实现远程的场景交互，自己的文创作品可以采用虚拟现实技术投入客户的家中，让客户身临其境进行赏析并提出建议，方便后续产品的改进并极大节省了文创过程中的成本。

5.3.1.4　文化消费融合

文化消费融合是指在文化产业链的末端消费环节中引入人工智能技术，在迎合客户消费升级需求的同时提升用户体验。例如广州大剧院携手华为融合视频进行创新与探索，打造出 5G 智慧剧院，通过网络直播的形式演出"多视角＋4K"、VR 版芭蕾舞剧《堂吉诃德》《化蝶》等文化作品，释放出"云演艺"舞台艺术表达方式与观众交互方式的多重价值；广东艺术院团与"星海直播"合作，观众只需花费 1 元即可收看话剧《深海》；具有丰富敦煌文化内涵的大型经典舞剧《丝路花雨》通过新甘肃客户端视频实现了云端全球首播；粤剧作品《白蛇传·情》运用"人工智能 + 戏曲"的形式在全国多个城市展演，助推传统文化"活态传承"。此类原本只能在剧院观看的舞台作品如今可以不受观众席位的限制而面向全国乃至全球观众演出。此外，新媒体消费也成为未来的文化消费趋势，通过短视频的引流与推送，文化产品借助流量来进行传播，更多的客户可以通过短视频的介绍来购买文化产品，特别是近些年才兴起的文化知识消费广受人们追捧。所以，随着产品消费升级的发生，人工智能与文化消费的结合会越来越紧密。二者相互促进、深度融合，一方面，人工智能技术融入文化产品消费中可以赋予文化产品以科技内涵，提升文化产品的价值。另一方面，文化可以反作用于人工智能的发展中，让人工智能技术在不断创新中逐渐形成一种人工智能文化，赋予人工智能以文化生命力。

5.3.2　"文化 + 人工智能"的融合路径

文化与人工智能的融合路径如图 5 – 13 所示，主要存在三个方面的互联互通：一是利用人工智能来实现产业之间的单一资源向多种资源互联整合；二是通过人工智能融合使单一的产业链逐渐向辐射状形式发展；三是从文化产业的传统思维出发进行创新，再与人工智能融合实现组织的协同。这三个方面互相之间也在相互转化，从而构筑四通八达的文化与人工智能融合渠道。

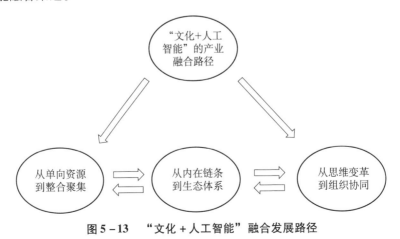

图 5 – 13　"文化 + 人工智能"融合发展路径

5.3.2.1　从单向资源到整合集聚

人工智能的融入可以将诸多要素聚集起来创造更大的文化与经济价值。例如，杭州的宋城主题公园以中国文化为核心，建筑依据《清明上河图》而建，最初以旅游资源为主，之后通过将舞台资源、文化资源、科技资源、人才资源等聚集，以更多文化元素的创新与人工智能的融入打造出大型歌舞剧《宋城千古情》，成为杭州文化旅游的一张名片。之后又整合资源创新出《丽江恋歌》《映山红》等大型舞台剧。此外，宋城主题公园以文化资源为基础，以科技、人工智能为手段打造出步步惊心鬼屋、怪街等文化娱乐中心，成功将单向资源为主的文化产业整合成为多资源聚集的科技文化大产业。

5.3.2.2　从内在链条到生态体系

文化产业与人工智能的碰撞可以让文化产业这个传统内在链条产生出以文化为根基，以"文化＋人工智能"为枝叶的生态系统。例如，敦煌文化本来是以旅游产业作为主要的经济增长点，属于单一化链条生产方式，然而人工智能的融入为敦煌文化扦插出更多智能文化链条。其中，商汤科技利用 AI 数字修复与区块链技术验证，创新出《千年一瞬·敦煌——九色鹿数字壁画》实物产品，2 000 多份商品在发售 2 分钟内即宣告售罄。此外，敦煌文创还与科技公司合作着力创新数字藏品，试图将敦煌文化以旅游为主的内在产业链打造成为数字商贸、制造业、云展出等多元化的敦煌文创生态系统。

5.3.2.3　从思维变革到组织协同

在文化产业中注入人工智能的过程中需要的是思维的转化与组织的协同。思维的转化是指将传统的单一化思维向多元化思维转变、将归化性思维向发散性思维变革，与思维变革相对应的是组织协同，即从整个文化产业链的上下游出发，做到思维与技术的协同、设计与应用的协同、制造与运作的协同以及企业与部门的协同。只有以思维变革为起点，以组织协调为抓手，确保整个衍生链条做到环环相扣、组织得当，才能更好地发挥人工智能在文化产业中的融合作用。

第6章　文化产业与行业要素的融合

伴随着产业升级的深化，文化产业与行业要素的融合使得各个产业之间的关联更加紧密，产业结构更加优化。未来文化产业与行业要素的融合创新将不断加强，企业的自主创新能力和产业关键核心技术水平会因融合而得到革新。本章将主要介绍文化产业与旅游业、制造业、农业元素的融合，围绕各行业发展需求，以市场为导向为各个产业的转型融合提供动力。

6.1　文化产业与旅游业的融合

6.1.1　文旅融合的原则与路径

推动文化和旅游深度融合，以文促旅、以旅彰文，已成为新时代文化旅游产业领域供给侧结构性改革的重要抓手。文旅融合发展可归纳为尊重规律、因地制宜、稳中求进、鼓励创新四个方面。文化和旅游的发展是相辅相成的，推动文化旅游融合发展，必须把"创新、协调、绿色、开放、共享"五大理念贯穿于融合的各个环节。

6.1.1.1　文旅融合应遵循的原则

（1）文创产品多样化。

随着生活水平的不断提高，人们的消费需求也在不断升级，对文化旅游产品的要求也愈加多元化、个性化。一个优秀的文旅作品需要创作者寄情其中，将文化理念与产品创意相结合，再融入当地的特色旅游资源，让文化与旅游价值体现在作品中。文化旅游产品，即旅游者获取文化印象、汲取文化精髓，将旅游资源以文化内涵为内核，文化资源以旅游特征为外壳，并从中收获精神和智力满足的一系列产品。例如，现今年轻人的生活方式更加丰富多样，喜欢把生活中的见闻与点滴分享至社交媒体，从而产生一种新型的社交媒体传播渠道，故而文旅产业的终端设计要考虑迎合年轻潮流的消费趋势。又如，故宫这几年的全面文创，不仅促进了故宫旅游经济的提升，也让故宫文化得以广泛传播，在游客中代表传统文化的故宫仿佛获得了新生。此外，以文化创意为核心举办文创产品促销活动，还能够为景区制造足够的话题度，例如，甘肃省博物馆推出的创意版"马踏飞燕"玩偶公仔在产品热销的同时也让全国游客了解探索甘肃的历史文化。

在文旅融合的过程中面临的重要问题就是如何实现单一资源的多维度开发。因为对于旅游产业来说，每一处的旅游资源都是相对固定的，而人们的消费旅游观念却在逐渐发生转变，十几年前人们旅游总会在景区购买很多旅游纪念品带回家，而现在随着信息的透明化和网上购物的普及，全国各地的旅游纪念品都大同小异，游客已经逐渐丧失了购买的兴趣。所以文创企业应该紧随时代发展潮流，注意将各地的单一化旅游资源进行创新化的多维度开发，呈现出文创产品的特色与独创性，例如潮玩品牌卓大王与西湖国风联动推出"烟雨阿卓"的文创纪念品，极具古风元素与西湖特色，深受年轻消费群体的喜爱。所以充分利用文化资源可以促进文旅产业的转型升级，在"旅游＋"和"文化＋"战略实施的推动下，深化二者的相互融合可以创造更高的经济价值。

（2）文旅服务健全化。

一是基础设施建设。打造高标准、高水平、高规格的文化旅游工程建设，离不开住宿、购物、交通、公共厕所、游客服务中心、医务室等基础设施建设。当地交通的便利程度是衡量一个地区旅游业发展水平的重要因素之一，特别是文化旅游城市应根据自身情况打造具有文旅倾向的交通服务体系，例如建设景区与城市之间的快速道路，开设多批次的旅游专线，在主要交通道口设置醒目的景区路线提示牌来展现旅游城市的热情。有的景区处于山林峡谷中，供水系统与通信网络的建设都需进一步加强。此外，要构建好基础设施建设的顶层设计，将文化与旅游的理念融入基础设施建设，为将来二者的融合创造条件。要建设文化旅游智慧服务平台，游客可以在智慧平台上查找景点介绍、停车住宿与游览攻略，游客还可以通过在平台中上传自己的游览建议或补充对应景点的历史文化信息来获取文旅积分，待游览时可用积分抵消景区内消费支付的部分费用，形成景区与游客互动联通的机制，方便景区及时改进相关服务，在动态中调整文化与旅游基础设施建设的方向。

二是人员服务。纵观这几年的文旅产业，虽然投资和项目大幅增加，但好的项目很少，其主要原因就是开发团队的思维、能力和经验结构与文旅项目开发需要的错位。一个具有一定规模的文旅项目可能涉及文化、旅游、体育、农业等多种产业类型，即使单一的旅游型文旅项目，也可能是景区、主题乐园、酒店、民宿、餐饮、零售等多元业态的组合。因此，文旅项目开发团队往往缺乏多产业、多业态、多职能的复合型人才，但是，优秀的文旅项目有时候也需要创新型的非标人才，文旅项目若想凸显个性、长期经营，往往离不开"个性化"的主题或产品。

6.1.1.2　文旅融合可遵循的路径

旅游是文化的载体，文化是旅游的灵魂，二者关系密切，加快文化与旅游各部门之间的相互融合，既能推进文化产业的发展，又能扩张旅游业的产业规模。文化与旅游二者在业务开展、产品设计、服务管理等方面本身存在差异，未来渐渐推进的文旅融合之路上要逐步实现机构的融合、业态的融合、管理的融合、产品的融合、场所的融合，"五位一体"才能实现最终的大融合。

（1）机构融合。

旅游界与文化界有着不同的审视角度，要通过人力资源、财会账目一体化、管理职能的一体化进行功能化管理合并，通过概念解析、知识传播一体化促进相关理念融合，推动公共文化机构与旅游公共服务机构的融合。首先，强化大局意识，各职能部门要深刻认识到文化和旅游融合的必要性，制定宏观远景规划，不能因眼前的利益而故步自封、保守不前，要以开放包容的态度审视文旅融合中遇到的问题。其次，应将文化与旅游部门的资源进行分类整合，将不能融合的资源照旧管理，将可以融合的资源部门进行改组设立，对属地各旅游文化单位的资源进行摸排分析，制定文旅融合建设框架并实施推进。最后，在机构融合的过程中要做到与时俱进，善于利用新型科技手段推进整合工作。

（2）业态融合。

旅游业根据其产业发展的支撑要素和特征，可以划分为吃、住、行、游、购、娱等基础类要素，以及商业、休养、学习、体验等衍生类的产业发展要素。文化赋能于旅游，指的就是文化要素赋能于旅游产业的基础类要素或产业发展要素，通过业态融合形成"文化＋旅游"的产品体系，衍生出文旅类新兴业态产品，激发文旅消费。根据旅游业基础类和衍生类的不同要素特征，任何一种要素与文化产业融合都会形成一种新的业态，而且每一种业态都有不断创新发展的空间和市场。

（3）管理融合。

在当今价值观多元化的背景下，文旅融合也会为一些不良文化的繁衍提供温床，容易出现过度开发、文化泛滥、粗制滥造等现象。而若要尽量规避上述问题，实现文化、旅游之间的平稳融合，就需要从公共事业服务、文旅产业发展、文旅资源、旅游组织、文旅规划、文旅市场开发等方面实现管理一体化融合。

（4）产品融合。

文旅产品融合就是指更好地满足人民对美好生活的殷切向往，解决文化和旅游资源与消费需求不匹配、文旅服务供给欠缺与地域角度的文旅发展不平衡不充分的问题。而文旅融合的一体化产品有以下几个主要形态：文化遗产旅游（如三星堆再开发）、节庆特色旅游（如春节、元宵节）、乡村文化体验（如农家乐的开发）、民俗文化旅游（如苗族苗寨旅游）、红色文化旅游（如重走长征路）、旅游演艺（如宋城演艺）、博物馆旅游、文化/文创产业园区景点等。抓好了这些形态，基本上就抓好了文旅融合的主体，而对于每个融合的领域，都需要进行系统的梳理，研究、制定有针对性的引导和促进政策。

（5）场所融合。

文旅场所融合的关键在于，让城市的文化场所成为游客旅游的目的地，让原本单薄的旅游场所成为文化的活跃地，让旅游接待区成为城市文化的缩影，做到以小见大，让异地游客与本地人都可以在接待区内充分感受并吸取到本地的文化滋养。从巴黎圣母院附近的苏利桥到埃菲尔铁塔附近的耶拿桥，联合国教科文组织将塞纳河上的 23 座桥列入了世界文化遗产名录，五湖四海的朋友都愿穿上一双舒适的徒步鞋，用一天的时间从第一座桥走到最后一座桥，这便是因为每一座桥由于所处场所不同而有不同的文化内涵和故事。

6.1.2　文旅融合的创新业态

创新是人类文明进步的不熄引擎，是社会发展的核心动力。近年来，在文化旅游投资持续增长、市场需求不断多元、科学技术日新月异等因素的驱动下，如何实现文旅产业的全面创新，形成系统、科学的发展体系与结构，是业界需要探究的重要内容。而以新业态、新产品、新技术、新商业模式、新 IP 与新媒体"六新"引领文旅融合的创新方向，是未来文旅产业发展的必然趋势。

6.1.2.1　新业态创新

根据产业发展情况，旅游业涵盖食、住、行、购、娱、厕、导、商、养、学、文、体、农等产业发展要素，因此，随着文旅融合的不断推进和供给侧结构性改革的不断深化，文旅领域的新型商业业态成长空间将越来越大。2020 年全国文旅会议明确提出要推动文化和旅游产业强主体、提质量的内涵发展路径，各级政府或各类文化旅游企业要在推动文化和旅游真融合、深融合的任务和方向上下功夫，尤其是围绕旅游的基本产业要素进行文旅产品的创新实践，运用新理念和新的技术手段，强化和推进文化赋能旅游的融合创新，创造新的体验场景，才能最终拉近文旅产品和游客之间的距离。

6.1.2.2　新产品体系

旅游新产品是由文化旅游新业态的兴起带来的多元而新颖的消费产品，这种新产品更加符合旅游经营者的意图，且与原产品存在着显著的差异，尤其是赋予了新的文化内涵。其本质是在"旅游＋"背景下的拓展延伸，加入创新意识，超越以往固化、普遍的印象，形成"文化＋旅游"的产品体系。在旅游新产品的供给侧结构性改革中，无论是政府还是市场都需要以创新的思维，实现融合产品在原有文化产业基础上的价值提升，推动旅游产品体系的升级换代。

6.1.2.3　新技术应用

新技术的应用一方面能够促进文化旅游产业资源的创新整合，促进科技旅游新产品的产生，优化产业结构，提升文化旅游服务的品质；另一方面可以实现文化旅游行业的智慧化管理与运营，在项目开发、市场拓展、整合营销、企业管理等方面实现创新变革，优化行业的整体服务功能。

6.1.2.4　新商业模式

成功的商业模式不一定仅限于技术上的创新，还有可能是对商业运作中的某一环节进行改造，或是对原有商业模式的重组、创新，甚至是对整个商业模式框架的颠覆。商业模式的创新贯穿于企业经营的全过程，贯穿于企业资源开发、经营管理、生产模式、营销体系、流通体系等各个环节。每个环节的创新都有可能创造出一种崭新的、成功的商业模式。随着科技的不断进步和消费者收入的不断提升，当前我国文旅产业正在经历从观光旅游向休闲度假旅游转变，其结构并不完善，而且目前的商业模式更关注产品和服务，无法满足消费者日益变化的需求。因此，急需一个更多地关注消费者，聚焦消费者的需求，关注度假生态圈的新的文化旅游商业模式。

6.1.2.5　新 IP 打造

文旅 IP 不只是一个简单的概念，也已不局限于"知识产权"四个字，而是以能够持续运营的知识产权为基础，具有核心吸引力，能够体现文化旅游的核心价值，以及全产业链的一整套体系。而构建文旅 IP 体系关键在于借助每个区域都有属于自己的历史典故、名人逸事等，甚至是天马行空的想象力，发掘本土特色文化，打造按主题分类的系列活动，扩大地方文化的规模和影响力，形成当地的旅游品牌活动，提高本地的文化知名度。

6.1.2.6　新媒体应用

新媒体多样化的表现形式能够迎合各类消费者和市场需求，其具有移动性与即时性、海量性与共享性、灵活性与便捷性等特征。在新媒体时代，人人都是旅游产业的见证者、传播者和受益者。而旅游创新时代的新媒体应用，更加注重以大数据为依托，分析用户市场，实行精准营销，增加与受众群体的互动沟通，从而实现品牌价值的提升。在产品塑造、营销推广、管理服务、信息传播等各个方面借助新媒体的影响力，充分发挥新媒体对旅游目的地、旅游企业、游客的能动性，通过优质内容提升文旅品牌的影响力。

6.1.3　文旅融合的实践应用

加快文化与旅游各部门之间的相互融合，既能推进文化产业的迅猛发展，又能扩张旅游业的产业规模。在当今时代，产业融合愈发受到重视，文化产业处于引领地位，能较好地作用于其他相关产业。而旅游产业，根据马斯洛的需求层次理论，可分为三个层次：基础产业层、中间产业层和核心产业层，如图 6-1 所示。从现阶段的发展趋势来看，中间产业层和核心产业层是最有潜力的，而中间产业层的发展会更加突出，规模也会是最大的。但是最能够与文化产业融合和交汇的领域则是核心产业层的娱乐和游览两个产业，其中最具代表性的又是文化演艺、传统景区、休闲度假等。

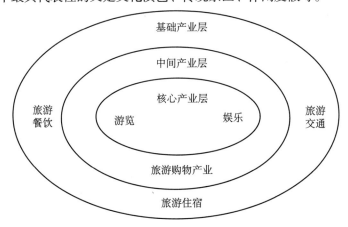

图 6-1　旅游产业层次划分

资料来源：根据公开资料整理。

6.1.3.1　旅游演艺衍生收入助盈利增长

旅游演艺是一个同时拥有高盈利和高溢出的文化产业融合业态，如表6-1所示。一方面，在一定的早期投入后，旅游演艺将具备低成本运营的优势，能够稳定获得现金流，其附属业务的盈利能力也会随之增强。另一方面，旅游演艺的产业溢出效应突出，能够带动旅游消费、文化消费、文化衍生品开发等新型文化业态的跟进。根据国内外的数据，较为完善的旅游演艺基础或品牌能有效促进区域旅游经济的发展，由于这两个显著的优点，各地方政府、区域性旅游景点等纷纷重视旅游演艺事业，并向其投入大量人力、物力和其他资源。经过文化产业近十年的黄金期发展，我国的旅游演艺行业已经如雨后春笋般涌现，成为了旅游景区的必备项目，也成为城市旅游品牌打造的标牌之一。例如，山水印象、千古风情、历史文化似乎已经成为旅游演艺必备的三大主角。

表6-1　　　　　　　　　　旅游演艺的组成部分及功能

旅游演艺组成部分	功能
地域性的文娱演出	实现文化多范围覆盖功能
综合型的娱乐剧场	实现文娱丰富功能
演出型的主题公园	实现项目收益性功能
旅游型的综合配套	实现产业链延伸功能
搭建历史文明体系	实现营销和推广功能

资料来源：根据公开资料整理。

（1）内容为王：打动人心的另一道风景。

文化产业作为一项以内容为中心的产业，优秀的创新能力是其核心与动力，能够促进产业的快速发展，因此，要将文化产品的内容作为其创新发展的中心。只有独具创意，优秀的内容才能吸引金融资本，因为只有这样的产品才具有高附加值，才能为投资者带来收益。

目前全国每年旅游演出超过千余场，按照我国庞大的市场基础来说，这个数字将会翻倍增长。观众的审美情趣随着旅游演出的发展也在逐渐提高，只有绚丽的声、光、电已经不能满足观众的要求，观众更在意故事内容和自身感受。盲目跟风、粗制滥造的演出由于得不到观众的喜爱而被市场所淘汰，只有认真了解当地历史风俗，精益求精打造出的带有深刻文化内涵的演艺项目，才能引发观众的感动，才会在激烈的市场浪潮中留下来。

（2）业态创新：突破单一的"门票经济"。

综合来看，一场好品质的旅游演出，一个好的主题公园，收入都应该来自三个方面：门票收入、衍生品和品牌授权。而我国的大部分旅游演出还停留在原来的营销宣传模式，仅仅依赖门票收入。

旅游演出行业要注重以下三个方面：首先，建设文化综合体，从酒店、剧院、休闲商业区等多方面获得收入。同时，要积极举行音乐节、戏剧节等活动，来实现文化旅游产品的创新开发。其次，利用轻资产模式，获得品牌增值。以上市公司宋城演艺为例，2017 年宋城演艺运用品牌输出的方式成功将自身的发展模式输出给湖南宁乡，这使得该公司改变了发展思路。轻资产输出模式主要有公司注资、IP 品牌和管理输出。最后，旅游演出要努力融入海外市场，2018 年《会安记忆》首次在越南上演，用中国实景演出的方式再现越南故事，把中国的旅游演出模式输出到别的国家。金融资本本质上追求的是盈利，而单一的门票经济带来的收益是有限的，只有不断拓宽旅游产业的盈利模式，各类社会资本才会不断流向文化旅游产业。

（3）模式创新：带给游客沉浸式文化体验。

现在以及未来很长一段时间内，沉浸式体验演出或将会成为我国旅游演艺的主要发展趋势。旅游演出技术在近几年里不断进步，借助新创意和技术，令演出更加美轮美奂，使游客体验更加丰富，让文化成为可亲近、可触摸的东西。但不管是把商业模式还是把先进技术应用于旅游演出，都还处于发展阶段，不论是开发还是治理都还在慢慢探索中，只有找到着重点并不断发力，才能实现文化产业的转型，并实现弘扬传统文化和增强全民族文化自信的目标。总之，文化旅游发展正朝着创新方向转变，以往的传统模式也在慢慢升级。

6.1.3.2　着重开发文化旅游产业园区

（1）建设文化旅游产业园区的要素。

第一，文化主线的选择与定位。特色是文化旅游的精髓，而文化又是特色的基础。优异的文化资源能加速园区的建设，其文化内涵更是吸引了众多消费者的目光。在建设产业园区之前，要合理判断选择的地域是否有建设的价值，要深层次地挖掘文化资源并运用一些高科技手段对其进行升级改造。对于文化主线的选择，能够使产业园区朝着更加明朗的方向发展。

第二，园区产业驱动力的重塑。建设文化旅游产业园区，仅仅考虑几个重要的项目是很难实现的，要归整园区内的全部资源，建造具有国际性、前瞻性、吸引力的独具文化主题的体验项目以及大型旅游项目，将社会大众的目光吸引到文化旅游方向上来，增强文化旅游产业在市场中的竞争力，为成功建设文化旅游产业园区提供坚实的基础，同时要提升产业园区的品牌知名度。

第三，旅游产业要素齐全。旅游产业要素是优化旅游行业的重要基础。建设产业园区要从交通、购物、饮食等方面出发，完善各方面的设施，拓展产业要素与其配套设施，将文化旅游体验作为重中之重，加强旅游与文化资源的融合，形成一套完整的产业要素体系。

第四，创新文化旅游产品。现今，旅游行业与文化产业合并融合，其产业发展也由资源导向转变到市场导向。在此基础上，创新开发文化旅游产品迎头直上，逐渐取代资源在文化旅游发展中的地位，其发展趋势势不可挡。文化价值、现代科技、生活时尚三者相互融合，共同作用于文化旅游产业，会加快产业经济发展。园区内的产品是将文化与旅游产业结合起来，以达到人们对于历史的再一次了解，使被埋没的历史重新回归舞台，同时，要充分利用国家政策带动产业发展，设计出具有新意的文化旅游产品。

第五，创新管理融资机制。针对创新投融资机制，要采取适合的补贴政策，利用财政投资与市场筹集资金结合的方法，完善园区内的基础设施。坚持市场化投融资机制，政府应大力支持，并制定相应的政策，开设具有较好前景的项目，呼吁社会资本的投入，保证"投资—效益"的高效循环。

（2）完善文化旅游产业园区的建设。

文化旅游产业园区具有较大的发展前景，但同时，仍旧有盲目跟风、监管不当、规划不适合等问题存在。建设文化旅游产业园区要采用新思想、新创意，不能按照建设传统产业园区的思路。

第一，将创意作为核心建设产业园区。园区要依靠区域内的各类资源，将新的思维模式、新的文化主题注入到资源及文化艺术形态中，为其带来力量，从而达成文化艺术与旅游资源的高效结合；要将创新景观作为基础，旅游经营者要创建新的观赏对象和娱乐形态，利用艺术、媒体、广告等方式为消费者提供一系列服务。将创意、体验转变成观赏对象是成功建设园区的关键，也是针对消费者的最终产品。

第二，禁止"圈地"行为并明确建设比例。产业园区的建设就如"圈地办厂"一样，很容易产生"圈地"行为。建设文化旅游园区动辄需要上千亩土地，投入大量资金，却打着旅游开发的名头建设旅游房地产等项目。开发文化旅游创意产业园区决不能出现"圈地"的行为，比如可以设定旅游地产占园区建设的比例，政府要出台合适的政策文件，利用法律的手段管理"圈地"行为，防范投资者利用"圈地"谋利。

第三，要素协调建设旅游目的地。建设文化旅游创意产业园区，并不完全是为了增加旅游收入，而是希望通过发展旅游业，促进经济、文化的协调发展，最终打造出一个强竞争力的旅游目的地。为了更好地建设旅游目的地，产业园区应从以下几个方向来提高整体素质：首先，要素应协调，尽力满足消费者的需求；其次，园区要构建相对成熟的旅游产业链，既要有旅游行业和辅助行业的聚集，也要有产业的融合；再次，园区的选地要充分利用区域优势，包括交通设施、基础设施、消费者群体等；最后，园区要有较好的经济环境，政府制定相关政策，市场加大开放力度。只有这样，文化旅游产业园区才能更好地代表各地文化，实现文化旅游产业的快速融合。

6.2　文化产业与制造业的融合

随着文化产业的不断升级与制造业变革不断深化，二者的融合日益紧密。一方面，文化产业需要制造业的融入才能完成自身文化创意作品从思想到产品的转化；另一方面，制造业需要利用文化产品的不断创新才能为自身创造更大的利润空间。目前，二者的融合主要体现在文化与工业设计、动漫产品与制造业的协同发展以及工业产业园与文化旅游的融合这三个方面。随着文化与制造业元素结合的不断深入，未来将在更多层面体现出"文化 + 制造业"融合所创造出的价值。

6.2.1　文化产业与制造业融合的推动因素

6.2.1.1　企业层面

制造业企业自身为了生存发展以及探寻新的利润增长点，会将文化元素融入企业管理、生产制造与产品设计的各个环节。此外，当绿色低碳逐渐成为一种生活方式后，制造业企业不得不进行自我革新，而将可持续的文化理念融入企业的发展策略后，可以在企业降低污染排放的同时尽可能减少绿色改革对其利润的冲击。

在企业的发展进程中，诸多因素推动着文化与制造的融合。第一，借文化之力提升产品价值：企业在生产制造中可以设计引入文化元素，让企业生产的产品从原有的使用价值向文化价值提升。这其中的典型代表就是贵州茅台，其售卖的白酒中讲述的是中国白酒故事，酒中蕴含中国自古以来的传统文化，2021 年中国白酒更是有了正式的官方英文名称"Chinese Baijiu"，在文化元素的加持下，茅台酒在海外的市占率不断提升，与全球

60 多个国家建立经销合作。第二，消费升级促使文化制造融合。随着物质水平的提高，人们对精神文化世界的追求成为趋势，所以企业需要从精神文化角度出发制造相关产品。例如，文学作品《哈利波特》自问世以来，与其相关的文创设计产品便层出不穷，催生了制造业的文化转型。第三，企业管理需要文化加持。优秀的企业文化可以让制造业企业的员工更具凝聚力，文化元素也会不自然地在产品中有所体现。例如，海尔集团的企业文化就是观念创新、追求卓越，其生产的产品便会以质量和用户体验为价值遵循。

6.2.1.2　产业层面

从产业层面来看，我国的制造业目前处于从传统制造向智能制造的转型中，而文化产业所占 GDP 的比重仅为 5% 左右，相比于西方发达国家还有较大差距，而且文化产业也在与数字科技不断融合，形成数字文化产业的发展趋势。所以未来文化产业与制造业的交合点将以数字科技为主，智能科技将贯穿于文化与制造融合中的设计、生产、管理、服务等全流程。其推动因素主要存在于两个方面：一是创意产业链的上下游将推动文化制造融合，因为创意产业链的一端连接着文化产业，另一端连接着制造行业，二者将以新型智能制造为黏合点创造出诸如数字 VR 文创工艺品、智能特效电影等作品推动文化制造融合。二是绿色低碳转型推动二者融合，最好的缩影就是北京首钢滑雪大跳台在冬奥会中的运用，由于煤炭等高耗能产业需要绿色化改造，将淘汰一大批落后产能，而将工业厂区打造成工业文化产业园将是文化与制造融合的新型途径。

6.2.1.3　宏观层面

站在宏观角度来看，文化产业与制造业的融合是我国经济由高速增长转向高质量发展的必然趋势，是产业链、供应链发展融合的大势所趋，更是"双循环"新发展格局的外在体现。文化产业与制造业的融合可以为社会经济发展起到提振作用，进一步优化提升文化制造业的产业结构，为市场注入鲜活动力。随着我国经济水平的不断提高，消费日趋高层次化，人们对精神文化的需求增加，与之对应的矛盾是文化与制造业的产品同质化严重、企业的竞争极度激烈，加之市场的饱和导致产业的利润空间缩小。因此，文化与制造业的转型融合便是产业经济发展到此的一种必然趋势，二者的融合会扩张原本狭小的产业利润空间，一方面可以创新出新型特色文化产品，满足大众对于精神文化的更高层次要求，另一方面可以让制造行业开辟出新的文创产业链，创新出高利润的新产品，实现创新制造战略，推动制造业的发展与升级。

6. 2. 2　文化产业与制造业融合的机理模式

6. 2. 2. 1　融合机理

文化产业与制造业融合的机理在于二者之间存在着文化关联，让能够形成互通属性的文化要素与制造业要素相结合，互相渗透发生交叉联系，进而让二者的产业价值都能得到提升。文化产业与制造业融合最初是将文化元素赋能于制造业，让制造业提高利润水平，之后通过制造业向文化产业的融入来提升文化以及第三产业的价值，最后随着智能科技发展与消费不断升级使文化与制造在动态中融合演进，逐渐形成满足社会经济发展需要的先进文化制造产业。在融合的进程中可以推动文化产业链和制造业产业链的协同发展，创造产业链上新的利润来源。

（1）制造业微笑曲线的上移。

借鉴相关学者关于制造业"微笑曲线"的解释，如图 6 - 2 所示，说明制造业的利润价值主要集中于产业链的两头，即初端的产品研发与终端的市场销售，而利润率最低的部分就是微笑曲线的中部，即组装与加工的部分。中国的制造业在改革开放以后的四十年中主要做的就是代工厂类型的低附加值组装与制造工作，包括富士康、环旭电子等企业就是为苹果、英伟达之类的上游科技企业进行低端化的制造。而中国的制造业逐渐摆脱这种困局，从传统组装制造向智能制造转化，持续加大产业链两端的研发与销售。文化产业与制造业的融合可以促进整条"微笑曲线"上移，正如图 6 - 2 中实线曲线和虚线曲线的变化，其促进方式主要有以下三个方面：第一，在曲线左端由于文化与制造业的结合可以催生出更多文化制造公司，它们可以站在产业端的上游进行产品设计与开发，通过技术专利的设立制造进入壁垒，当形成产业的"护城河"后便可以收取整条产业链上最丰厚的利润。第二，在"微笑曲线"右端通过文化要素的融入来加强客户导向，在销售与终端服务中嵌入文化元素来提升收益。第三，由于曲线两端制造业与文化的融合导致文化产业渗透进整条产业链中，在前端文化创意公司会设计出更多的文创商品促进制造组装的发展，在终端文化引导式的消费可以反向促进中间制造链中产品的升级装配，将曲线两头的利润向曲线中间部分转移，最终实现整条"微笑曲线"的水平抬升。

（2）产业间有效的互补与对接。

随着西方国家贸易保护主义、逆全球化的进程加速，国际产业链供应

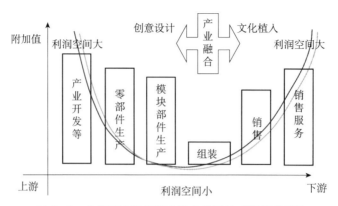

图 6 – 2   文化产业和制造业融合发展的"微笑曲线"

链面临着重大风险调整,其中关键核心技术自主创新能力越来越成为整个产业链发展的核心因素。而文化产业可以促进产业链之间的关联,推进产业升级,将中国传统的低端制造引向高端智能制造。随着我国文化产业结构逐步升级,市场主体持续发展壮大,文化部门不断推进"放管服"改革,削减行政审批环节,让文化产业的市场主体将精力投入文化 IP 的研发设计中,丰富文化制造业业态,强化文化与制造业的产业互补与对接。制造业注重产品的流程化生产,在研发设计与销售服务中存在着短板,而文化产业由于具有人文社会属性,故而在创意开发与创新研发中具有优势,文化与制造的优缺点正好可以形成互补与对接,让文化产业着重来进行研发与设计,制造业着力于将文创思想付诸实践,二者高效互融,促进制造业产业升级,如图 6 – 3 所示,助推"中国创造"在全球产业链中占据优势地位。

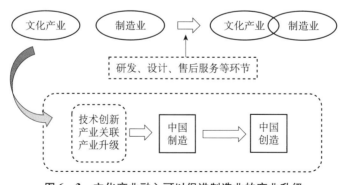

图 6 – 3   文化产业融入可以促进制造业的产业升级

(3) 产业价值链的重构。

全球产业链价值链加速重构,我国传统制造业以成本与劳动人口红利为主的利润驱动模式已经走向终结，产业链的转型升级势在必行，未来制造业产业链会逐渐与智能科技和其他新兴产业相互融合进行价值链的重构。具体来看，制造业产业链上的分工环节会与文化产业要素融合，随着文化产业主体研发的不断深入，终端产品利润的驱动会让制造业产业链向文化产业靠拢，其生产模式和流程不断适应文化产品生产的要求，使制造业生产环节与文化产业融合，文化产业的附加价值因此会从创意研发向制造生产流动，形成内生循环，促进价值链的重构。此外，制造业产业价值链的重构也会受到文化消费导向的影响，当文化产业在某段时期以主流文化为潮流时，产业链的转化也会趋向该种主流文化，而当另一时期变为以其他文化为商业主导时，产业链的具体环节也会随之发生变化。所以在此重构过程中制造业与文化产业都会进行相应的转型升级，产业价值链会与文化产业相互影响而朝着符合利润最大化的方向进行重构。

6.2.2.2　融合模式

（1）以工业旅游为主要表现形式的融合模式。

如图 6 – 4 所示，在制造业企业的转型升级中可以将文化作为切入点进行工业区的文化旅游改造。一方面，传统工业区在文化旅游改造中获取了相应的文化转型利益，符合国家提倡的绿色可持续发展战略。另一方面，与之镶嵌的文化元素会因工业旅游区获得宣传与推广，便于后续的多元商业化运作。例如，"首钢工业文化旅游区"就是我国第一家以工业文化遗存为特色的主题公园，园区内除了工业文化的建筑与展览外还有趣味性、知识性的文化活动，包括"INTRO 国际电子音乐节""首钢赏花会"等活动也可在此举办，商业化的运作使得工业文化旅游区兼具制造业与文化业的双重属性，成为文化与制造业结合的优秀典范。

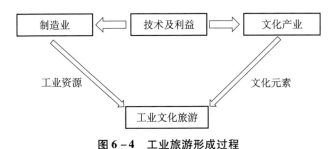

图 6 – 4　工业旅游形成过程

（2）以文化产业园为主要表现形式的融合模式。

与工业文化旅游区的融合思路不同，文化产业园的开发并不是借助已建成的公园园区进行工业文化主题的嵌入，而是以文化主题为核心要义，再进行制造业产业链的嵌入。在西方最典型的例子就是美国的迪士尼主题乐园模式，迪士尼以奇幻的卡通世界为主线，在全球拥有六大主题乐园，乐园中以不同的卡通动画故事为背景区分为各个系列的主题园区。迪士尼乐园不仅带动了影视娱乐与消费产品，更带动了文化制造业的发展，园区的配套基础设施、迪士尼玩具产品、主题服装等都需要制造业的嵌入，由此便形成了文化产业园中的文化与制造业融合。在中国，类似于"米老鼠"的文化 IP 发展才处于起步阶段，随着知识产权制度的不断完善，文化 IP 的打造将成为文化产业发展的下一个风口，因为文化 IP 的打造属于文化产业链"微笑曲线"的前端环节，可带来丰厚的利润（见图 6 - 5）。中国拥有悠久的传统文化与历史人物可供打造文化 IP 形象，先通过动画影视制作与传播使文化 IP 深入人心，之后建设相应的文化产业园，模仿迪士尼模式进行全产业链带动，使制造业在文化产业的参与中也获取利益，这便是文化产业与制造业融合的另一模式。

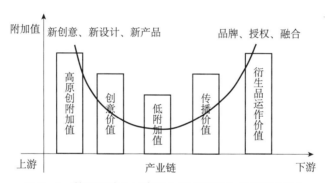

图 6 - 5　基于制造业元素融入的文化产业"微笑曲线"

（3）以工业设计为主要表现形式的融合模式。

在消费升级的驱动下，传统的工业设计已经不能满足人们对于各种产品的需求，人们更追求具有创意内涵与精神文化的产品，这就要求在工业产品的研发、制造与销售全产业链中融入文化要素。例如，在安徽淮南坐落着一幢钢琴与小提琴外形的建筑，建筑主体为黑色钢琴造型，而侧面的楼梯是由全玻璃打造的小提琴外貌，夜间会有灯光点缀，浪漫而极具音乐特色，符合人们对创新型建筑的审美要求。在诸如此类的特色化工业建筑的建造中，文化创意、工业材料、新技术与制造装备等制造产业链环节一个都不能少。又如，有的家具制造中融入了中国古典元素，在消费者拥有其使用价值时也能感受到家具的欣赏价值，这背后不乏家具生产制造装备的升级改造。这种文化嵌入式的工业制造不仅提升了产品的文化附加值，更推动了特色品牌的打造与文化工业制造产业集群的形成。

6.3　文化产业与农业的融合

在乡村振兴战略的持续推动下农业发展在未来大有可为，以农村农业为背景的文化休闲、创意农业和乡村旅游将成为发展的新趋势，并以此催生出文化产业与农业的有机结合。文化产业与农业的融合在于将区域农业资源要素与文化产业要素相匹配，借文化产业的融入来助力农业资源优势向产业优势转变，二者的融合对于农业创新、产业经济增值、绿色低碳发展都具有重要意义。

6.3.1　农业与文化产业的融合模式

6.3.1.1　农业与文化产业的融合基础

农业与文化产业融合的基础就在于二者之间可以进行要素的互补对接，以经济价值为向导，形成产业链供应链的协同合作，促进农业与文化产业朝着符合消费升级的方向发展。

一方面，农业为文化产业的创作提供实体内容。农业以农产品的加工生产为形式支撑着国民经济的发展，且农业的依托对象具有实体性，诸如水产品、水果、粮食作物等，而文化产品是将资源进行文创设计而具有抽象化的意义。文化的虚拟性与农产品的实体性可以形成优势互补，当文化产业缺乏载体对象时可以将农业要素融入，以农业为实体内容进行文化方向的创意开发，赋予农产品以文化属性，在提高农业产业经济价值的同时也开阔了文化产业的创意思维。

另一方面，文化产业为农业转型升级铺平前进道路。传统农业的技术含量较低，更多依靠人工与自然种植，受到技术制约与气候影响，传统农产品的经济效益较低，而更加符合未来发展趋势的是现代化的新型农业，用科学的种植手段与培育方法以追求更高的经济价值。而文化产业的融入主要在新型农产品的品牌打造、推广销售上起到作用，让农产品的经营运作更符合现代化的消费趋势，促进农产品销量和利润的提升。

6.3.1.2　文化产业与农业融合的发展模式

（1）文化的科技兴农模式。

科技是文化产业与农业融合不可或缺的手段，当文化与农业产物相结合的创意形成后，要利用基因科技、数字科技等方法实现文化农业创意落地应用，降低成本、提高产量，并运用科技网络等手段进行产品推广，实现农产品附加值的提高。例如，为了某种文化创意要将农产品的性状进行改造，就要用到基因工程学的技术，还有大棚、温室等生产场所要进行科学化适度温度的调控以让产品达到特定的性状特征。这种以文化为设计、以农产品为载体的新型科技兴农模式是未来智慧农业的发展趋势。

（2）文化田园体验模式。

文化田园体验模式是指将文化旅游元素赋予农村田园之中，吸引游客前往欣赏、体验、参观的模式。随着城市生活节奏的加快，人们对于慢节奏的乡村田园生活有了更多向往，周末或节假日的乡村周边游逐渐成为乡村发展的一种路径。乡村将田园、鱼塘、农家小院等打造成为"农家乐"，甚至打造采摘体验园、休闲景观来促进农户的收入。例如，广东紫南村打造的"阿农湾"农耕文化园，集农耕文化博物馆、滔天花海景观区、DIY亲子体验区于一体，成功创建国家 AAAA 级旅游景区，成为中小学生研学、科研培育、休闲娱乐的好去处，也是文化与农业成功融合的典范。

此外，文化田园式的"稻田艺术"充分体现了"文化＋农业"的巨大潜在价值。通过在稻田中种植各种不同品种的水稻搭配出不同层次的色彩组合，形成不同的图案随着四季变换，稻田的颜色也不断呈现出"四时风景各不同"的景观。农民们以田地为画布、稻苗为材料描绘了民间文化、故事人物、动漫形象等画作，在稻田画景观的周边一般设置有观景台，能方便游客清晰地看到稻田里的巨幅画卷，同时欣赏到周边美丽的田园风光领略现代农业与文化旅游有机结合的魅力。

（3）文化农产品创新模式。

随着人们对农产品消费要求的提高，农产品单纯的食用价值已经在向文化与品牌价值转化。农产品企业与乡村政府着力于开发具有当地文化特色的农副产品，提升当地农产品的品牌影响力。在产品品质保证的基础上对其进行文化包装，之后通过宣传与推介将特色农业品牌打响海内外，让更多消费者在品尝美味的同时也能体会到文化的飘香。例如，福建龙威生物科技有限公司以莲子、银耳的种植生产为主要业务，在闽江正源头、武夷山中脉的自有种植基地进行种植，形成一条以银耳、莲子为主题的大健康产业链，融入中国传统的宫廷养生文化，打造出一系列养生产品，并远销多个国家。

6.3.2　文化产业与农业的融合路径

6.3.2.1　深挖农业文化价值

中国拥有上千年的农业发展史，我们的先民最早种植粟、大豆等作物，驯化了猪、鸡等畜禽，开创出"桑基鱼塘"等农业模式。2021 年更是在浙江余姚发掘出面积大、年代久的稻田，距今已有 6000 余年，可见中国农业发展历史之久远。在现代农业中依然具有深厚的文化价值亟待人们进一步挖掘，而文化价值的挖掘可以借助于中华传统经典。例如，始创于先秦、成书于西汉的《黄帝内经》中提出的"五谷、五果、五畜、五菜"就包含着中国的康养农业文化，可以挖掘其中的文化内涵并落实于农产品的生产制造中，在育种、种植、推广等链条上突出康养文化的价值，将文化与农业有机融合，打造出康养生态的农业产品产业链。又如，中国医药巨著《名医别录》中也提到诸多药材及产地，其中对于黄芪的记载为"黄芪出陇西、洮阳，色黄白甜美，今亦难得"，这段记载中的黄芪产地就是如今甘肃的东南部地域，当地政府与药材农业企业可以利用典籍中的描述将中药材赋予文化价值，再进行农产品的品牌塑造，提升产业链中的经济价值，将相关产品推向全国，乃至海外。所以农业文化价值的挖掘是农业与文化相融合的第一步，也是产业链价值链提升的基础。

6.3.2.2　产业化集约化发展

农业的产业化集约化发展是农业与文化产业融合的路径之一。因为传统农业具有分散化、低效率、手工化程度高等劣势，难以满足市场化的需求。而农业的产业化与集约化主要在以下两个方面可以促进文化产业与之融合。

一方面，农业未来将更加突出以经济效益为中心、以产品为重点的产业化发展道路，注重优化生产环节中各类要素的运用，实行种养加工、规范化的经营体系。产业化发展可以确定主打农产品的种类，更利于文化要素融入其中，因为种类的单一化利于文化要素的挖掘与注入，种植区域的规范化利于农户生产经营的管理，市场化的连接利于在农产品的销售环节嵌入文化元素，实现从产品文化价值到经济价值的跳跃。

另一方面，农业生产的集约化使得单位面积的土地上拥有更多的资金、技术和劳动的投入，单位产量与效益也因集约化生产模式而得到提升，提高了土地的使用效率并降低了生产成本。而在文化田园式的"文化 + 农业"结合中需要更多耕地之外的建设用地，集约科学化的生产经营将更多的土地节省出来以建造文化旅游景观，例如，在"阿农湾农耕文化园"中就建造了诸如科普展厅、观景火车、大型风车景观等文旅设施，让游客可以深入其中体验农耕文化。此外，集约化的农业发展会带来农产品的规范化经营，便于产品质量的精准控制，产品优良率的提高可以在消费者中形成良好的口碑，更利于文化农产品的品牌打造与传播。

6.3.2.3　植根产品特色价值

以产品特色价值作为农业与文化的融合点，可以创造更大的经济效益。中国农业产业正是在传统农耕文化的不断传承中发展进步，相传炎帝时期的农业始祖后稷在敏锐的观察与无数次的尝百草与栽培实践中摸索出了农业种植的方法。发展到现代，科技化的参与加快了农产品的生产过程，但同时也出现了转基因、反季节或肥料催熟的农产品，其口味、食用价值与产品质量大不如前，农产品的同质化也愈加严重，大棚中的反季节蔬菜往往有其形而无其味。其中，原因就是农产品的种植没有符合传统农耕中讲求的季节时律，违反了生物生长的自然规律。以此作为商机，可以将中国的传统时令农耕文化融入其中，打造出符合季节时令的特色农产品。

以安徽霍山县的"红灯笼辣椒"为例，此地具有独特的自然地理环境与气候条件，自古就以种植辣椒作为收入来源，且其辣椒形如灯笼被冠以"红灯笼辣椒"的美誉，口味更是甜中带辣，辣中含香。其独特口味的保持就是因为严格遵循季节时令进行栽种与采摘，以此为特色价值，逐渐带动"红灯笼辣椒"的全产业链发展与品牌打造。该地利用空闲之地扩大辣椒的种植面积，建设标准化的种植示范基地，引进专业人才队伍，进行辣椒品牌文化的嵌入。为了突出产品的特色价值，政府在国道沿线设置"红灯笼驿站"，完成"漫水河红灯笼"的商标注册，在当地建成展示馆以及辣椒的加工体验馆，以辣椒特色文化吸引周边游客前往，为当地经济创造了巨大价值。霍山县的辣椒正是植根于产品的特色价值，以其作为基础进行文化的注入与产业链的打造。

所以，在深入挖掘文化资源之后要以当地农产品的特色为根本遵循进行文化品牌的打造。如今在人们更加追求个性化生活方式与更高的生活质量的时代，农业发展要以品质为宗旨，以文化为导向，以经济为追求，将创新化的思维融入传统的农产品开发中，让农业发展融合符合现代消费价值趋势。乡村田园要利用好农耕资源，讲好农业文化故事，遵循自然发展规律，因地制宜探索符合实际的产业融合之路，让文化与农业的碰撞产生出价值的火花。

第7章 文化产业与其他要素的融合

7.1 文化产业与体育元素的融合

近年来，我国各级政府不断提出要强化体育文化建设，要推动文化产业与体育产业的融合发展，将文化元素融入体育运动，用体育产业促进文化发展，二者互推互助，形成协同发展、良性循环的融合发展局面。文化与体育产业的高效互融有助于推进健康中国建设，形成高质量跨越式发展的新格局。

7.1.1 文化与体育产业的融合路径

从广义上讲，体育产业也是文化大产业中的一部分，二者的资源也有互通之处：一是文化与体育的根本宗旨相近，文化最终要求达到人际之间思想与精神的传播，追求观念上的认同感，而体育的根本宗旨是在双方竞技或身体活动的基础上找寻身体与精神的融合点，通过体育实践来追求思想层面的更高认识，故而文化与体育具有精神上的共鸣。二是经济价值导向下的共同追求，随着经济化社会的发展，文化与体育产业的商业化模式逐渐凸显，以经济利润为共同追求可以促进二者的融合。三是文化与体育产业都与高质量生活的发展趋势相契合，文化与体育都可以满足人民群众逐渐增长的美好生活需要，所以符合可持续发展的融合理念。在具有以上互通点的前提下，便可以提出文化与体育产业的融合路径，主要从机构场所的融合、人才要素的融合、产品应用的融合以及赛事活动的融合这四个方面共同组成一条完整的产业融合路径（见图7-1）。

7.1.1.1 机构场所的融合

机构场所的融合是文化与体育产业融合路径中的第一步。首先，通过各地的文化部门、广电局、文联、作协等文化事业单位与体育单位协同对接，整合文化体育资源，调查民众关于文化与体育融合的想法意愿，建立

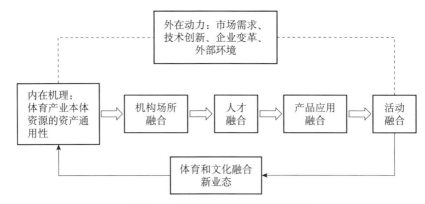

图 7 - 1　文化体育融合的路径示意

融合小组打通组织设置的瓶颈障碍，注重文化与体育机构的有效沟通和相互了解。机构的融合除了单位组织部门的融合外还包含文化体育融合政策的制定，部门要制定产业融合的相关政策，从制度设计层面扶持文体产业新业态，培育提升文体品牌建设，鼓励开拓特定群体市场。其次，构建文化与体育场所的融合，打造展览馆、博物馆、美术馆和图书馆的体育化融合以及体育场所的文化性元素融合。最后，建立健全组织机构与文化场所的联合互通。以组织机构融合为依托，以文化体育场所融合为抓手，多方协同促成文化与体育融合路径的畅通。

在机构场所融合的具体措施上，可从以下方面进行操作实施：一是在原有文化展览馆建设的基础上改造升级与体育有关的展示区域，宣传展览以公平竞技、团队合作等体育理念为主的文化作品。二是促进美术馆与体育元素的融合，可以在社会层面广泛征集与体育相关的摄影、绘画或雕塑艺术类的文化作品，形成文化体育融合的影响力，以此促进周边体育文化产业的发展。三是将文化元素嵌入体育产业，例如将城市的公共篮球场、足球场等体育场所进行改造升级，将相关体育文化精神元素嵌入场馆建设，为人们在体育运动时营造相关文化氛围。

7.1.1.2　人才要素的融合

人才要素的融合是文化产业与体育产业融合的关键，文化与体育精通的多元复合型人才是融合创新、引领发展的首要资源。在组织机构中，复合型人才可以根据自己对文化的理解与体育产业的多元化专业知识制定融合政策与顶层设计，使其符合融合发展的科学规律，利于各个企业和单位付诸实施；在产品应用层面，复合型人才可准确把握市场现状，敏锐发掘文化与体育市场上的消费者需求，从而设计一系列产品为企业的发展作出贡献；在赛事活动方面，也需要既懂得文化又熟悉体育产业的人才，他们设计出的相关文化体育赛事活动可以吸引更多的群众参与，产生更大的效益，有助于周边产业的扩张。故而在融合路径中各个层面的优秀人才队伍是文化和体育融合不可或缺的因素。

在融合过程中要培养和引进人才。一方面，组织机构要和相关高校合作建立健全人才培养机制，引导有意愿的学生确定文化与体育多元化发展的学习方向，也可进行文体企业单位与高校的定向合作培养，为今后国民的高质量生活需要贡献力量。另一方面，文体单位和企业要善于发现人才，建立合适的人才引进机制，通过复合型考试与严格选拔引进文化与体育产业知识精通的应用型人才。此外，由于在文化体育单位的从业人员对行业的运行与发展已经有一定认识，所以接受相关知识更快，培养与引导相对容易，要对他们进行不定期的宣讲与培训，使其了解文化体育产业融合的必要性与趋势，可以自主进行相关融合方面的实践工作，促进整个产业快速发展。

7.1.1.3 产品应用的融合

文化与体育的产品应用融合是指文化体育企业创新研发出兼具文化元素与体育要素的产品或商业模式的过程，是将思维落实到实践的重要环节，直接决定着文化体育融合的成功与否。虽然中国的体育健康产业相比于高福利的西方发达国家仍有较大差距，但随着健康中国战略与文化强国战略的同步推进，越来越多人意识到身体健康和精神充实的重要性，人民生活水平的大幅提高也使得更多人愿意在健康与精神文化层面充值消费。2012～2022 年，中国体育产业总规模从 9 526 亿元增加至 33 008 亿元。[①] 而文化与体育的融合会产生更大的经济效益。所以未来体育产业和文化产业是一片广阔的蓝海市场，更多产品应用的落地将给企业、产业乃至整个体育经济带来更多价值。

文化与体育产品应用的融合要本着创新化、需求化和价值化的原则进行。创新化原则是这两个产业融合共进的不竭动力，产品应用的不断推陈出新可以打破产业单一化发展中的传统固定思维，给企业不断带来超额利润，形成相互竞争的良性发展格局。需求化原则是要以公众的消费需求为导向，站在消费者的角度思考产品的融合，所诞生的商品与商业模式才会运行持久。价值化原则的遵循可以进一步降低产品的生产运营成本，以单位产品的利润最大化为经营目标。例如，有的文化体育企业向市场推广一

---

① 2022 年全国体育产业总规模与增加值数据公告［EB/OL］. https：//www.gov.cn/lian-bo/bumen/202312/content_6923494.htm.

种以棋子含义雕刻而成的精美立体化造型象棋商品，产品包含中国的传统文化，既属于体育竞技类产品，又兼具审美文化价值。又如，有的健身房与文化展览馆合作探索新型营销模式，充值健身会员且能坚持锻炼的顾客可以享受文化展览馆的免费门票，吸引了既喜爱体育健身又中意文化展览的顾客前来消费。

7.1.1.4　赛事活动的融合

赛事活动的融合是指文化体育单位或企业创新举办具有文化特色的体育赛事或富含体育元素的文化类活动。文化与体育元素兼具的赛事活动既能满足大众对于文化知识的追求，又能帮助人们拥有健康的体魄，还能以此为契机促进文化体育产业的发展，带动周围文化体育企业商品的销售，让公益化的赛事活动具有经济价值。一方面，文化企业在赛事活动中可以对自身的文创产品进行推广宣传，增加产品销量，体育企业也可在文化类活动中将商品作为通关礼物赠送给活动参与者，提高自身体育商品的价值。另一方面，可以根据赛事活动的特征来独创设计出新型的文化体育类产品，将体育活动赋予文化价值，消费者在这些融合类商品中可以找到活动特有的纪念价值与文化内涵。

文化与体育的赛事活动融合目前已有较多体现，例如，每年端午节的赛龙舟活动在一些地区已经具备较大规模，带动很多观众和竞赛者参与其中，享受古人为我们带来的传统文化体育盛事。在龙舟赛的举办中，广告赞助商可以对其进行资金支持，由当地政府组织宣传与推广，江边会有大批观众欣赏赛事，而运动员也为竞赛作了充足准备。在赛事举办地附近可以售卖文创企业设计的龙舟工艺品与端午节纪念品，激发人们对于传统文化节日的兴趣。同时，由于一只冠军龙舟的背后离不开优秀的龙舟制造工艺，赛事的转播也会扩大龙舟制造企业的影响力，会有其他购买方对相应的龙舟制造公司发出订单，促进文体产业发展壮大。

7.1.2　文化产业与体育融合的发展模式

随着科技手段的创新应用与互联网传播普及率的提高，文化与体育产业的融合速度越来越快，融合深度也逐渐提高。文化产业与体育产业的融合根据形式的不同可以分为元素互通融合模式、项目交叉融合模式与应用开发融合模式（见图7-2），随着边缘的模糊化与应用的推广化，三种产业融合模式之间也在不断进行着渗透与互通。

7.1.2.1　文化和体育产业"元素互通"融合模式

"元素互通"融合模式是指在文化产业与体育产业各自发展的进程

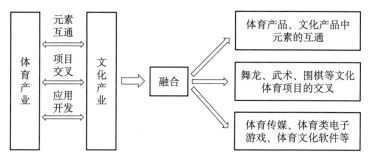

图 7-2 体育和文化产业的融合发展模式

中自然形成的两种元素之间的渗透与互通的融合模式（见图 7-3）。这种模式一般发生在融合的最初阶段，表现为文化或体育产业中的产品（包括商品与运营模式）由于同质化与企业竞争的加剧而出现的追求利润化的自身创新，这种创新是体育元素与文化元素的互通，渗透的广度与深度逐渐扩展，从商品的单一化要素向多元化要素模式转换，并延伸到产业中的其他类似商品中，但是对产品原有的使用价值不作更改。元素互通融合的意义在于赋予体育产品以文化的内涵或反向进行，来提高产品的附加价值。从文化体育制造业的利润来看，2021 年实现了 11% 的增长（见图 7-4），未来文化体育制造业可以为元素的互通提供融合条件。

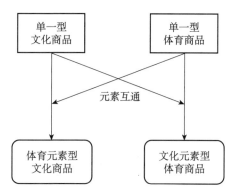

图 7-3 体育和文化产业"元素互通"融合模式

元素互通还体现在两个方面：一方面是赋予文化产品以体育元素，例如汉景帝阳陵博物馆在 2021 年 9 月推出了 10 款富含汉代体育元素的书包、文具与餐盒产品，即在对应产品的外观上设计出诸如射箭、蹴鞠、摔跤等活动的汉代卡通人物的图像，赋予产品以体育文化价值，在不更改书包、文具所具有的传统使用价值的前提下增加了其产品附加值，为博物馆带来了额外的收益。另一方面是赋予体育产品以文化要素，例如"中国李

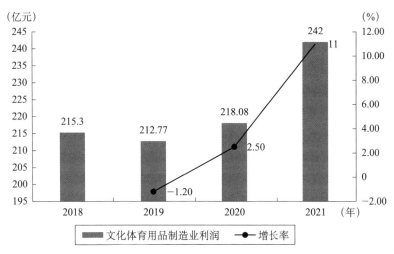

图 7 - 4　2018~2021 年我国文化体育用品制造业利润情况

资料来源：根据 2021 年上半年全国规模以上文化及相关产业企业营业收入增长 30.4%，两年平均增长 10.6%〔EB/OL〕．https：//www．stats．gov．cn/sj/zxfb/202302/t20230203_1901181．html．绘制。

宁"与敦煌市博物馆携手打造出一款文化底蕴深厚的野外跑鞋，在跑鞋的设计中融入城堡、大漠与烽火台的敦煌文化造型元素，使其在完美保留野外跑鞋功能的同时得到文化元素的升华。

7.1.2.2　文化和体育产业"项目交叉"融合模式

"项目交叉"融合模式是指文化产业与体育产业中的项目与产品进行设计上的相互改造从而交叉开展的融合模式。项目交叉的特点是相融项目或产品的属性中同时包含文化要素与体育要素，并且新项目或产品是一种不能明确区分具体是文化产品还是体育产品的融合类产品，这一特点区别于"元素互通"融合模式中的可区分使用价值性。项目交叉的融合可以衍生出文化体育共融的精品工程与新兴产业，是体育产业与文化产业融合的加速器，能产生出从设计端到产业链的全面溢价提升。

其中，较为典型的融合形式诸如体育非物质文化遗产项目与文化体育融合类商品。例如，上海市级非遗项目"舞龙竞技"，最早用于人们遇到干旱、洪水等天灾时祈求上苍消灾解难的文化祭祀活动，之后逐渐成为一种民间的文化项目，适逢文化节庆时便会举行大型的舞龙表演增加节日气氛，同时作为一种文化符号在海外传播中华传统文化，之后被列为体育竞技项目在各种体育赛事中举行舞龙竞技，所以现在舞龙既属于文化项目又属于体育项目，已经不能进行鲜明的界限划分，成为一种"项目交叉"式的文化体育融合项目。一方面，舞龙竞技可以带动舞龙道具、传统服饰生产等文化制造业的发展；另一方面，可以促进舞龙体育培训、竞赛的体育产业链发展。

7.1.2.3　文化和体育产业"应用开发"融合模式

"应用开发"融合模式是企业利用文化和体育的不同特点进行商品应用的重新开发。与"元素互通"和"产业交叉"模式不同的是，"应用开发"融合模式更多表现为文化体育与新科技结合的创新型应用，旨在紧跟消费潮流趋势，以需求为导向，从价值创造角度出发，创新出迎合大众口味的应用并采用激进性的销售手段进行推广，用科技化、商业化的模式催生文化与体育新业态的出现。

例如，腾讯公司通过大数据调研，发现篮球运动由于具有场地限制少、宣传推广强、老少皆宜等特点，故而在整个国民体育运动中广受欢迎，普及化程度高，特别是受到青少年的喜爱，加之我国游戏用户规模巨大，约有 6.66 亿名游戏用户，市场规模庞大，于是设计开发出一款关于篮球体育联机游戏，玩家在游戏中可以操控球员进行运球、投篮等技术动作，并引入美国职业篮球联赛 NBA 的球员阵容，为玩家提供身临其境的游戏体验，将游戏与体育有机结合，既为公司创造巨大营收，又吸引更多的游戏用户了解篮球运动，积极走向户外，带动了与篮球运动相关的周边产业的发展。

7.2　文化与教育的交汇融合

教育本身就是文化，人民教育家陶行知说过"教育是立国之本"，教育的宗旨在于促进人德、智、体、美、劳的全面化综合发展，而这五个方面都与文化有着密切的关系，特别是德育和美学艺术与文化更有着千丝万缕的联系。让文化合理地融入教育可以培养人的高尚品德，"腹有诗书气自华"的良好文化教育既可以为个人的发展进步提供重要基础，也可以为国家的复兴与繁荣作出重要贡献。本节将从价值分析、发展路径等角度探讨文化产业与教育产业的融合互通。

7.2.1　文化融入教育的价值分析

7.2.1.1　充实教育内涵

文化与教育相融可以充实教育的内涵。在我国义务教育的文化课程设置中，语文、政治、历史、地理等科目都有着大量的文化嵌入，无论是经典散文《荷塘月色》还是古典名篇《出师表》，都通过文字的叙述给人一种文化思想方面的启迪，历史科目教育中，无论是世界历史还是中国历史，都是以人类发展进程中所凝结的文化智慧结晶为依托，人文地理的教育中也满含人类在改造自然、适应自然中逐渐发展起来的风土人情。因而，文化与教育本来就不曾分家，二者相互重叠，文化以其广泛深刻的内容为教育发展注入动力。

7.2.1.2　提高人才质量

现代化的素质教育从内容形式可划分为"德育"和"智育"两个方面，不同于数学、化学、生物这种理工自然类学科的"智育"教育，文化在素质教育中主要体现在人文社科类学科中，主要给人一种思想哲理方面的升华。文化思想是指引，高素质的人才必须以良好的文化品德作为基础。

7.2.1.3　增强文化自信

文化是一个国家、民族的灵魂所在，文化兴则国家兴，文化强则民族强。我们拥有博大精深的中华传统文化，它是我们文化自信的源头所在。而增强文化自信离不开教育，在学校教育中不断加强中华传统优秀文化，讲述中华民族自古以来自强不息的民族精神，强化人们发自内心的文化认同感。这正是文化与教育良好融合的体现，文化自信的养成并非一朝一夕之间，而是要通过持久不断的文化渲染与教育来维持与发扬，让教育与文化融合方可使中华文化传承绵延不断、经久不衰。

7.2.1.4　促进社会和谐

文化的作用在于传递文明、规范行为、增强社会凝聚力，而教育在于将思想、知识等经验和观念进行传递和更新。以经济价值为导向的文化产业，客观上必须从消费者的需求出发设计开发文化商品，那就必然要求以主流的社会价值观为基本遵循才能让更多消费者认同并创造文化产品更大的销量，而以真善美为追求的教育活动也离不开文化产品作为载体，二者相辅相成，从理念上具有统一性，共同促进着社会的和谐发展。

7.2.2　文化产业与教育融合发展路径

7.2.2.1　依托优秀传统文化激发教育动能

优秀的中华传统文化既是文化产业的主要内容，又是教育产业的实质体现。文化市场的回暖繁荣，会激发更多的文化企业研发生产与中华优秀文化相关的书籍、读物、艺术作品、电影歌曲等，而传统文化产品的热销又会进一步激发人们心中的文化知识渴求，形成文化产业与教育产业融合发展的良性循环。反过来，教育的发展也可以推动文化产业繁荣，在从浅显到高阶的学习历程中，就需要文化企业为各个年龄阶段和处于不同学习层级的传统文化学习者提供相对应的文化产品，即要开发与教育相适应的创新型文化产品。例如，针对小学生、幼儿的文化产品要做到具有较强的趣味吸引力，可加入文段朗诵、创意动画等元素，让孩童在乐趣中逐渐产生对中华传统文化的兴趣，善于利用现代互联网技术，通过小视频、有声读物等形式传播优秀文化，当拥有一定读者数量之后便可进行商业运作。要多元化促进文化教育融合，一方面通过节日活动庆典、大型文化节目等渠道对优秀文化进行推广，另一方面通过在学校或社会教育机构开设国学礼仪、传统书法、曲艺乐器等形式多样的素质文化课程，以此促进文化产业与教育产业的协同发展。

7.2.2.2 借助教育传播激发全民文化素养

提升教育传播者的文化素养是促进文化教育产业融合的一条间接化路径。从作用机制来看，教育传播者可分为教师、家庭和社会三个层面。首先，当教师的文化素养提升进而加大文化的传播力度时，学生的文化兴趣得到激发，会主动寻求文化方面的读物与资料，促进文化教育产业发展。其次，家长是孩子最好的老师，作为家长要不断进行文化方面的自我革新，当家庭成员的文化兴趣被激发时，文化产品需求增大，促进了文化教育产业的繁荣。最后，社会方面也要做好良好的引导，在互联网传播媒体上的明星或网红由于具有一定的影响力，故要不断提升其自我文化素养，注重个人言谈举止，进行优秀文化思想的宣传，从社会层面形成良好的文化氛围，民众才会产生文化消费的需求，进而促进文化教育融合发展。

7.2.2.3 文化科技助力在线教育产业链延伸

基于教育和学习的文化科技产业发展潜力巨大，各种新型教育产业、教育模式、教育产品纷纷出现，其中在线教育是典型代表。我国近年来的在线教育市场规模和增长情况如图 7-5 所示。在线教育经历了多年的发展，其发展过程可以总结为从"数字化教育"到"互联网+教育"到"移动+教育"再到"智能+教育"阶段。在线教育产业链分为技术、内容、平台和宣传四部分，并在逐步延长，其中技术的进步使得课程制作更加完善，内容主要来源于机构或独立个人，但水平良莠不齐，平台是连接供应方和消费者的纽带，而宣传依赖于流量优势和知名度。未来在线化的教育发展是大势所趋，教育产业需不断进行自我革新，与文化科技产业无缝接轨，才能形成二者的快速融合与发展。

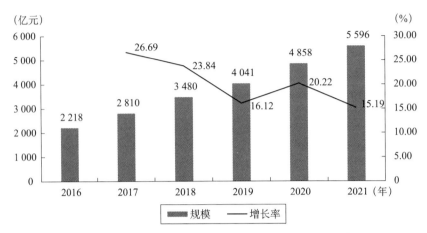

图 7 - 5　2016 ~ 2021 年我国在线教育市场规模及增长情况

资料来源：《2021 年度中国在线教育市场数据报告》。

第8章 文化产业的金融支持与融资产品设计

自 2009 年首个国家层面的文化产业发展规划出台之后，除了文化产业自身的融合创新得到快速发展，各级政府针对金融支持文化产业的扶持政策也紧密出台。这包括鼓励金融机构针对文化企业的特点来设计融资产品，比如商业银行、信托公司、担保公司等开发与文化消费相关的信贷产品，探索无形资产抵质押贷款，证券公司、资产管理公司等承销发行文化产业特色债券，引导金融科技公司创新应用知识产权证券化融资以及开展其他文化领域的互联网金融业务等。地方政府层面也在这方面努力作出贡献，例如北京市 2020 年创新推出"北京文化企业专项再贴现支持工具"，由金融机构制定融资政策，再由政府对金融机构提供针对文化企业的专项额度，最后对满足规定条件且有需求的文化企业进行绿色通道快捷式再贴现审批流程，为文化企业的融资提供实质性的金融支持。浙江省提出，要制定完善的文化金融合作制度、政策，鼓励文化企业与金融机构参与文化金融合作。上海则提出，要发挥出产业基金的杠杆撬动效应，利用多层次的资本市场发展文化金融，构建完善的文化创意投融资体系。陕西省提出，构建包括版权交易中介、律师、资产评估、会计、投融资咨询等在内的文化金融中介服务体系来支持文化产业发展。

然而，在一系列金融支持文化产业激励政策层出不穷的背后，人们不禁疑问：金融支持文化产业背后的路径机制到底如何？政府、文化企业、金融机构三方的合作如何能够均衡进而促进文化产业的欣欣向荣？本章首节便从金融支持文化产业的逻辑机理出发，通过博弈视角阐释金融支持文化产业的必然性与合理性，解释文化产业的融资产品设计的底层逻辑。同时，近年来，我国文化金融产品创新的活跃度，远远超过欧美等国家，除了银行信贷、股权融资等传统类融资产品和工具外，依托艺术品实物资产展开的质押担保贷款、证券化融资以及艺术品基金、艺术品信托、艺术品保险和艺术品份额化交易等文化金融产品创新更是层出不穷。基于此，本章还将介绍文化金融融合的可行途径及相关产品的设计与应用，并重点介绍文化艺术品证券化及知识产权证券化等融资模式。

8.1　金融支持文化产业的博弈分析

8.1.1　金融支持文化产业的路径

金融支持文化产业发展主要体现在促进产业相关企业融资模式和融资结构的优化上，其实现路径介于银行信贷作为主导因素的间接金融支持与资本市场主导的直接金融支持之间，如图 8 – 1 所示。

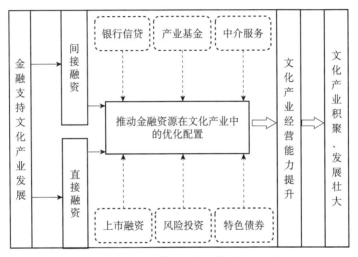

图 8 – 1　金融支持文化产业发展机理架构

只有实现间接金融与直接金融支持的有效统一，才能真正实现内生需求与外部供给的有效对接，完善金融支持文化产业的功能。其具体表现在：一方面，文化产业在发展的初期阶段，由于其边际收益较低，难以获得足够的资金支持。而通过金融的体系制度改革和创新，消除信贷体制弊端，鼓励社会资本尤其是民间资本注入，支持金融中介机构发展等对金融资源实施政策性引导，可以提高资本逐利动力，实现金融资源优化配置。当文化企业发展到具有较高的边际收益，文化产业聚集效应和规模优势得以显现后，政策性金融支持方式可以选择退出，由商业金融延续替代。另一方面，以资本市场为主导的直接金融主要表现在通过资金募集与并购重组对企业进行优胜劣汰的选择，推动文化产业结构合理化和规模化发展。此外，由于收益与风险的不匹配，间接金融一般不愿独自承担较大的风险而导致支持力度较弱，而直接金融通过资本市场的资金募集功能所表现出的风险分散特性，可以在很大程度上弥补对文化产业的支持作用。

8.1.2　金融支持文化产业的博弈

8.1.2.1　金融支持文化企业的两方博弈

（1）金融与文化企业的合作动机。

文化产业一般是和创意、灵感相结合的，与文化有关的各种产品往往是创新的物化表现，因此文化产业具有高知识性、高附加值性和高成长性。资本是追逐盈利的，对于具有高盈利性的文化产业它当然不会放过，但资本又是规避风险的，在文化产业的初级阶段，由于行业集中度不高，文化类企业自身缺少有形资本，无形资产又不易确定，此时需要金融资本的介入，但"轻资产、高风险"的特征使得金融资本往往驻足观望，而一旦文化企业有所成长，并且开始盈利时，此时金融资本愿意介入了，文化企业却会拒绝，这种状况下，金融资本就会处于两难的境地。

理论上来讲，金融资本选择合作是基于文化企业项目未来的投资价值，而文化企业是基于资金的支持以便自身的成长壮大，双方合作的共同目的是实现各自的最大盈利，但矛盾点在于双方的盈利分配和风险承担，即对于未来的盈利和风险的不同判断会影响合作双方的合作意愿和努力程度，这也将决定金融资本和文化企业合作的可能性和稳定性。因此，我们需要从互惠合作动机这一视角出发，分析和探讨随机状态下金融资本和文化产业的合作博弈及相关的影响因素。

（2）两方博弈的支付矩阵。

假设博弈只有金融资本和文化产业两个参与主体，双方合作后对拟投资的项目总投入为 I，其中，金融资本的投入比例为 W，文化企业自身投入比例为 $1-W$，合作后的项目总收益为 R，且 $R=\alpha I$（α 为合作激励效应系数，α 大于1），但当合作双方有一方不合作时，则 $R=0$，政府对文化产业项目的税率为 t。设金融资本选择合作的努力意愿为 E_1，则不合作的概率为 $1-E_1$。同样，文化企业选择合作的努力意愿为 E_2，则不合作的概率为 $1-E_2$，由此可得双方的合作博弈支付矩阵如表 8-1 所示。

表 8-1　　　　　　　　　两方合作的支付矩阵

项目		文化企业	
		合作（E_2）	不合作（$1-E_2$）
金融资本	合作（E_1）	π_{11}，π_{21}	π_{12}，π_{22}
	不合作（$1-E_1$）	π_{13}，π_{23}	π_{14}，π_{24}

令 π_1 和 π_2 分别代表金融资本和文化企业的收益，则在双方的合作博弈过程中将存在以下支付情况：

$$\pi_{11} = E_1 E_2 W \alpha I(1-t) - E_1 E_2 WI, \qquad \pi_{13} = \pi_{14} = 0$$
$$\pi_{21} = E_1 E_2 (1-W) \alpha I(1-t) - E_1 E_2 (1-W) I,$$
$$\pi_{23} = -(1-E_1) E_2 (1-W) I, \quad \pi_{22} = \pi_{24} = 0 \qquad (8.1)$$

对于金融资本和文化企业来讲，其双方参与博弈的前提条件是各自所得的期望支付收益总和非负，则有：

$$\begin{cases} \pi_{11} + \pi_{12} + \pi_{13} + \pi_{14} \geqslant 0 \\ \pi_{21} + \pi_{22} + \pi_{23} + \pi_{24} \geqslant 0 \end{cases} \qquad (8.2)$$

将 π_1 和 π_2 在不同状态下的支付结果代入上述不等式组（8.2），可得：

$$\begin{cases} E_2 \geqslant \dfrac{1}{\alpha(1-t)} \\ E_1 \geqslant \dfrac{1}{\alpha(1-t)} \end{cases} \qquad (8.3)$$

式（8.3）的不等式组可以看作金融资本在和文化企业随机博弈过程中所要达到的均衡解，由此可以看出，在其他条件不变时，不等式的满足条件只与合作激励效应系数 α 和税率 t 有关，而且在 α 逐渐增大和 t 逐渐减小的变化过程中该不等式会自然获得满足，这意味着要想使得金融资本和文化企业获得一个稳定的合作基础，需要有一个较高的 α 系数和较低的税率 t。对于 α，当市场化的经济氛围充分时，具有风险投资性质的金融资本和本身就是高风险、高盈利性的文化企业合作必然会产生良好的激励效应，如果政府能够再给予文化类的投资项目更多的政策支持或激励，比如增加财政补贴等，将会使得 α 系数的值更高。而对于税率 t，政府同样可以增加扶持力度，尽量减少文化产业的税负，以便激励金融资本对文化类项目的投资意愿和促进文化企业自身的努力动机。

（3）两方博弈缺乏稳定。

上述分析表明，要想实现金融资本和文化产业的稳定合作，需要有政府作为第三方作必要的政策激励和扶持。同时，两方随机博弈的结论也表明，政府对文化产业的财政补贴和税收激励可以有效地增加金融资本和文化产业的合作努力意愿。但上述博弈结论并未对政府如何实施激励措施给出解释，而且博弈的假设仅是指出政府对金融资本投资文化产业后的盈利和文化企业自身的盈利都是征收同样的税率，这与现实显然不符，并且这样的税率激励措施也并不一定能够很好地刺激金融资本来参与文化产业的发展。此外，各国的文化产业发展历史也都表明，在文化产业的初级阶段，政府都是直接参与文化产业的成长的，我国近年来大力度的政策宣传和支持以及各个地方的文化产业实践也都表明政府确实在直接参与文化产业的投资和发展，因此，接下来我们将分析在政府参与状态下金融资本和文化产业之间的三方博弈，并在上述随机博弈假设的基础上，放宽政府税收的界定，即假设政府会给予金融资本和文化企业不同的激励税率，同时参照前述的互惠合作效用函数博弈分析思想和动态博弈分析框架，在实现政府、金融资本、文化企业三个参与博弈的主体效用函数最大化基础上，分析政府应如何界定激励政策，以便更好地激发金融资本和文化企业各自的合作动机，实现金融资本对文化产业的良好支持。

8.1.2.2　引入政府行为的三方博弈

（1）三方博弈的分析思路。

首先，关于政府行为的博弈研究。资金不足必然会影响文化企业的生存和发展，制约文化产业的健康快速发展，良好的政策激励和政策支持可以成为一种良好的刺激，激励金融资本流入文化产业，并且可以调动文化企业自身的积极性。发达国家高度重视支持文化产业的财政、税收和金融政策，这是他们文化产业发达的重要原因之一。尽管我国文化产业的财税政策也在不断加大，但力度仍然不够，对金融资本和文化企业没有形成足够的激励力量，无法有效地引导资金流向文化企业，实现资本与产业的有效合作，例如，在税收方面，没有合理、有针对性地执行各项政策，对于不同的税率，也没有针对性的优惠激励措施。此外，财政补贴中没有合理的政府补贴激励效应，导致政府宏观调控的导向性和示范力度不强。文化产业要真正成为未来经济发展的新增长点，不仅需要金融资本的有力推动，更需要政府的激励措施来刺激资本流动，要解决这些问题，需要政府、金融资本和文化企业三方的共同努力。

其次，博弈模型理论基础。根据经济学中的理论分析假设，在市场出清的状态下，金融资本与文化企业合作的基础不仅是物质利益因素，还有双方的互惠动机。互惠的动机包括博弈双方合作中的积极因素和非积极因素，积极的努力可以很好地促进平衡合作的出现，非积极因素可能导致不合作的结果，导致经济效率低下。最早将互惠合作思想用于博弈分析的是著名的互惠博弈效用函数：

$$U_i(a_i, b_{ij}) = \pi_i(a_i, b_{ij}) + Y_{ij}K_{ij}(a_i, b_{ij}) \tag{8.4}$$

其中，U_i 表示博弈局中人 i 的期望效用；a_i 表示局中人 i 的策略；b_{ij} 表示局中人 i 关于局中人 j 的策略的信念；π_i 表示局中人 i 的物质收益；Y_{ij} 表示局中人 i 关于局中人 j 的互惠敏感系数（或称激励效应系数）；K_{ij} 表示局

中人 i 感知到的 j 的互惠合作努力程度。互惠博弈效用函数模型表明每一个局中人的期望效用不仅与自己的博弈策略有关还与其他参与者的策略有关,而且模型(8.4)右边的后一项 $Y_{ij}K_{ij}(a_i, b_{ij})$ 可以理解为博弈双方互惠合作引起的激励效用增加。

互惠博弈效用函数模型虽然完美,但与现实还存在差距,因为信念、互惠合作敏感系数、努力程度等在实践中很难界定。其实早在这一模型规范之前,多位学者已在互惠合作思想上进行了有意思的博弈实验,比如著名的"幼儿园"实验以及对劳动市场上厂商和工人之间的工资博弈实验,这些博弈实验研究具有一个共同特点,就是当在两方互惠合作博弈的基础上加入一个第三方的影响因素时,会使原本的博弈结果出现改变,甚至是负向变化。这种因第三方因素或局中人的介入而对结果产生的影响,在互惠博弈效用函数模型中并不能看出,为了探讨第三方因素的一般化影响,一些学者如师伟和蒲勇健等(2012)在互惠博弈效用函数模型的基础上植入了第三方参与者,并假定第三方参与者的博弈策略是透明的,即所有参与者都可以观察到新介入的第三方的策略表现,在这一假定下,他们给出了新的互惠博弈效用函数:

$$U_i(a_i, b_{ij}, \omega) = \pi_i(a_i, b_{ij}, \omega) + Y_{ij}K_{ij}(a_i, b_{ij}, \omega) \qquad (8.5)$$

模型(8.5)中的参数界定与模型(8.4)基本一样,其中, ω 表示第三方局中人的策略。当第三方影响因素或者说是备选策略存在时,互惠合作参与各方的行为将会发生重要改变,而且原来的非积极合作行为可以在一定条件下被削弱甚至规避。

上述博弈模型的分析证明及结论都相对完美,但其假设条件很难实现(效用函数的实现需要有心理预期),为了弱化假设,并利用博弈结论,本节将简化上述博弈条件,借鉴互惠合作效用函数思想,将当前文化产业发展中如何调动金融资本和文化企业的参与动机作为研究对象,同时将政府的介入作为模型分析中的第三方因素,来分析当政府介入后对于文化企业和金融资本的合作激励效用,并探讨削弱非积极合作动机的那些限制条件,比如差异化税率的界定、补贴的执行以及政府行为和其他参与者行为的行动策略等。

最后,实践表明,当政府全力支持某一产业发展时,金融资本和产业内的企业都将表现出非常高的积极性,对于文化产业更不例外。当政府参与到推动文化产业发展时,金融资本和文化企业都会有很高的参与动机,此时这两者的主要博弈对象是政府,即金融资本和文化企业的合作意愿更多地取决于政府对二者的扶持或激励措施。根据前面的分析,当政府未参与进来时，二者属于随机的博弈，而且博弈的均衡解取决于政府的参与及参与的程度，而且博弈的结论分析也表明了政府必将参与进来。而在明确政府确定要参与这一条件后，金融资本和文化企业则必然会选择合作，或者说会尽力去争取合作，以便分享文化产业这块蛋糕。但问题是双方是否以最优努力策略参与，这将影响最终的文化产业蛋糕的大小，因此政府要给予金融资本和文化产业不同的激励措施，而且要选择不同的参与时机，以便更好地激化金融资本和文化企业的合作效应，实现三者最终效益的最大化。从这一视角出发，我们将分析政府的参与决策及策略在先行决定时和在文化项目运作一段时间后再参与这两种情况下的激励措施，以及对金融资本和文化企业的影响。由于政府参与这一条件对金融资本和文化企业来讲是事先确定的，因此三方博弈是完全信息的动态博弈。

（2）三方博弈过程的动态分析。

情况一：政府先行动而金融资本和文化企业后行动。这种博弈情况类似于德国经济学家斯塔克博格提出的主导企业模型，即政府先行决定对金融资本和文化企业给予不同的税率优惠和财政补贴，然后金融资本和文化企业再根据政府的行为来决定自己的努力程度。假设政府对金融资本投资后的收益给予 t_1 的税率，对文化企业给予 t_2 的税率，金融资本参与文化项目的最终收益为 I_1，其努力的成本函数为 $C_1 = e_1 I_1^2$，即金融资本的成本付出与其期望收益是成正比的，其中，e_1 是努力系数，e_1 大于 0。同理，我们假设文化企业的最终收益为 I_2，其对应的成本为 $C_2 = e_2 I_2^2$。

假设政府并不参与文化项目的收益分红，其目的是要促使金融资本和文化企业合作后所带来的整体社会经济效益最优，则政府的目标效用函数可表示如下：

$$\begin{cases} U = \ln(1 - t_1)I_1 + \ln(1 - t_2)I_2 \\ \text{s. t. } t_1 I_1 + t_2 I_2 = E \end{cases} \tag{8.6}$$

其中，E 为政府对文化产业税收的一个期望值，E 的大小可以根据政府对文化产业的扶持情况而随机调整。

在上述假设条件确定之后，我们来分析该博弈的均衡条件。以金融资本为例，当政府给定一个税率 t_1 后，金融资本将确定自己的收益最优反应函数。由于金融资本的效用函数为：

$$U_1 = (1 - t_1)I_1 - C_1 = (1 - t_1)I_1 - e_1 I_1^2 \tag{8.7}$$

令 U_1 的一阶导数为 0，则得金融资本的最优反应函数为：

$$I_1 = \frac{1 - t_1}{2e_1} \tag{8.8}$$

同理可得文化企业的最优反应函数为：

$$I_2 = \frac{1 - t_2}{2e_2} \tag{8.9}$$

将式（8.8）和式（8.9）代入到式（8.6），并由拉格朗日函数可得：

$$L = \ln \frac{(1 - t_1)^2}{2e_1} + \ln \frac{(1 - t_2)^2}{2e_2} + \lambda \left[\frac{t_1(1 - t_1)}{2e_1} + \frac{t_2(1 - t_2)}{2e_2} - E \right] \tag{8.10}$$

进而可得出政府效用函数值最大时的两个一阶条件为：

$$\frac{\partial L}{\partial t_1} = \frac{-2}{1 - t_1} + \lambda \frac{1 - 2t_1}{2e_1} = 0 \tag{8.11}$$

$$\frac{\partial L}{\partial t_2} = \frac{-2}{1 - t_2} + \lambda \frac{1 - 2t_2}{2e_2} = 0 \tag{8.12}$$

联合式（8.11）和式（8.12）可得如下的解析结论：

$$\frac{1 - 3t_1 + 2t_1^2}{e_1} = \frac{1 - 3t_2 + 2t_2^2}{e_2}, \text{且} 0 < t_1, t_2 < \frac{1}{2} \tag{8.13}$$

由上述结论等式（8.13）我们可以看出，在其他条件不变的情况下，税率 t_1 和税率 t_2 的确定只与金融资本和文化企业的成本努力系数有关，如果政府能够根据金融资本和文化企业以往的经营经历很好地预测出他们的成本努力系数，则可制定不同的税率激励措施以便满足自我效用最优的均衡条件。而且根据等式两边的分子项，由于 t_1 和 t_2 的取值都在 0 到 $\frac{1}{2}$ 之间，此时对于曲线开口向上的方程 $1 - 3t_1 + 2t_1^2$ 和 $1 - 3t_2 + 2t_2^2$ 来讲，其函数值是随着 t_1 和 t_2 的增加而递减的，因此，当 $e_1 < e_2$ 时，政府可以赋予较高的 t_1 和较低的 t_2。这意味着当政府认为文化企业的努力成本相对于金融资本在参与文化项目时所付出的成本较高时，可以在制定文化项目税赋时适当地向文化企业给予倾斜，或者是给予文化企业更多的财政补贴。同理，当 $e_1 > e_2$ 时，政府可以赋予较低的 t_1 和较高的 t_2，这同样意味着当金融资本的努力成本较高时，政府应当给予金融资本更多的政策倾斜。当然，当 $e_1 = e_2$ 时，由等式的对称性可以明显看出，政府应该对金融资本和文化企业给予相同的税收政策。

情况二：金融资本和文化企业先行动而政府后行动。金融资本和文化企业由于预测到政府必将参与支持文化项目，因此双方在第一阶段都会选择积极参与。此时由于金融资本和文化企业先行，意味着 I_1 和 I_2 是确定的，而政府是跟随者，则政府可以依据 I_1 和 I_2 来选择税率政策 t_1 和 t_2。依据情况一的模型博弈假设，由拉格朗日函数可得政府的最优反应函数为：

$$\begin{cases} t_1 = \dfrac{1}{2} - \dfrac{I_2 - E}{2I_1} \\ t_2 = \dfrac{1}{2} - \dfrac{I_1 - E}{2I_2} \end{cases} \qquad (8.14)$$

此时金融资本和文化企业各自的收益函数分别为：

$$\begin{cases} U_1 = [1 - t_1(I_1, I_2)]I_1 - e_1 I_1^2 \\ U_2 = [1 - t_1(I_1, I_2)]I_2 - e_2 I_2^2 \end{cases} \qquad (8.15)$$

将式（8.14）代入式（8.15）中，并分别求解使 U_1 和 U_2 取最大值时的条件，可得该博弈情况下的政府对金融资本和文化企业的税收均衡解：

$$\begin{cases} t_1 = \dfrac{1}{2} - \dfrac{e_1}{2e_2} + 2Ee_1 \\ t_2 = \dfrac{1}{2} - \dfrac{e_2}{2e_1} + 2Ee_2 \end{cases} \qquad (8.16)$$

由式（8.16）可以看出，与情况一的博弈均衡解不一样的是，在情况二时政府要确定 t_1 和 t_2 时不仅要考虑 e_1 和 e_2，还要考虑政府的期望税收收益 E。假如政府并不关心 E 的大小，其目的就是要激励金融资本和文化企业，则由上式可以分析得出与情况一的博弈条件下同样的结论，即在其他条件不变时，政府可以根据金融资本和文化企业不同的努力成本系数来确定不同的税率，同时给予两者不同的政策倾斜。但是，根据博弈中的理性经济人假设，当政府为了获取较高的税收收入时，由式子可以明显看出政府只需提高税率即可，因为税率 t_1 和 t_2 与 E 成正比，而且政府在博弈中处于跟随者，更有动力和机会去提高税率，这时就会打破三方的博弈均衡，但政府为了长期促进文化产业发展，一般也就不会作出这种短视行为。

综合上述博弈分析，我们可以得出以下启示：第一，政府要想有效激励金融资本和文化企业的合作，就要调研和评估这两者不同的合作动机和努力成本，并根据不同成本支出来给予差异化的财政和税率优惠。第二，如果政府决定要参与文化项目并进行相应的支持，一定要先行给出明确的政策条件，这相当于搭建了一个信息平台，自然会降低信息不对称和道德风险，此时参与各方的最终效用都是最大的。第三，金融资本和文化企业一致行动，并且政府先行给出明确的财政税收支持政策，是在参与文化产业运作中三方博弈的唯一最优均衡策略。政府的政策激励行为和产业运作手段在资本和产业无法通过自然演化实现均衡合作时就显得尤为重要。因此，我们要尽快优化文化产业发展环境，构建文化产业经济激励体系，尤其在财政扶持方面，要有具体可行的策略，有针对性地实行差异化税率政策和财政补贴政策。各类金融机构和投资主体也要创新文化产业的融资模式，认真研究文化产业的经营特征和盈利模式，转变经营方式和风险管理观念；文化企业自身也要不断加强自我管理能力和提高产品核心竞争力，以便引起金融资本的青睐，促进资本、文化产业及政府的良好合作，共同推动文化产业的加速发展。

8.2　文化产业与金融元素的融合实践

金融资本和文化产业在经济实践中早已实现相互融通，从金融工具的角度分类，可分为股权文化金融、债权文化金融等，从文化行业的角度分类，有文化影视类融资产品、艺术与内容创作类融资产品等。本节我们将基于金融工具和文化行业两个角度分别对目前的文化金融融合实践作阐述。

8.2.1　基于金融工具角度的融合应用

8.2.1.1　股权文化金融

股权文化金融，即文化产业的股权化融资。2019～2021 年，我国文化产业领域私募股权市场融资数量自新冠疫情后呈现大幅下跌后逐渐回升，其中天使轮和 A 轮的初创期融资明显超过之前年度的水平。从私募股权市场融资金额分布情况看（见图 8 - 2），2021 年 1 000 万～1 亿元与 1 亿～10 亿元两个区间融资项目数量在披露融资金额项目中的占比最高，分别为 53.7% 与 27.6%，其中 1 亿～10 亿元区间融资项目数量增长最快，1 000 万元以下融资项目数量在披露融资金额项目中的占比有所下降。从各金额区间融资项目轮次分布看，2021 年与 2019 年相比，进入 1 000 万～1亿元区间中种子轮、天使轮、A 轮的融资项目数量增长明显，进入 1 亿～10 亿元区间中 A 轮、B 轮的融资项目数量同样增长明显，初创期项目融资金额有所提升。此外，文化产业并购市场融资次数达 342 次，同比增长 12.9%（见图 8 - 3），从融资金额分布看，并购项目主要集中在 1 000 万～1 亿元、1 亿～10 亿元两个区间，2019～2021 年呈现持续增长的态势，1 000 万元以下项目在 2020 年数量下滑，2021 年恢复增长，10 亿元以上的并购项目基本保持稳定。

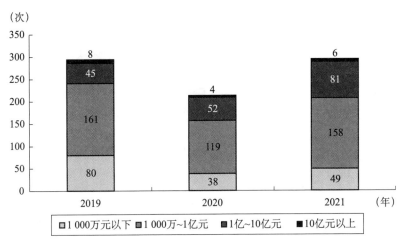

图 8 – 2　全国文化产业私募股权融资事件及金额分布（2019～2021 年）

资料来源：《中国文化金融发展报告（2022）》。

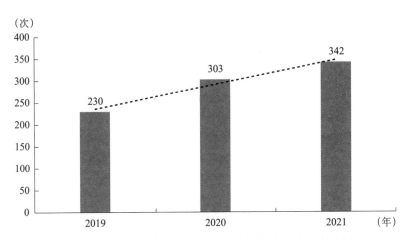

图 8 – 3　全国文化产业并购融资事件次数（2019～2021 年）

资料来源：《中国文化金融发展报告（2022）》。

　　从文化企业的 IPO 融资来看，2021 年我国共有 37 家文化企业完成上市首发，融资金额达到 1 640.9 亿元，其原因一方面是受到文化企业中概股上市影响，另一方面是 2021 年的短视频与增值电信服务头部企业首发上市均超过 400 亿元的募资规模大幅拉升了 IPO 融资总额。其中，沪深股市文化类上市企业数量为 22 家，主要涉及图书出版、新闻信息服务、旅游酒店、文化装备生产和文化消费终端制造与销售领域。香港上市企业 10家，分布在影视、音乐、新闻信息服务、旅游行业。美股上市企业 5 家，行业分布在音视频内容与服务、互联网广告与信息服务领域，但大部分企业首发融资金额均未超过 5 亿元（见图 8 - 4）。

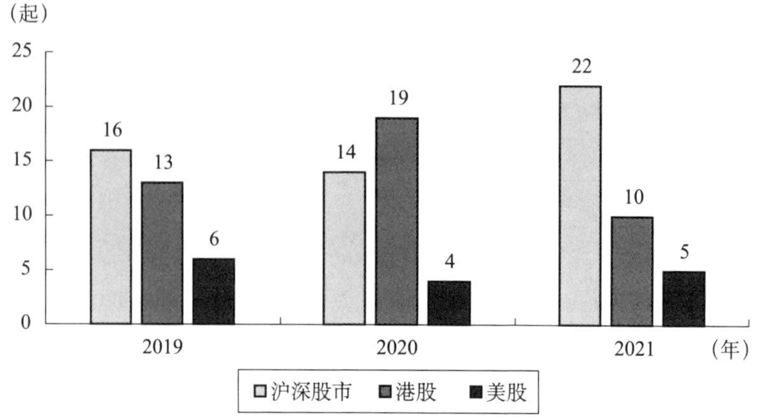

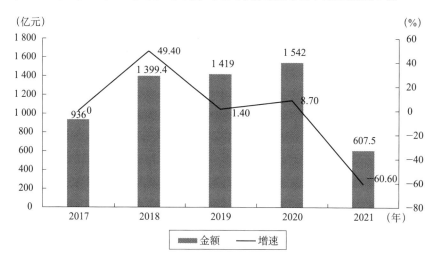

图 8 - 4　全国文化企业沪深股市、港股与美股首发上市企业数量（2019～2021 年）

资料来源：《中国文化金融发展报告（2022）》。

8.2.1.2　债权文化金融

债权文化金融，即文化产业的债券化融资。2021 年文化产业的债权融资相比于前两年回落明显，仅为 607.5 亿元（见图 8 - 5），而且与市场整体情况相比，2019～2021 年我国上市文化科技债权融资占市场整体债权融资的金额均不到 1%，所以文化产业的债权融资还不是主流方式。

图 8 - 5　文化企业债权融资数量与融资金额（2017～2021 年）

资料来源：《中国文化金融发展报告（2022）》。

从债权融资工具使用情况看，2021 年超短期融资券与海外债融资金额同比降幅明显，融资金额分别为 90 亿元和 147.9 亿元。从发行期限看，

2021 年文化企业长期债券发行数量占比明显提升, 超短期融资债券数量
减少明显。文化企业长期债券发行主要以海外债为主, 2021 年美股上市
文化企业发行的海外债 80% 为 10 年以上的中长期债券, 并出现 30 年、40
年的超长期限债券。短期债券虽然发行数量占比保持稳定, 但超短融资券
发行数量明显下降, 较 2020 年的 24 支降至 6 支 (见图 8 - 6)。

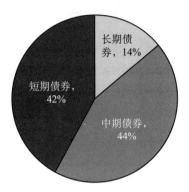

图 8 - 6　2021 年文化企业债券发行期限占比分布

资料来源:《中国文化金融发展报告 (2022)》。

8.2.2　基于文化行业角度的融合应用

8.2.2.1　影视文化金融

影视文化金融, 即文化影视行业的金融支持与融资。金融资本投资影
视业, 催生了新的影视文化金融产品, 例如出现了明星证券化、电影保底
发行、电影衍生理财产品等新型文化金融工具, 这些金融工具一方面促进
了资金融通和资源集中, 另一方面也带动了人们的观影热情, 激发了文化
消费潜力。据国家电影局发布的相关数据, 2021 年我国电影总票房达到
472. 58 亿元, 其中国产电影票房为 399. 27 亿元, 占总票房的 84. 49%。[①]
电影《长津湖》累计票房打破 16 项中国影史纪录, 北京银行作为融资机
构先后发放共计 2.4 亿元的资金支持, 以金融力量助力影视企业讲好 "中
国故事"、传播 "中国声音"。

从我国近十年的影视行业投融资来看, 在 2017 年融资金额达到了峰
值之后便开始逐年消减, 2021 年更是不容乐观 (见图 8 - 7), 不过随着之
后影视金融政策的不断跟进与人们对影视类文化产品的需求增加, 未来依
然具有较好的发展前景。

---

① 资料来源:《2021 中国电影年度调查报告》。

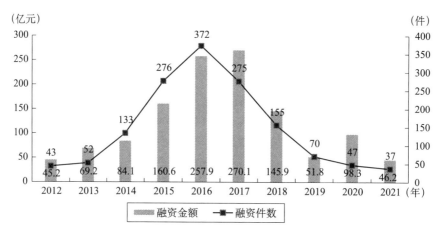

图 8 - 7　近十年我国影视行业投融资状况

资料来源：根据《中国投融资发展报告（2021）》整理绘制。

8.2.2.2　艺术文化金融

艺术文化金融，即文化艺术品领域的金融支持与融资。随着居民生活水平的不断提高，人们从物质生活的追求逐渐转向精神层面，这无疑加大了艺术品市场的需求，从而导致艺术文化金融的火热。从数据来看，全球股市的回报率为 6.5%，而艺术品的年均投资回报率达到了 16.6%，在通胀环境下的表现甚至好于房地产和股票投资。我国民间资本在数十年的发展中得到大量的聚集，开始广泛寻找投资渠道，而同时我国房地产行业在步入 2021 年后开始出现顶部的迹象，加之我国股票投资市场发展才处于不断完善发展中，限制了民间投资的渠道，于是艺术品投资领域开始涌入大量的民间资本。2021 年纯艺术拍卖总成交额 59 亿美元，同比增长41.8%，较新冠疫情前的年份来说有较大增长幅度（见图 8 - 8）。

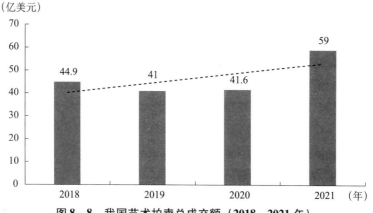

图 8 - 8　我国艺术拍卖总成交额（2018～2021 年）

资料来源：根据《中国文物艺术品全球拍卖统计年报（2021）》整理绘制。

　　而从整个艺术品市场拍卖的占比来看，书画类艺术品占据了我国整个
拍卖类型的半壁江山（见图 8 - 9），这主要是由于书画艺术在我国传统文
化中有悠久的历史，包括书圣王羲之、楷书四大家之一的柳公权、近现代
画家齐白石等，其精湛的书画技艺在其作品上表现出来，体现着文化艺术
的巨大魅力，而这种艺术价值再通过拍卖、抵质押融资等金融手段，不仅
很好地展现了其资本投资的价值，而且还形成了"艺术金融"这一新型文
化产业融合业态。

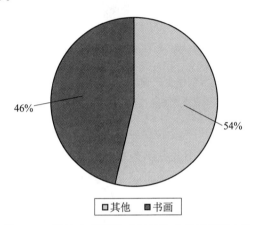

46%　　　　　　　　　　　　　54%

□其他　■书画

图 8 - 9　2021 年我国艺术品拍卖中书画类型占比

资料来源：根据《中国文物艺术品全球拍卖统计年报（2021）》整理绘制。

8.2.2.3　内容创作文化金融

　　内容创作文化金融，即知识产权类的 IP 化融资。内容创作在文化产
业的发展中占据核心地位，随着我国知识产权强国战略的不断推进，知识
产权制度对内容创作者的保护不断加强。内容创作是文化金融的源泉所
在，当新的文化产品或 IP 被创作出来后，资本为了自身的增值会与内容
创作形成合作，将内容 IP 通过商业运作打造成金融参与的产业链条，特
别是中国传统文化元素拥有海量的 IP 资源可进行打造，例如神话人物哪
吒的形象从 1979 年的《哪吒闹海》到 2021 年的《新神榜：哪吒重生》，
一路上经历了数次改造，深深根植于国人的心中。2021 年我国的内容创
作生产领域投融资次数达到创新高的 368 次（见图 8 - 10），相关内容创
作企业的 IPO 融资金额更是在 2021 年达到创纪录的 489.7 亿元，私募股
权对于内容创作生产的投资金额增幅也达到 85.5%，整个内容创作的金融
化之路有越走越宽的趋势。

　　产业融合发展正在成为创新创业时代国民经济发展的一种趋势，传统
产业的转型升级使得新产品、新商业、新业态不断涌现，也带来了大量的

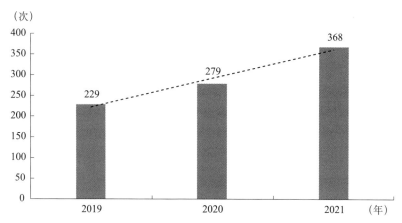

图 8 - 10　内容创作生产领域投融资次数（2019 ~ 2021 年）

资料来源：根据《中国投融资发展报告（2021）》整理绘制。

投资机遇，文化产业不断渗透融合到各行业中，更能衍生出多种新产业或新业态。文化产业本身离不开金融要素，但金融同样是特殊的产业，二者的融合会形成一种新的文化金融商业业态，金融的力量可以推动文化产业发展，依靠文化产品和产业内容又能促使金融行业发展，而文化金融的内涵也得以凸显：文化是核心，金融是助力，二者缺一不可。

8.2.3　文化金融融合的具体途径

8.2.3.1　构建文化金融融合平台

文化与金融融合的首要途径就是搭建文化金融服务平台，或称文化金融服务中心，该平台可以对引入的各类金融要素，尤其是金融合作机构及中介服务机构实行宽进严管的机制，比如统一规范各类机构的服务方式，尤其加强中介信用管理，以促进其依托平台开展全面、健康、高效的文化企业融资服务。2021 年 9 月，上海虹口成功上线"虹口文化金融创新融合服务平台"，借助北外滩金融功能集聚优势，虹口不断探索打通文创产业和金融服务的链条，逐渐营造出具有虹口特色的文化金融发展环境，实现了两个"率先"：一是率先成立上海首个区级综合性文化金融服务平台；二是率先布局文创金融服务空间载体，不断探索文化产融结合的生态圈，激发区域经济发展的无限活力。

文化金融融合平台服务模式的核心体现是各类金融机构提供的融资产品及服务，如图 8 - 11 所示，其服务方式及路径依赖两个环节：一是平台推介文化企业及特色文化项目，不定期举行各类文化或艺术品融资活动；二是金融机构围绕文化产业、文化企业、艺术品等推出有针对性的如股权类、债权类、信贷类特色融资产品。除此之外，文化金融融合平台还可为相关企业提供融资之外的信息发布、风险管理、保险服务等增值性的金融服务。

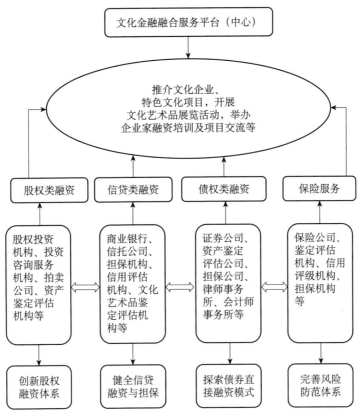

图 8-11　各类金融要素融入文化金融平台的方式及路径

以商业银行为例，在搭建好文化金融服务平台或文化金融服务中心后，在政府的参与下，商业银行尤其是地方性金融机构一般会与该文化金融平台进行战略合作，定向服务辖区内文化类经营企业，但区别于其他产业或一般企业的信贷程序，此时银行的信贷服务尤其是担保方面会有一定的差别。首先，商业银行会借助融资担保公司、再担保公司，由文化金融平台牵头，打造专门针对在平台进行挂牌注册的会员文化企业的信用担保绿色通道。与此同时，银行对文化产业风险进行评估，对于较高的部分，由文化金融平台积极协调，将政府补贴文化项目的专项资金变为银行贷款的担保金，降低银行的风险敞口。其次，商业银行会扩大会员文化企业抵押和质押财产界限，探索文化企业金融担保制度新的突破方向。利用已成立的专业化文化艺术品评估鉴定中心的资源优势，协同银行、中介机构共同建设文化项目的信用评级和资产评估体系，而文化企业除了利用版权、商标权进行质押外，还可以根据自身的优势，使用发行权、播映权等进行质押。

8.2.3.2　设立文化专营金融机构

文化企业因其自身特点，融资较为困难，又由于项目特性决定了所需资金多为中长期贷款，通过设立文化专营金融机构，同时设立专门的、配套的文化产业融资担保机构，提供较为稳妥的担保服务，可以有效缓解文化产业领域尤其是中小微文化企业的融资难、融资贵矛盾。早在2014年，文化部、人民银行、财政部发布《关于深入推进文化金融合作的意见》，提出要加快"创新文化金融服务机制"，比如引导商业银行设立针对文化产业的专营机构，同时大力鼓励扶持设立定向服务文化产业的小额信贷公司等。实践当中，银行类文化产业专营机构起步较早，发展比较成熟，虽然针对文化产业的小贷公司也在不断尝试，但至今没有独立法人的文化产业中小银行出现，涉及文化金融业务的专营金融机构大部分也只是做到专业化或专门化。杭州银行是国内较早设立文创支行的城市商业银行，此后包头、北京、兰州等地的商业银行也纷纷成立了文化金融专营机构或分支机构。

8.3　文化金融产品的设计与服务

8.3.1　传统类文化金融产品

目前常见的传统类文化金融产品与融资工具包括股权类服务产品、信贷类服务产品、专业化特色信贷产品、债权类服务产品以及保险类服务产品，如图8-12所示，每一种产品都具有各自的特点和细分产品，本节将对其做详细介绍。

8.3.1.1　股权类融资产品

股权融资包括产业投资基金、艺术品基金、影视基金、PE、VC等。金融机构或相关投资机构可充分利用文化产业的政策扶持优势，借力政府文化产业发展基金作为引导基金，积极筹划成立服务于文化金融服务平台的挂牌文化企业的艺术品基金或影视基金，同时积极引进各类股权投资基金（PE）、风险投资（VC）及投资咨询中介机构等，为文化企业提供各类服务，包括协助企业完善商业模式及发展战略、为企业提供融资建议报告、为企业提供财务预测分析与估值分析建议、撰写企业的融资性文件、

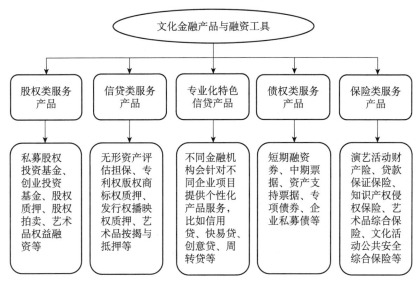

图 8-12 文化金融服务产品分类

协助企业洽谈投资机构、完成签约与尽调、为企业提供融资过程中的财务和法律咨询服务等。

8.3.1.2 债权类融资产品

债权融资包括发行企业债券、私募债券等。对符合发行企业债券的文化企业或项目,文化金融服务平台可以积极协调帮助引进发行中介机构,对于具有固定或较为稳定现金流收益的文化企业项目贷款,例如有旅游门票收入的企业或项目,文化金融服务平台可进行重点包装设计,同时引入担保公司进行担保和信用增级。

8.3.1.3 特色类信贷产品

政府应积极激励银行类金融机构,尤其是小贷公司、典当行等,着重服务中小微文化企业,将专业化、市场化的经营理念注入企业,促进其与金融资源的完美融合。比如,信用贷(无抵押、无担保):对于在规定注册范围内,国家重点支持、发展良好的中小文化企业。企业不存在不良信用,资金流动能力较强,销售额增长率、利润年增长率、资产负债率都符合信贷要求的,可申请适当比例的纯信用贷款。快易贷:对于可进行不动产抵押、急需资金的中小文化企业,可申请一定比例的用于应急资金流转的贷款。对贸易类中小文化企业,在充分盘活企业存货的基础上,金融机构可委托第三方专业监管公司对企业的库存进行动态监管,按照货物价值,给企业发放一定贷款。创意贷:对符合条件的文化创意产业企业,结合股权质押或著作权质押的方式,可发放一定贷款。接力贷:对于将来可上市、可流通的资产，可进行股权担保，急需资金的，金融机构可依据企业的股权价值提供贷款。周转贷：其他银行机构贷款审核合格、正在实行担保措施且款项没有下批，但又有能缓解迫切需要资金的企业，或者与投资机构签订投资协议，但款项没有下发又急需资金的企业，小贷类金融机构能很好地解决这类问题，可为企业提供短期的周转贷款，等到款项下发后再将资金返还给小贷公司。此类贷款行为只要小贷公司取得认可银行的贷款审批单或认可投资机构的投资协议后，即可放款。产权贷：借款人将合法的专利权、著作权等知识产权作为质押向金融部门申请的贷款。上述贷款产品可单独、组合运用，也可在一定期限和额度内循环使用，小贷公司、商业银行等还可与文化金融服务平台共同协作，丰富还款选择，结合文化企业的资金状况，制订合理的还款计划。

8.3.1.4　其他权益化及保险类服务产品

引入信托或其他金融机构，将优质文化艺术品资产增值权益、基于内容创作的知识产权等创设为资产收益类产品，进行针对性的资产证券化产品设计，出售给产权交易机构的投资会员或其他市场投资者，同时完善二级市场交易服务，引入第三方中介（如拍卖公司、评估鉴定公司等）进行产品风险监控，以此为文化艺术类、创意设计类等文化融合业态的商业融资提供针对性服务。而对于一些文化演出类商业项目，还可引入保险公司等金融机构，联合推出演艺活动财产险、贷款保证保险、知识产权侵权保险、艺术品综合保险、文化活动公共安全综合保险等保险保障类金融服务，与信贷、股权、债券等融资产品一起共同构筑起支撑文化产业发展的文化金融服务体系。

8.3.2　通道类文化金融服务

从 2010 年以来，在全国文化产业快速发展的进程中，各种围绕服务文化产业的交易机构、交易中心先后成立，其中最具影响的有上海文交所、深圳文交所等，这些文化产权交易服务机构广泛与各类金融机构合作，创新推出了许多有借鉴价值的通道类文化金融服务产品及融资工具。

8.3.2.1　艺贷通

"艺贷通"的设计，是考虑文化产权交易机构联合商业银行推出的缓解文化企业流动资金紧缺的贷款产品，企业可以将文化类产品以质押形式抵押给银行，获取相应额度的流动资金。该产品不仅能够扩大文化类企业抵质押物范围，而且可以让文化产品资本化运作，将文化资源向金融资本转化。

"艺贷通"的适用范围包括：从事艺术品、收藏品投资与交易的企业法人，具有一定经营规模和良好资信的美术馆、画廊等专营艺术品的企事业法人，符合法律法规的规定从事艺术品、收藏品投资与交易的自然人，具有合法资金需求并期望用艺术品、收藏品质押贷款的各类融资主体。

"艺贷通"的质押条件：可用质押物仅限于艺术品、收藏品市场的中高端领域，所质押的艺术品、收藏品具有一定的价值，贷款一般为短期流动资金，最高质押率为艺术品、收藏品评估价值的50%，具体比例可参照第三方评估机构的价值估值进行协商沟通。

"艺贷通"的办理流程一般先是进行鉴定评估，申请人将艺术品、收藏品委托专业性文化艺术品鉴定评估公司进行鉴真和价值评估，并出具报告。然后是登记托管，申请人将经过鉴定评估的艺术品、收藏品委托交易机构进行登记托管。接着是购买保险，文化产权交易机构为托管艺术品、收藏品向合作保险机构代为购买"财产损失险"。因为艺术品、收藏品等属于稀有物品和小众物品，市场流动性尤其是价值变现的流动性不足，商业银行一般不会直接接受此类抵押品的融资，因此必须由专业的机构如文化产权交易机构、艺术品鉴定评估机构等参与前期工作，且在符合一系列前置条件后，才能够推荐给商业银行，然后由商业银行进行专项贷款审批，具体操作如图8-13所示。

8.3.2.2　艺融通

"艺融通"在适用范围、质押条件和办理条件上和"艺贷通"类似，而在融资属性上却不相同，类似于委托贷款，即"艺融通"是投资方与融资方的直接商洽，同时借用第三方合作商业银行的信贷通道，提高融资成功率，具体流程如图8-14所示。

8.3.2.3　艺网通

"艺网通"是文化产权交易机构联合商业银行推出的基于互联网端的文化融资产品，相比于线下渠道，更加方便快捷。"艺网通"的适用范围、质押条件和办理流程同样与"艺融通""艺贷通"一样，唯一的区别就是线上端与线下端的不同。线上端的融资需由合作银行支持，若是联合尽职调查通过且符合担保要求，则可接受银行的放款，基本流程与"艺融通"相似。

8.3.2.4　艺证通

"艺证通"即艺术品、收藏品质押贷款支持证券，是指在文化产权交易机构或文化要素流转交易机构的组织下，商业银行将单个或组合艺术品、收藏品等质押贷款资产信托给受托机构，由受托机构发行的以该资产

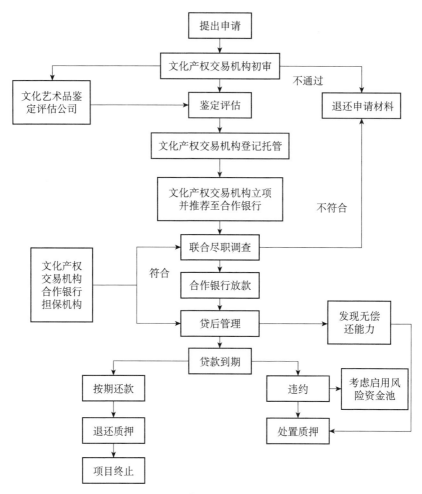

图8-13 "艺贷通"文化金融产品流程

所产生的本息支付其收益的证券。艺术品、收藏品质押贷款支持证券是对艺术品、收藏品质押贷款资产所产生的本息和剩余权益的要求权。

"艺证通"的适用范围：从事艺术品、收藏品投资与交易的企业法人，具有一定经营规模和良好资信的美术馆、画廊等专营艺术品和收藏品的事业法人，符合法律法规的规定从事艺术品、收藏品投资与交易的自然人，具有合法资金需求并期望用合法拥有的艺术品和收藏品质押贷款的各类主体。"艺证通"的质押物也仅限于艺术品、收藏品市场的中高端领域，且所质押的艺术品、收藏品要具有一定的投资价值。

"艺证通"的办理流程相对复杂：第一，借款方提交申请及相关材料；第二，文化产权交易机构对借款方材料进行初审；第三，向商业银行进行推荐；第四，公开发布拟质押艺术品、收藏品的相关信息并进行询价招

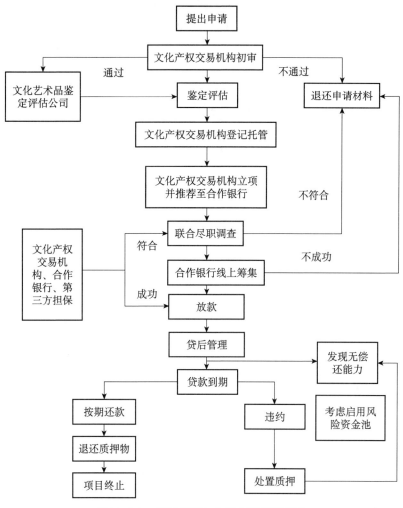

图 8-14　"艺融通"文化金融产品流程

标；第五，意向投资者（投标者）鉴定真伪并评估，也可以委托专业性文化艺术品鉴定评估公司进行鉴定评估，获取评估报告；第六，意向投资者（投标者）提交有效报价（预收购价）（预收购价一般不得超过艺术品、收藏品评估值的 50%）；第七，文化产权交易机构从信用状况、预收购报价等方面对意向投资人进行比较和综合评价后确定一名或多名中标者；第八，投资者（中标者）向受理机构支付预收购报价的全部或部分款项，若投资者只支付部分款项，则按照下列方式准备剩余资金：投资者（中标者）可以采用银行认可的抵质押物向银行提出贷款申请，亦可向银行提出配套资金的申请，由银行为投资者对接第三方等寻找相应配套资金；第九，文化产权交易机构向银行划转全部或部分款项；第十，投资者（中标者）获得该笔艺术品、收藏品质押贷款支持证券；第十一，银行按照预收购价向借款方发放贷款。上述流程具体如图 8 - 15 所示。

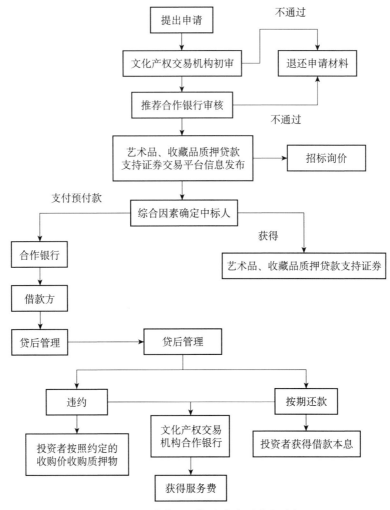

图 8 - 15 "艺证通"文化金融产品流程

8.3.2.5 艺金通

"艺金通"是文化产权交易机构联合艺术品鉴定评估机构、商业银行、担保公司等，共同推出集艺术品销售、抵押融资于一体的保真可质押资产，持有文化产权交易机构作渠道销售的具有保真证书的文化艺术品的客户，均可在需要资金时将该文化艺术品质押到合作银行而获得相应贷款。"艺金通"文化金融产品的亮点主要是艺术品保真销售和可质押融资，该业务能够有效盘活艺术品交易市场，真正实现文化艺术产品的金融化和资本化。

"艺金通"适用范围：按照规定，从文化产权交易机构及合作银行指定地方购买"艺金通"产品对应的文化艺术品的企事业法人、自然人及其他各类市场主体，均可在后期与相关合作银行进行再抵押融资。

"艺金通"的办理流程：第一步，遴选文化艺术品。文化产权交易机构根据客户需求遴选文化艺术品，包括字画、陶瓷、宝石、奇石、钱币等。在产品遴选上，"艺金通"对应的文化艺术产品将突出国际化采购、品牌化合作、特色化定制、标准化生产的特征，降低价格的同时保证品质。第二步，鉴定评估并出具保真证书，相关合作且具有政府背景或市场认可的文化艺术品鉴定评估有限公司，对遴选出的文化艺术品进行鉴定评估并出具保真证书。第三步，销售文化艺术品资产。"艺金通"对应的文化艺术品可通过文化产权交易机构的艺术商城、合作银行网点专柜、合作商场专柜或其他经商议认定的渠道进行线上线下对外销售。第四步，融资对接。客户有融资或资金需求时，向文化产权交易机构提出申请，文化产权交易机构初审后推荐至合作银行。合作银行开展尽职调查并评审，审核通过，融资人将持有的文化艺术品作为质押物托管至文化产权交易机构，合作担保公司为其提供担保；审核不通过，由合作银行出具《审核不通过说明书》。融资人获得贷款，贷款额为购买文化艺术品实际金额的百分之五十（具体额度由银行确定）；银行按照规定进行贷后管理，若发现融资人无偿还能力，直接按照协议处置质押物，一般先由担保公司进行代偿，后由担保公司处置质押艺术品，具体处置程序按照先期质押担保协议进行处理。贷款到期，按期还款；违约则按照协议处置质押物，融资人承担违约责任。具体流程如图 8-16 所示。

8.4　其他文化金融产品的应用

8.4.1　艺术品证券化产品模式

8.4.1.1　艺术品证券化的定义

艺术品证券化是把原本流动性弱的艺术品转变为能产生现金流的艺术品产权，由专门的机构评估价值后进行资产证券化并发行，其实质上就是将艺术品以证券资产的方式进行投资。随着高净值人群财富的逐渐积累，艺术品投资成为了资产配置的热门选择，艺术品本身具有审美价值，在市场上流通时又具有经济价值，艺术品证券化逐渐成为文化金融领域一个重

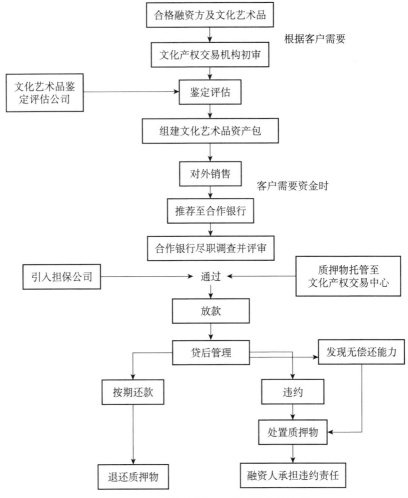

图 8 – 16　"艺金通"文化金融产品流程

要的投融资载体。

8.4.1.2　艺术品证券化交易模式

我国艺术品证券化模式主要有两种：艺术品基金和艺术品份额交易。艺术品基金一般有艺术品组合投资、艺术家信托投资、艺术品对冲投资三种模式，艺术品份额交易一般有类证券化交易和产权交易两种模式，如图 8 – 17 所示。

（1）艺术品基金模式。

艺术品基金模式是以艺术品作为投资对象，以合伙企业或公司制的形式筹集资金进行投资，其后进行一系列的推广宣传使得艺术品本身价值得到增值，进而获得投资收益。我国艺术品基金首次出现是在 2007 年，民

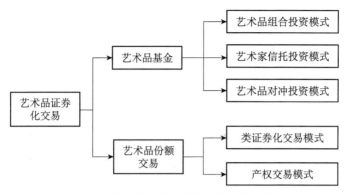

图 8 - 17　艺术品证券化交易模式分类

生银行发行了"非凡理财·艺术品投资计划 1 号",之后越来越多的公司、银行都发行了艺术品基金,比如"和君咨询"发行了"和君西岸"艺术品基金、上海泰瑞发行了红珊瑚一期等。此后艺术品基金进入快速发展期,各大艺术品投资公司纷纷参与其中,艺术品信托也不断涌现。

（2）艺术品份额交易模式。

艺术品份额交易是指对单一艺术品或特殊艺术品按照估值价值进行拆分并份额化,投资者可以像购买股票一样进行申购或者竞价,从而拿到相应的份额,之后如果艺术品升值,则对应份额的权益获得收益,如若贬值,则承担亏损。2009 年,上海文交所和深圳文交所成立,此后各地文交所也纷纷成立,部分激进的文交所积极创新并发行艺术品份额产品,比如,2010 年成都文交所发行了"汪国新·朋友"和"翰墨长安",同年深圳文交所发行了"杨培江美术作品 1 号",2011 年天津文交所发行了《黄河咆啸》和《燕塞秋》,自此开启了艺术品份额交易的实践。虽然艺术品份额化交易的创新思想值得推崇,但似乎前期的准备不足和产品的设计天生存在缺陷,因此成了文化金融前进道路上典型的反面例子,尤其天津文交所的《黄河咆啸》和《燕塞秋》两幅画作的份额交易更是掀起了文化艺术金融领域的轩然大波,这一事件直接导致文化艺术品的金融创新几乎停滞,该案例在后面章节我们将全面阐述,以期引起警示。

8.4.1.3　艺术品证券化融资特点

（1）门槛相对较低。

艺术品证券化交易门槛低,交易方便。艺术品投资本身属于高门槛的投资门类,即要求投资人具有一定的艺术价值鉴赏能力,而且大部分艺术品价值高、难保存,且投资期长,投资者除了要付出资金外,还需要付出时间和精力对其进行管理和保护,所以艺术品投资的市场交易并不活跃。

由专业机构参与并推出的艺术品证券化能够很好地解决上述问题，只要是对艺术品感兴趣的人都可参与并进行投资，这种交易模式打破了传统艺术品交易流动性不足的僵局，而且有利于文化艺术品的融资交易，真正体现了"文化艺术＋金融"的融合。

（2）流程相对专业。

成熟的艺术品证券化产品一般在鉴定、评估、保险、托管、公证等环节的制度设计上均要规范和专业，同时还要拥有专业的艺术品鉴定专家，参与的各中介机构包括鉴定中心、保险公司、律师事务所、收藏家协会、银行、评估协会等联合起来也要保证交易的专业和真实性。与此同时，艺术品证券化交易产品在上市时，所有公告都必须在第一时间公布在官方网站上，最大程度接受各类参与者尤其是投资者监督。

当前艺术品证券化在我国正处于黄金发展期，2021 年北京工艺美术品交易平台、上海文化产权交易所等艺术品证券化基础设施平台陆续成立，中信建投等单位打造的文化产权交易平台也将上线，把艺术品的实物交易提升到产权交易，再将文化艺术品资产支持证券实行保险公司担保后公开进行发行，整个文化艺术品证券化的支撑体系逐渐完善，艺术品证券化正在成为文化企业融资和民众理财投资中的一种重要选择。

8.4.2　知识产权证券化产品模式

8.4.2.1　知识产权证券化概况

通常一些融资主体，如高科技企业、文化创意企业或其他创新型企业，将其拥有的知识产权或其专利，授权到有证券发行资质的证券公司、信托公司等机构，发行主体再以该知识产权及其未来收益作为底层资产进行证券发行，并经资产担保、信用增级等中介机构参与支持，在为市场提供投资产品的同时帮助融资主体成功实现融资。知识产权证券化的最大特征是能够在取得融资的同时保留对知识产权的自主性，即在证券化交易后，发起人仍可保有并且管理知识产权。这种特点对发起企业特别有意义，因其在取得资金融通的同时，还能对知识产权进行进一步改良或应用，持续提升其内涵价值。知识经济时代，无形资产在企业资产价值尤其是文化创意企业中的比重不断提升，知识产权逐渐取代传统的实物资产而正在成为企业核心竞争力所在。根据相关专业机构的调研评估，当前全球知识产权价值高达 1 万亿美元，知识产权相关产业在世界各国的经济中所占比重也越来越大，知识产权证券化的前景非常广阔，未来必将成为文化产业证券化融资领域的主力军。

8.4.2.2　知识产权证券化融资流程

知识产权证券化参与主体包括原始权益人、计划管理人、托管银行、信用担保机构、交易结算公司等，其融资流程一般包括：首先由知识产权所有者，即原始权益人、发起人将知识产权未来一定期限的许可使用收费权转让给知识产权计划管理人所设立的特设机构（SPV）；其次由 SPV 聘请信用评级机构进行证券计划发行之前的内部信用评级，SPV 根据评级的结果和知识产权原始权益人的融资需求，采用相应的信用增级技术，如增加担保资产或缩短证券发行期限等，适当提高或增强拟发行证券的信用级别；再次由 SPV 向意向投资者发行该知识产权支持证券，以发行收入向原始权益人支付许可使用收费权的购买价款，此时的相关款项需存入指定的收款账户，由托管人负责管理；最后，托管人按期对投资者还本付息，并向聘用的信用评级机构等中介机构付费。一项完整的知识产权融资计划的交易结构流程如图 8 - 18 所示。

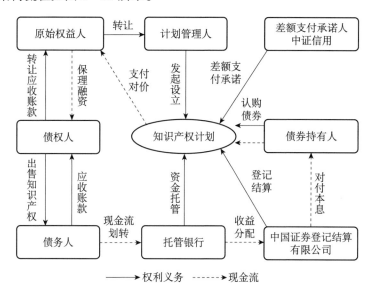

图 8 - 18　知识产权证券化融资交易结构流程

资料来源：根据公开资料整理绘制。

8.4.2.3　知识产权证券化融资特点

第一，具有杠杆融资效果。知识产权证券化的典型优势是可以增加文化产业部分无形资产的价值流动性，扩大融资渠道和规模。而且在知识产权证券化过程中，一般会有信用评级机构、担保机构等的介入，增信措施的设置可以增加整个融资项目的信用，从而降低融资难度。

第二，具有风险分散作用。文化企业若自行筹集外部资金往往使企业自身面临较大风险，一方面来自项目本身，如延期、违约风险、权利纠纷等，另一方面来自外部，如政策突变、外围激烈竞争导致文化产品利润不及预期等。面临诸多风险，提供资金的融资机构往往会望而却步。然而，知识产权证券化对风险进行了有效分散，把企业自身需要独自承担的风险转嫁给全体意愿投资人、增信机构、中介机构等一系列资产服务机构。知识产权证券化项目正是利用了金融市场可以分散风险的特性，把知识产权资产转化为有价证券在金融市场流通买卖，把风险分散转移给可以接受的投资者或机构。

第三，增强文化企业核心竞争力。与转让知识产权的所有权而取得资金不同，通过发行知识产权证券化产品进行融资，并不会使文化企业的核心资产旁落他人。用此方式成功融资的同时可以使知识产权的效用价值不断提升，增强文化产业尤其是中小微文化企业的核心竞争力，这对文化创意产业及其他内容原创性产业也是一种有效的融资激励模式。

第9章 文化产业投融资运作与平台搭建

文化产业的跨要素融合发展离不开金融资源的有效支持,但目前我国文化产业投融资体系建设仍处于探索发展期,单一金融机构的支持力度还远远不够,因此,健全文化产业投融资体制机制是加速推进文化产业融合发展的迫切需求。文化产业经过与科技、互联网、人工智能、制造业、农业、体育、教育等要素的融合后,原本的单一产业业态及结构已然升华为文化融合的新型商业业态,这时就需要建立文化产业的价值流转以及资本运作平台,以助力文化融合资源的价值变现及要素的交易流转。本章从文化产业投融资出发,探讨影响文化产业投融资的驱动因素,同时介绍文化产业投融资平台的内容建设及服务文化产业要素流转和价值实现的文化产权交易、文化资源鉴定评估、文化创意设计等平台的构建,最终落脚到从融资渠道、资本整合和资本退出机制等方面的文化产业投融资运作设计,对发挥金融支持文化产业跨要素深度发展起到路径引导作用。

9.1 文化产业投融资影响因素

9.1.1 文化产业投融资的阶段特征

第一,**当前文化产业投融资市场正处于整体向好的趋势**。在产业政策的主动调整下,2020~2021年我国文化产业投融资市场仍保持着持续回升的态势,正在迈向高质量内涵式发展阶段。2021年我国文化产业融资次数为1 058次,同比增长21.2%,高于2019年水平的12%(见图9-1)。

第二,**文化产业投融资市场更青睐数字文化业态**。当前我国经济增长模式正处于换挡调整期,文化产业发展模式在新的政策导向下也发生了深刻的变化。2021年以智能化、虚拟交互为题材的文化产业融资项目数量

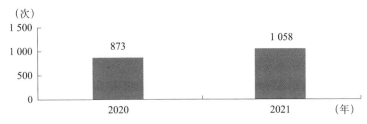

图 9 – 1　2020 ~ 2021 年我国文化产业融资次数

资料来源：根据《中国投融资发展报告（2021）》整理绘制。

增加明显，占比超过总数量的 25% 。①　其中，文化企业通过沪深股市股权再融资获得的资金主要用于文化科技项目的开发，有超过 70% 的项目将融资资金投入到了 5G、VR、AI、高清视频、新一代媒体服务与大数据平台等领域，以数字化、科技化为核心特征的文化业态不仅是文化产业跨要素融合的主流趋势，更是金融资本较为青睐的投资目标。②

　　第三，文化产业投融资市场的监管愈发趋严。随着文化产业在国民经济中比重的提升，文化产业提供更为优质的产品和内容，需要引导资本更有效地对接，这就对资本在文化产业投融资中提出了更高的、有别于其他产业投资的要求，使得文化产业的投资必须更加精细化。此外，我国经济的下行压力增大，对于中小规模经营为主的文化企业来说，融资将变得更为艰难。所以，首先在政策方面要加大扶持力度，积极探索政府引导式投资基金，重点服务有良好发展前景的创新型文化企业；其次在文化企业层面要积极融入大数据、智能交互等新型科技手段，准确把握消费升级的趋势，研发具有市场独创性的文化产品，吸引投资者；最后对于 VC、PE 等投资方要把握产业发展趋势，聚焦拥有核心竞争力的文化企业，考察企业的经营战略和业务布局，注重投资后的进一步管理，健全对文化企业投资的资本退出机制。

9.1.2　影响文化产业投融资的驱动因素

　　随着"文化强国"战略的持续推进，资本通过多渠道陆续涌入文化产业，呈现出国资、民资、外资百花齐放的局面。但是我国股权投资尚处于发展初期，很多投资的经营绩效尚未验证，加之对于文化产业投融资的平台建设尚不完善，资本与文化企业的对接会产生阻碍。故而要加大对投融资平台的打造，以行业共同体为基础，以驱动因素为推动，形成动态机

---

　　①②　资料来源：《中国文化产业投融资市场报告（2021）》。

制，优化资源配置，促使文化产业与投融资平台通过市场这个润滑剂实现有机融合。

9.1.2.1　文化企业对利润的追求

文化企业谋求生存发展就必须创造出高于行业平均的超额利润，而要想获取超额利润就必须提高产品的科技含量与实用价值，为此文化企业必须设计研发出更受消费者喜爱的文化商品，这一系列的过程就需要资本的支持，而当企业自身资本有限时就需要积极融入外部资金，进而文化企业的生产活动将对产业的形成与发展起推动作用。其一，传统的文化市场趋于饱和，成熟产品带来的利润开始下滑，此时企业需要进一步的创新与转型。其二，企业追求利润最大化的过程中，也实现了产业的自身发展，尤其是与其他要素结合形成的文化创意融合新业态，因其良好的前景和潜在利润，也会吸引大批资金主动涌入。

9.1.2.2　居民对文化需求的提升

繁荣发展文化产业是提升国家软实力的重要途径，自党的十八大以来，从国家到社会再到家庭，加强文化素养建设已成为共同的价值追求。同时，社会经济水平不断提高，居民对文化娱乐的需求也不断提高，消费结构中文化娱乐消费所占的比例也逐年增加。比如，到 20 世纪 90 年代，我国四大名著国产原创类型文化影视作品的播出曾掀起一波追捧热潮，再到新时代，《战狼》《长津湖》等爱国主旋律影视作品的热播更是增强了国人的文化自信，民众对文化作品的需求一直处于升级变化之中。关于对独特性、创新性文化产品的追求，在快节奏、短期高回报的利润驱使下，曾有部分文化企业通过抄袭、模仿等手段进行文化产品生产，导致产品同质化现象严重，但这种模式不能长久，消费者会产生审美疲劳转而追求原创性、个性化的文化产品。2021 年我国居民可支配收入达到 3.51 万元，与之伴随的是人们对文化生活服务质量需求的不断增强，对于餐饮、旅游、休闲等方面的消费更加追求服务的质量，对于文化产品更加注重精神内涵的嵌入。所以，来自这些层面的文化需求提升必然会导致文化产业的发展转型，致使文化产业的投融资需求进一步提升。

9.1.2.3　政府对文化产业的引导

政府对文化产业的引导支持对于驱动文化产业的投融资起到重要作用。由于我国文化产业发展的现代化程度较低，文化企业资金力量薄弱，文化产业链的延伸或转型升级缓慢，所以需要各地政府对文化产业的发展加以扶持。一方面，政府可制定符合当地实际的产业发展政策，推行对文化创意企业的税费优惠，积极引进行业发展人才，引领企业管理者的创新意识，从侧面对文化企业的发展起到扶持作用，培育有利于企业发展的土壤，从而吸引金融资本对文化企业的投资。另一方面，政府要为文化产业投融资平台的构建出台相关的激励政策，尤其在人才培养、基础建设和营商环境等方面做好保障。因为基础设施是文化产业能够快速发展的前提，但基础设施投资规模大，经济效益差，且投资周期较长，这就意味着前期政府要真正起到投资引导的作用。

9.1.2.4 投融资机制的市场化运行

健全的市场机制不仅可以维护文化产业投融资平台正常运行，而且可以帮助文化产业投融资平台可持续发展。市场机制是投融资平台与文化产业一体化运行的主要传导机制，文化产业通过投融资平台不仅可以促进自身发展，而且可以对资源进行优化配置，文化产业与市场机制的不断融合需要一个过程，依托高效的市场机制运行，文化产业可以突破固有的条件限制，降低交易成本，提高竞争优势。

9.2 文化产业投融资平台建设内容

9.2.1 文化产业投融资平台的管控模式

过去很长一段时间内，地方政府投融资平台是我国经济增长最为活跃的推动主体，但受 2008 年金融危机的影响，以及随后我国经济开始步入中低速发展阶段，政府融资平台是否有过高的风险成了社会关注的焦点。过度负债的投融资平台形成的风险是多元化、多角度的，结构不健全、政企不分、政资不分、融资情况透明度低、渠道单一、资本运作不规范等问题，使得其诟病百出。而关于政府投融资平台的改革，理论界和实务界也给出了诸多建议。事实上，政府并不适宜直接充当产业运作者，只能以监督与管理者的身份授权投融资公司（平台），代替自己充当股东并按市场化原则运作产权，这样就可实现"政企分开""政资分开"，进而形成"政府—投融资平台—目标产业投融资"的管理体制。

文化产业政府投融资平台可借鉴控股投融资公司的管理模式，通过资本金注入、相互制约和追求平衡的管理措施对文化产业投融资发展提供有力保障。首先，资本金注入是指专项资金、土地、税收等充实投融资平台资本金的渠道。政府可以将每年的文化产业专项资金拿出一定的比例投入投融资公司（平台），部分国有文化企业的土地资本等资产也可转给投融资公司，再加上免税等措施，增强和壮大文化产业投融资公司的资本实力和信用。相互制约和追求平衡是文化产业政府投融资平台有效防范经营风险，实现市场化可持续运作必须严格遵守的经营原则，其中，相互制约是为了防止出现政企不分、政资不分的矛盾，追求平衡是指投融资公司的现金流投入与资金来源实现平衡。

只有具备完善的商业模式，文化产业才能成为国民经济支柱产业。然而纵观文化产业的现状，小而散，多而弱，商业模式如凤毛麟角，与金融接轨乃一厢情愿。因此，政府有责任为文化经济的腾飞进行战略规划和科学引导，用新的商业模式去跨行业、跨领域、跨地区进行文化资源整合，既能向外界输出核心价值观，又能为优化产业结构起到积极作用。实现这一思路的有效做法就是在投融资平台基础上实现文化产业的集约化发展、资本化运作以及文化品牌打造。

第一，集约化发展。集约化发展的典型模式就是文化产业园区的构建。文化产业园区项目聚集规模越大越快，越容易形成上下游贯通的产业链，越容易形成市场规模效应。因此，在文化产业政府投融资平台的构建中要加快推进文化产业园区的建设，并且园区一定要形成一个完整的产业链，提供市场主体、客体、交易环境、内在机制、市场规则等完备系统，营造出良好的市场氛围。

第二，资本化经营。根据当前资本运作的模式和效应分析，必须建立金融资本支持文化产业发展的长效机制，并按照"政府引导、社会参与、专业化管理、市场化运作"的方式设立文化产业投资基金，通过投资引导推动重点项目和优势企业做大做强。文化产业投融资平台本身就属于一种创新手段，其运作管理之所以要采用资本化经营模式，是因为资本化经营能以平台运作的价值最大化为目标，为投资方产生运作收益，由此才会吸引源源不断的资本涌入。此外，将资本与管理运作分开处置，引入专业化的运维人才进行投融资平台的管理与运作，资管分离，增强平台管理者的责任感，提高自身的决策能力。与此同时，资本化的运营可以有效调动平台业务人员的积极性与创造性，从而使文化投融资平台发挥更好的作用，满足文化企业的融资需求，为企业的生存发展、业务扩展以及产品制造提供资金支持。

第三，品牌化推动。文化产业投融资平台的运作经营中要注重品牌化的建设，品牌化的塑造可以提升投融资平台的影响力，在信息高度透明化的时代，资本的逐利会诞生出不止一个产业投融资平台，它们之间会相互竞争抢占市场份额。而品牌化的推动会让平台吸引到更多的投融资方，获取到更多资源。在投融资平台的品牌化打造中，要注重以下几点：一是注重引入投资方与文化企业的质量，要加大对投资公司资质的甄别，同时要加大对文化企业的审查，防止企业获取融资后卷款跑路。二是要注重别具一格的平台建设特色，例如对投融资平台进行多模块化设计，细分投融资方的资金量需求与投放领域，利用大数据手段自动匹配各自情况提高融资成功率，让自身平台具有不同于其他投融资平台的特点，形成品牌化的优势。三是提升推广营销力度，在平台建设前期可以加大在互联网上的宣传推广，并深入文化企业进行平台宣传，促使更多投融资方进驻平台，降低信息不对称对文化产业融资的风险影响。

9.2.2 文化产业投融资平台运营的关键环节

要构建一个合格的文化产业投融资平台需要各类资源的支持，以及具备"三公"原则，目的在于满足客户多样化、个性化的需求，提供有效率、有秩序、有个性的服务。

9.2.2.1 合理估值文化产业资源

文化资源各有千秋，没有统一的标准去分类衡量，并且在评估文化资源的过程中，持续期比较长，阶段性特征明显，因此对文化资源价值或文化产业项目的评估是一个棘手的问题，相应地，如何依此健康运行文化产业投融资平台也是个难题。因为投融资平台中的资金融入方与投资方对于文化价值的评估可能存在差别，例如当文创企业研发打造出一款IP产品还未投入市场，则需要从预期市场需求出发进行产品回报的预测，需要对文创产品的受众对象、利润价值或发展前景进行精准的分析，这对于没有前车之鉴的创新型产品来说有较大难度，一旦产品的销售达不到预期会让投资方蒙受损失，很多资本不敢轻易出手，文化产业投融资平台便不会产生需求，从而给平台的建设与持续经营带来一定难度。

9.2.2.2 缓解文化市场主体融资矛盾

文化产业的融资主体主要以中小文创企业、影视企业为主，这些企业最大的特点就是缺乏实体化的资产，主要以知识产权之类的无形资产为主，这些无形资产难以精准估值，从而造成企业难以顺利获得融资。同时，中小文化企业由于受到自身资金量的限制，不愿增加成本引入先进的企业管理理念，其财务制度、内部治理、产品生产与经营管理一般不够规范，容易增加投资方的风险。此外，前面分析也已指出，大部分金融机构并没有专门为文化企业融资评估服务的业务，也意味着很难准确地评估文化企业的风险。基于这些问题，不管是政府投融资平台还是文化产业的业务主管部门，应将关注点放在如何规范中小文化企业的公司治理、提高文化创业者的经营管理能力，以及选择公允合理的第三方文化资产评估机构，以便众多文化产业的投融资需求方能够达到各类投融资平台或金融机构的融资门槛。

9.2.2.3　坚持政策引导与市场机制有效结合

在平台运行中，关键的问题是政府如何运用政策进行引导，使平台与市场有效地契合。文化产业的融资过程中，政府导向起着重要的作用，但平台又要与市场有效地契合，充分发挥市场机制，如何协调这种关系，也是平台建设过程中应该改进和提高的内容。所以政府应首先协同有意向的投资基金与文化企业代表进行投融资平台建设的思路构建，形成一套平台体系搭建方案，政府可参考此方案来提供相关环节上的一系列政策支持。在投融资平台运营之后，主管部门应建立专门小组时刻关注文化产业的需求与平台运营中产生的问题，不断更新推进政策方面的引导，确保投融资平台能为文化产业的发展带来真正的融资难题化解。

9.2.3　文化产业投融资平台的发展方向

9.2.3.1　强化平台融资服务建设

一是建构与培育完善的文化产业投融资平台支撑体系，主要由金融投资支撑、文化资源支撑和运营管理支撑三个方面构成。在金融投资支撑方面，主导方要积极引入政府投资基金、私募股权基金等投资方进行平台的投资建设，各方要制定好投资资金的融入模式以及最后的资本退出方式。在文化资源支撑方面，政府以及文化企业要深入挖掘当地可以产生经济价值的文化资源，对文化资源进行包装改造与多渠道推广，融入文化产品。在运营管理支撑方面要引进新型文化科技人才，在实践中学习、在学习中创新，以品牌化思维动态全面确保平台运营的质量。二是进一步建构文化资源资产证券化的创新发展体系。文化资源的证券化打造可以采用供应链模式进行创新，引入金融机构、担保机构与文化产业链的上下游核心企业，探索证券化的创新设计方案，将中小文化企业的信用风险逐级分解给核心企业，积极引入第三方服务机构进行资产评估与法律咨询，解决文化资源风险难以量化的问题，通过证券化方式使文化产业上下游和投资者多方获利。三是不断完善平台的综合服务产品与内容。文化产业投融资平台可以多渠道、多角度去深化自身的业务内容，包括优化投融资合作过程中的受托服务、文化资产方面的托管业务、文化资源的处置业务、文化产业招标采购服务以及综合平台的其他创新业务，不断提高自身投融资服务能力。

9.2.3.2　协调平台管理的适配性

文化产业投融资平台的建设要紧跟时代发展步伐，不断地提高管理创新能力。一是坚持创造平台的公信力，二是坚持平台运作过程中的透明化、公开化、信息化，三是打造自身的信息管理体系，将数据平台与"互联网＋"相联系，更好地实现风控管理。平台有着强大的管理能力，意味着良好的整合资源能力，文化产业投融资平台可以将银行、证券、保险等各方支持体系融入平台，这势必可以提高业务创新能力，满足市场多样化、个性化的需求。

市场对文化的需求不断提高，是文化产业投融资平台创新需求的原动力。平台的运行机制与运营能力要相匹配，即平台的运营能力要符合平台目前的现状，即平台的创新是基于一定的运营能力之上的。目前市场上很多平台运行不畅，并不是创新能力不足，而是平台自身的运营能力不足以支撑其创新。因此，文化产业投融资平台要求适配性，不能一味地追求创新。在未来，文化产业投融资平台会更加强调平衡与适配问题，运营能力和创新能力需要相互支撑，相辅相成，形成有机的整体。

9.3　文化产业价值实现的三大平台

根据经济学一般原理，任何产业的价值实现都离不开高效精准的资源市场建设和服务，文化产业的跨要素融合发展需要有资源挖掘、创意设计、鉴定评估、版权保护、金融服务等一系列中介机构的存在，但更需要这些机构在一个稳定的体系中实现它们的资源、服务的流转和价值转换。当前，系统研究文化产业价值实现的文献还较少，但有关单一的文化创意设计、文化产品鉴定评估、版权保护以及一些关于文化服务平台搭建的研究文献较多，一些政府机构、文化企业也都有针对文化资源要素某一市场领域的构建思路和建设内容思考，因此，本节考虑将这些文献以及政府、企业的行为进行整合，以期通过"三大平台"的搭建为加速推进文化产业跨越发展提供有效服务和支持，如图9－2所示。

第一，构建文化产权交易平台。文化产权交易市场的设立主要体现在信息聚集、价格发现、资本配置、中介服务和制度规范等功能。我国已经在上海、深圳等地设立了综合性文化产权交易所以及其他特色文化产权交易平台，但整体而言该市场仍处于起步阶段。监管不到位使整个文化产权

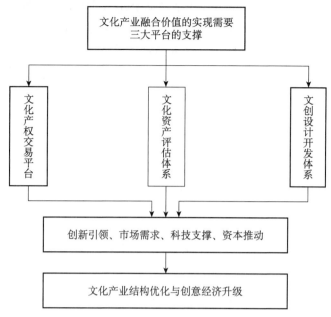

图 9-2　文化产业价值实现的"三大支撑平台"

交易市场权责不明，因此有学者对文化产权的监管问题进行了研究。比如，廖继胜（2013）指出，文化产权交易市场监管中存在多方利益博弈的现象，从各地方再到各文化产权交易所均表现出不同的利益追求和效用目标，各方之间相互博弈和理性选择的结果造就了文化产权交易市场有时难以健康有序地发展，而且政府在其中一般起关键的主导作用。江哲丰（2014）进行研究后认为，政府在加大金融支持文化产业发展力度的同时，应该建立完善的文化产权交易体系，政府部门需要发挥协调和宏观调控的职能，同时要加强文化产权交易市场自我监管体系，建立行业标准，注重发展专业人才。具体实践中，文化产权交易市场的建设应该采取"政府主导、社会参与"的方式，通过提升中介服务功能和制度规范管理，强化文化项目辅导、培育和政府增信，打造"公开、公平、竞争、有序"的文化资源要素交易。

　　第二，构建文化资产评估体系。胡晓明和陈阳（2014）对文化资产评估的情况进行了分析，他们认为我国文化资产评估存在评估标的物的相关参数难以准确获取、评估对象和范围界定不清和不统一的量化标准等问题，因此要构建这个平台要从多方面来探讨，该研究给出了解决文化资产评估相关参数获取的方法是建立一个公允的市场化文化资产数据库，通过数据库的整合达到获取准确数据的目的。而学者张亚青针对评估对象和范围界定不清等问题，给出的提议是在建立公允完整的数据库的基础上建立一个网络评估系统，按文化性质分类，细化其行业特性，这样能更准确地进行资产的核算。张毅（2010）则主要研究了如何统一资产评估的量化标准，他认为目前我国文化产业资产评估的理论研究不多，在对文化创意企业无形资产进行评估时，其评估目的是影响评估无形资产价值的重要因素，其盈利能力和经济寿命对评估值也有重要的参考价值。现有的常用于评估文化资产的方法中，实物期权法克服了传统折现现金流量分析法的缺陷和主观性，因而是一种较为客观的评价文化创意无形资产的方法。另外，也有学者从整个宏观层面研究了资产评估体系，比如，唐毅泓（2014）认为，文化资产具有多样性，各种不同文化资产价值影响因素的差异造成了文化资产的多维度特征，因此在对文化资产进行价值评估时，应当坚持把控共性、重视个性、合理分析的原则，围绕共性建立文化资产评估的维度，同时针对个性考虑各维度下的影响因素，其中包括财务因素和非财务因素。资产评估主要在市场维度、财务维度、时间维度以及消费者维度四个维度下实施，对每一个维度的财务与非财务因素进行相应的分析，特别是文化产品的附加值计算方面，对完善文化资产评估具有实践意义。不管是理论还是实践中，建立统一的文化资源、文创产品的鉴定评估标准都是比较困难的，这就需要我们政府部门或者国有企业牵头，尽快形成有区域影响、市场影响的资产评估以及产品鉴定的完整的科学合理的评估体系，至少做到评估指标、评估要素、评估方法等的公平化、公正化，进而体现被评估文化资源的价值公允性，为其交易流转提供客观依据。

第三，构建文创设计开发体系。文化产业融合业态的发展除了需要资源禀赋，更需要创意创新和设计开发。文创设计的基本精神应该是强调地域性和独特性，其中，"地域性"是指文化经济或文化产品的创意应当满足市场需求，才会有快速发展的可能性；"独特性"则是指不断寻求自己地域的特色文化，并将其融入文创产品的设计，关注地域历史典故，并分析消费群体的消费心理。进行地方文创设计的开发，第一步是要挖掘地方文化，并将其作为出发点，以文创设计为核心，进行文创产品的生产、销售，形成完整的产业链。在这一点上，很多博物馆就有长足的经验可以借鉴。比如，金青梅和张鑫（2016）研究发现，博物馆为了加强在文化市场的竞争力，将文化符号挖掘、产品设计、产品生产和产品销售四个节点串联起来形成一个完整的文化产业链，并与文化特色进行融合，赋予了博物馆文化产品新的活力和市场竞争力。此外，当前大多数文创产品还存在仿制现象，纪念品的开发也没有充分利用地域文化，研发人员和研发机制也较为紧缺，由于未能形成专利保护机制，也有部分仿制品遭受不断仿制，造成了市场的不正当竞争。因此，文创产品的开发要有适当的研发机制，并且加强自我产权保护意识，只有这样才能形成一个完整的文创设计开发体系。

9.3.1　文化产权交易平台

9.3.1.1　文化产权交易平台建设内容

文化产权交易的业务范围一般包括开展各类版权、文化专有权益、公共文化服务交易，为文化企业投融资提供咨询、策划，同时还向版权、著作权等衍生和创新的文化产权交易领域拓展，其功能体现在信息集聚、价格发现、资本配置、中介服务等方面。

文化产权交易公共服务平台起始阶段就应该定位为创新型平台，要结合当前互联网经济时代的特征，全面涵盖文化产业领域的 B2B、B2C、O2O 等商业模式，既包括传统线下场内的交易服务，也包括基于互联网与移动互联的线上体系建设，如图 9-3 所示。

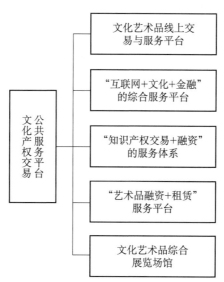

图 9-3　文化产权交易公共服务平台建设内容示意图

第一，打造文化艺术品线上交易与服务。依托文化产权交易平台建设新型文商交易系统，不仅能整合文化资源，也能融入全国市场，打造文化品牌。新型文商交易系统的建立，还有利于推动文化艺术品的交易，实现文化类企业股权、产权、著作权等权益价值的线上交易与流转。凭借高效信息发布和文化艺术品线上交易系统的建立，大范围征集交易者信息，充分发现市场价格，提升文化产权交易的效率，最终达到盘活文化资产的目的。

第二，提供"互联网+文化+金融"的要素服务。通过搭建互联网文化金融要素服务平台，开展互联网非公开股权融资、债权众筹、固定收益产品、资产管理计划、私募债、中小企业集合债等业务。文化产业要素集聚流转市场参与主体一方面可以通过"互联网+文化+金融"公共服务平台快速获取资金，另一方面在产品风险可控的情况下可以享受到投资门槛低、投资收益高及产品可转让等益处。

第三，建立"知识产权交易+融资"的服务体系。通过打造知识产权交易流转的重要平台，以知识产权积聚为基础，通过类银行运营机制解决数字化环境下的授权、许可等问题，实现知识产权流转交易。同时，知识产权交易流转服务平台也将成为相关企业无形资产重要的融资平台，实现知识产权资源的集中托管和集约化运营，形成规模经济效应。

第四，提供"艺术品融资+租赁"服务。艺术品融资租赁服务平台是艺术品资产化发展的重要环节，通过该平台为艺术品持有人以其质押并通过鉴定的艺术品标的发放短期流动资金的贷款业务。该平台让优秀的艺术品以租赁的形式面向普通大众，使得高雅艺术走进高端写字楼、办公场所甚至寻常百姓家，从而实现其经济价值、艺术价值和社会价值。

第五，打造一流的文化艺术品综合展览场馆。文化艺术品交易服务平台的建设必须依托于合法合规的经营场所，建设全国一流的具备美术馆、民俗馆、艺术馆功能的综合性一体式文化服务场馆，这样才能满足各层次、各市场、各阶段的文化艺术品交易参与群体。

9.3.1.2　文化产权交易体系功能

在专业性文化产权交易机构成立之前，绝大多数的文化产权转让都是借助相关协会组织或者私下进行的，缺乏规范化、常规化的交易平台，转让效率低下，难以充分实现价格发现功能。但是，在文化产权交易平台之后，可以利用信息发布平台和电子交易系统的高效性，大面积征集市场交易者，有利于市场价格的充分发现和文化产权交易效率的显著提高，进一步为包括风险投资在内的各类出资主体和社会资本进入文化产业提供便捷、规范、有效的服务和支持。

9.3.1.3　文化产权交易运营流程

根据《企业国有产权转让管理暂行办法》《企业国有资产交易监督管理办法》《中央文化企业国有产权交易操作规则》以及产权交易领域的相关法律法规，文化产权交易业务程序一般包括以下几个流程。

第一，受理转让申请。此环节有转让方、交易机构和受让方三个主体，转让方负责向交易机构递交文化产权的转让申请，待交易机构对其真实性审核无误后通知转让方，交易机构负责对转让方以及受让方的资质进行审查。受让方对自己所提供信息的真实性也要负责。第二，发布转让信息。待文化产权交易所审核完成后即可在网站公告转让信息，在此期间转让方不得更改内容，有意向接受转让的受让方可以根据网站公开信息进行了解与咨询，以便达成受让协议。第三，登记受让意向。当文化产权的受让方确有意向接受转让方的转让时，应该根据网站公示信息的要求在文化产权交易所提供材料并进行受让意向登记，以便之后签订协议。第四，组织交易签约。文化产权交易所作为媒介人要组织产权交易双方签订交易协议。第五，结算交易资金。协议签订完成后，交易双方要在交易机构的监督下进行资金的结算。第六，出具交易凭证。待文化产权的交易双方通过资金结算后，交易机构要对双方的交易提供产权交易证明。

9.3.1.4　建立文化产权定价机制

在实际的交易过程中，文化产权交易对象的评估价通常是交易的起点以及交易定价的参考，但最终双方交易价格的形成还有赖于后续的竞价过程。在真正的经济活动中，不同的交易对象往往拥有不同的定价机制。例如，一部分交易是依据买卖双方的供求情况，直接进行讨价还价形成的价格；另一部分交易则需要独特的场所和制度，如拍卖、招投标等。因为文化产权的交易标的自身具有特殊性，在进场交易之前，有必要设计特有的定价机制。设计这种定价机制的原则有：一是要让文化产权的潜在买方充分利用市场竞争机制表达自己的真实意愿，进而形成相对公平、市场认同度较高的价格；二是要建设健全文化产权交易市场的组织制度和信息发布机制，严格防范操控市场价格等违规行为，减少价格的暴涨暴跌风险。

9.3.2　文化资源鉴定评估体系

为解决艺术品经营市场准入前端的品质检测鉴定问题，确保产权交易服务平台的公正性和严肃性，避免或降低投资风险，为艺术品交易、融资、担保等提供重要的法律保障，应搭建文化艺术品检测鉴定公关服务平台，如图9-4所示。该平台主要承担艺术品鉴定工作，并提供珠宝玉石及贵金属、书画作品、陶器、瓷器、金属器及其他杂项等多项艺术品的鉴定服务，并从事艺术品分门类相关鉴定标准的研究，为文化产业要素集聚流转市场参与群体提供专业化的检测鉴定服务，推动文化艺术品市场的健康可持续发展。

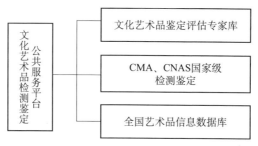

图 9 – 4　文化艺术品检测鉴定服务平台建设内容示意图

9.3.2.1　建设国家级检测鉴定实验室

实验室需配置基础检查、光谱检测、样品管理、仪器管理、文件管理等专业团队及标准化流程体系，达到对社会出具公证数据的检验机构的基础配备，具备向用户、社会及政府提供公正数据的条件和资格。

9.3.2.2　成立文化艺术品鉴定评估专家库

为配合文化资源鉴定评估平台体系的发展规划，应发起成立文化艺术品鉴定评估协会，协会由国家职业注册文化艺术品鉴定估价师、拥有无形资产估价资质的国家资产评估师、文物考古领域和司法领域中级以上职称的鉴定评估工作者、古玩收藏领域的资深鉴定工作人员，以及文化资源与资产，版权、专利、商标等知识产权方面及以上领域的学术专家、研究人员，相关研究机构和组织共同注册组成。协会面向社会提供文化艺术品、文化产权鉴定评估等服务，开展咨询、研究和学术交流活动，为鉴定评估行业的科学规范、健康有序发展提供服务。

9.3.2.3　制定文化艺术品鉴定评估行业标准

我国的艺术品鉴定评估行业中尚无官方的、统一的规范、标准或制度，目前行业内在鉴定和评估过程中，普遍采用的是专家评价法，该法往往单纯依赖行内专家主观经验为判断依据，缺乏科学化约束。为规范以往艺术品鉴定过程中以专家肉眼观察为主的传统鉴定方法，避免鉴定过程中出现"打眼"现象的发生，同时避免在评估过程中出现徇私舞弊等人为干扰，文化资源鉴定评估平台体系在建设过程中应参照书画纸（GB/T 22828—2008）、金锭（GB/T 4134—2021）等一系列国家标准，制定艺术品评估标准化流程企业标准、艺术品鉴定标准化流程企业标准、无形资产评估标准化流程企业标准，提升标准化工作的能力和水平；同时积极与质监局、标准化院所合作，争取将艺术品鉴定、艺术品评估标准化流程提升至国家或行业标准，推动鉴定评估行业科学化开展工作。

9.3.3 文化创意资源开发设计体系

9.3.3.1 创建文化创意产业基地

在当前我国全力推进文化产业建设的背景下，打造、建成一个具有文化属性、区域特性、品牌效应以及社会影响力的创新模式的一流文化创意产业基地显得十分必要。在资源、旅游、传媒、设计、时尚、艺术等创意领域，整合产业链条，深入产业内容，形成集视觉、听觉、触觉于一体，多感觉、全方位、立体化的创新型文化创意产业项目。以开放创新的姿态、发展共享的理念，与创意者们一同发展成为文创服务业领域"高端品牌化、时尚艺术化、国际多元化"的重要品牌。

9.3.3.2 打造文化产业众创空间

为加速创客成果转化，加强知识产权事业发展，凸显其在文化产业要素集聚流转服务平台项目中的重要作用，应积极打造具有文创特色的国家级众创空间。为广大有创意、有梦想的人提供设备、场地、资金及其他资源；为处于苗圃期、初创期的青年创新创业项目提供开放式工位、融资投资、技术培训、中介咨询等一站式服务，为文化产业发展提供最有价值的文化创意资源。

综上所述，同时根据文化产业要素的分布情况，我们迫切需要打造以建设文化产权交易服务体系、文化资产鉴定评估体系、文创资源设计开发体系为主要板块，集文化艺术品交易、文化艺术品鉴定评估、文化创意资源开发设计、文化产业投融资、文化产业政策发布、项目咨询投资、行业知识普及等服务于一体的综合性文化要素流转平台。通过与鉴定评估、创意工场、担保、保险、银行、拍卖、小贷、典当等多领域的协同配合，共同打通文化产业发展各个环节，最终形成创意工场研发生产、专业机构鉴定评估、产权登记托管、担保公司质押担保、拍卖公司拍卖处置的具有创新型模式的文化要素集聚流转服务体系。

总之，文化产业融合业态价值流转体系构建是一个系统工程，要循序渐进，不管是三个核心平台还是重要的金融服务中心，或是要素流转的产品载体，它们的整个建设过程都需要合理规范的操作流程，并且政府在建设过程中要及时发挥导向作用。体系的运行过程也要同样重视风险因素，建立风险监控部门，充分利用规范的风险监管和补偿机制，使得各类资本在文化产业投融资运营过程中发挥最大价值，并且为之后资本退出提供合理途径。因此，作为当前文化产业领域重要的参与主体，政府、企业、金融机构、监管部门等还需做好保障。政府要从文化要素交易的现实情况出发，完善文化产业相关法律制度，制定有针对性的法律。例如，文化产权交易法明确文化产权的交易规则以及交易各方享有的权利和应当履行的义务，对违规行为进行立法规定，彻底杜绝违规交易的出现；要持续扩大文化要素交易流转市场的参与主体，可以利用降低费用、提高交易配额等方式吸引更多参与者进入市场，促进要素交易流转市场的繁荣发展；要充分考虑所属地区的文化特色，积极推广本土文化资源，创建文化品牌，创新交易品种，对具有相同特征的文化资源进行归类，还可以依据投资者的偏好特征和需求情况，打造具有个性化的文化产品和产权项目；要建立多样性的风险预防和处理机制降低文化要素交易的风险，比如可以采用政府授信、保险补偿和担保公司担保等方式。另外，其他交易参与主体还可以建立与金融及保险机构的合作，以版权、品牌、创意、影视、动漫等文化要素交易为基础开发金融及保险产品，达到降低交易风险、保障未来稳定收益的目的，进一步增加投资者的市场信心。

9.4　文化产业投融资运作路径

文化产业融资面临的困难归纳起来主要有以下几个方面：一是文化企业自身规模局限导致融资难。我国文化企业整体发展起步较晚，市场主体规模较小，竞争力弱，专业化水平低。二是文化产业轻资产属性导致其难以对抗外部风险。文化企业的资产以影视版权、著作权、商标权等无形资产为主，这样会导致资产质量难以量化评估，易发生经营风险。由于缺少实物抵押品，一旦出现外部风险很容易面临资金断流情况。三是外部融资环境受限。在政策支持方面，融资配套服务体系没有及时跟进，所以要创新举措，促进文化企业主动设计文化融资项目，主动参与利用资本市场，灵活运用融资工具，同时发挥政府引导作用，积极设立文化产业的投资专项基金、政府引导基金或文化创意私募投资基金等。

9.4.1　推动跨领域合作

文化产业要主动与其他行业合作，寻求跨行业经营。政府应当在此过程中出台相关的政策与举措，打破行业壁垒，帮助文化产业跨要素融合体系的完善与发展。与此同时，依托文化产业投融平台的投资抓手，构建健全的现代文化产业体系，优化布局，发挥各自优势，发展文化产业集群。比如，主动发掘不同地区或不同城市的文化资源，将其整理发展为特色文化 IP，依托于此，打造本地区特色的文化经济。

此外，要瞄准产业价值链。产业发展的价值链一般包括四个部分，分别为产业价值链、供应商价值链、渠道价值链和买方价值链。企业间的竞争本质就是价值链的竞争，换句话说，文化企业的价值链是指一系列的文化价值创造流程，从生产和创造到最终产品和服务。文化企业经营管理中重要的一项就是价值链管理，其能很好地体现企业的效益。若能依托文化产业价值链分类，针对性地构建投融资平台，可以最大限度地利用竞争战略，做到投融资服务的针对性和精准性。

9.4.2　整合各类文化资本

文化产业的投融资市场不应该只有单一资本进入，应鼓励国有资本、社会资本和国外资本同时进入，形成多元资本的市场格局。文化产业被誉为最具有发展潜力的朝阳产业之一，许多资金都对这个还未被充分发掘的市场跃跃欲试，在政策的扶持和支持下，外资、民间资本等社会融资正大举进入文化市场，包括电影、电视、广播、报刊、图书、网络等文化细分领域。因此，为了促使文化产业投融资平台能够发挥其最大的经济效益，不同地区可以尝试设立特色文化改革试验区，实现地区特色文化资源和金融资源的充分利用及优化配置，建立一套有效的融资制度或商业模式，再逐步推广。

文化资本整合是支持文化企业在全球范围内分配生产要素和产品开发与销售的重要手段。例如，日本的索尼公司在 20 世纪 90 年代收购了美国的哥伦比亚影业和唱片公司、米高梅电影公司等影音巨头，被收购的哥伦比亚等文化企业已经形成适应于文化产业体系的整套生产运作模式，日本索尼公司也很少插手收购的美国公司的日常生产环节，只是为其注入更多的资本。同样的，外来资本进入我国文化产业的进程不断加快，其进入的方式也日益多样化，外商布局我国文化产业市场的方式主要有投资建设院线、参股、进行项目合作、提供硬件设施等。2011～2021 年，我国引资规模一直稳居全球前三位，2021 年我国实际使用外资 1.15 万亿元人民币，位居世界第二，较 2012 年增长 62.9%[①]，2021 年版的《鼓励外商投资目

---

① 2021 年 1 - 8 月，中国实际使用外资数据再次实现逆势增长！　[EB/OL]．http：//www.mofcom.gov.cn/article/tj/tjsj/202210/20221003363115.shtml.

录》中对演出场所的经营、文化旅游基础设施建设和信息服务都有大力支持，2022 年对于投资范围进一步扩宽，今后对整个文化产业的外商引资将促进产业的繁荣以及文化产业与其他产业的融合发展。此外，我国的个别地区也制定出相关政策进一步扩大外商对文化产业的投资，例如海南省就在电影院的建设和经营、动漫创作和制作及衍生品开发、娱乐场所经营、演出经纪机构、文艺表演团体等方面加大了外资进入的支持力度。

以 PE 投资电影产业为例，由于 PE 更青睐于投资较为成熟的行业，而影视行业近年来属于成熟度较高的行业，对于部分处于初创期的影视公司，其可以利用互联网在股权众筹平台进行前期孵化，等到公司具有一定成熟度后，PE 再进行跟进，广阔的发展空间和可观的投资回报促使大量的社会资本通过 PE 的方式涌入文化产业。除了投资单个的电影项目，PE 机构还会对影视文化公司股权以及影视文化行业上下游的相关公司进行投资，比如 PE 机构投资一部电影，从电影衍生出来的网剧、游戏、App 等收入也是相当可观的，PE 机构也会连带投资电影的相关 IP，使投资者在以后的 IP 开发过程中获得收益，打造"募投管退"四位一体的产业链模式。

9.4.3　设计特色文化融资项目

9.4.3.1　文化旅游融合项目的融资

文化产业投资成本高，但是周期较长，投入资金的回收不太容易，所以文化旅游的融合发展必须要有合理的商业模式，并且适当结合投融资，才能有效实现可持续发展。一方面，当前人们的消费方式开始向个性化消费转变，这是文旅产业的第一大行业机遇。人们从过去单单注重物质消费变成了物质与精神消费并重，行业发展因此有所不同。另一方面，热点领域可持续发展。文旅产业具有可持续增长性，它结合了教育、养老等多领域内容，能够有效平衡区域发展，缩小城乡差距，积极响应全面建设乡村振兴的战略理念。文旅融合项目投融资模式，包括设立游客服务中心、推进景区基础设施建设、"景区 + 人文景点"建设与保护等具有公益或半公益性质的项目等。构建该投融资模式还能促进文旅项目的商业化合作，以及利用资产证券化工具来解决项目的投资流动性等相关问题。

9.4.3.2　文化娱乐融合项目的金融支持

泛娱乐这些年开始衍生出兼顾多个领域的内容，包括音乐、文学、动漫、游戏等领域，诸如腾讯、阿里、百度等企业已经开始着力打造全产业化平台，这种以 IP 为核心的泛娱乐布局已经逐渐成为中国文化产业的发展趋势。泛娱乐的发展极其迅速，2016 年整体爆发后，开始向多业态发展，这种状态也让该行业越来越有生机，吸引了更多的金融资本进入，整体规模不断扩大。

首先，"泛娱乐 + 金融"，既有机遇又有风险。泛娱乐的核心为 IP 内容，与多个业态交错，囊括多种不同的领域。它可以通过复合路径进行传导，一些实力强悍的企业首当其冲（如 BAT 等）。金融和泛娱乐的结合主要有两个方面：第一，金融投资促进产业提升；第二，通过娱乐扩大金融品牌效应，实现品牌共振。关于第一方面，金融助力产业升级，主要包括文化产业基金领域和完片担保领域，两者分别以阿里影业和中国平安为代表，市场基金规模庞大，其中影视音乐方面占比较大。泛娱乐产业因为有了金融平台进一步创新提升，前景光明可观。关于第二方面，金融借势娱乐，整体形成了一种资本投资、品牌植入和娱乐营销三者相结合的典型模式。金融投资产品适时融入情节，广告和剧情无缝衔接，从而打造出受观众欢迎的品牌植入；对于联合推广，一个典型的案例是中国平安保险股份有限公司打造的主题营销——荣耀收获季，它通过电影《魔兽》进行精准营销，在提升流量的同时增加金融与客户的交流。

其次，泛娱乐成趋势，热门 IP 带动上下游产业链。近几年来，影视产业行情走高。而相应地，好的 IP 的变现能力也在逐渐增强。泛文娱财产各业态互动频繁，用户越来越愿意为优良内容付费。电视剧用户群体人数达到 13 亿人之多，然而电影受众群体人数只有 3.3 亿人。行业业态细分也有很大的差异，电视剧最受女性欢迎，有着58%的受众；而动漫则明显更加受男性欢迎，达到 69.0%；在游戏这一项中，超过八成受众用户都集中在消费力旺盛的 20～39 岁人群；数字音乐和动漫也吸引了更多的"95 后"关注。①

未来"泛娱乐 + 金融"模式会进一步展开，其融合发展将会呈现以下趋势：生态化趋势。通过公平有效的金融服务，企业将逐渐实现"大金融 + 大娱乐"的融合模式，资金技术与流量资源互惠互利，实现双赢。专业化趋势。专项文化产业基金因其投资退出渠道宽松、回报周期短而渐渐步入投资主流。定制化趋势。需求决定供给，只有顺应娱乐用户需求的金融产品才是大势所趋，逐步向定制化、多元化的方向发展。但同时泛娱乐产业也产生了一些危机。泛娱乐因为有了金融的资本渗透实现了形式创新、业态联动，同时金融行业因为泛娱乐的加持明确了投资方向，两者互

---

① 资料来源：《2021 年网络视听发展报告》。

利共赢。但行业融合终究是一把双刃剑，资本持有者要在这把双刃剑上找到盈利平衡点，合理应对机遇和风险。

9.4.4　发行特色文化债券融资

2017 年发改委推出的《社会领域产业专项债券发行指引》中指出，专项债券融资的创新方式应当被积极应用于文化领域企业，该政策表明了政府引导实体经济发展、鼓励企业创新的意图，但文化企业仍要通过其自身的探索创新来找到符合其产业特点的发展方式。企业专项债券的发行规模没有上限，是一种在特定项目使用募集资金的债券。我国已有 10 多种企业专项债券，它从 2015 年正式推出就在资本市场备受青睐。专项债券鲜明地表达了政府对某种领域的政策引导意图，服务社会实体经济、拓宽相关领域融资渠道等都是产业专项债券所具有的功能。

企业专项债券的优势明显，诸如利率低、投资期限长等。但总的来说，由于轻资产属性和债券较高的申请条件，文化企业在该领域不太受到重视。我国年主营业务收入 500 万元以上的文化产业企业可以称为规模以上企业，相对于工业领域 2 000 万元的标准，文化产业领域规模较小。对文化企业来说，最简单直接的方法是无形资产证券化，其中以"鲍伊债券"最为典型，国外摇滚明星鲍伊在 20 世纪 90 年代资金周转不济，无奈之下选择与某公司合作，发行了鲍伊债券这一资产证券化产品。它的增信方式很独特，是由鲍伊的唱片公司作为担保，该债券的发行利率比当时美国十年期国库券都要高，它以鲍伊之前的音乐专辑作为基础资产，用未来收益和版权费等来还本付息，偿付十年，规模达到了 5 500 万美元。我国这方面还处于发展阶段，由于无形资产的行业、时效等条件特殊，第三方评估机构积累的权威数据和价值评估方法尤为关键，无形资产抵押质押还需要不断总结完善，在实践中逐渐将操作流程和评估标准规范化。

9.4.5　健全资本退出机制

金融资本投资文化产业的根本目的是要实现资本收益，最关心的其实是资本的退出渠道。根据资本市场运行规律，资本退出一般包括 IPO、并购、回购、破产清算、协议转让等方式，通道路径则是证券交易所、产权交易所、股权交易中心，或是股权转让、资产证券化等运作模式。

文化产业融合发展及其投资的特征是投入大、专用性强和沉淀成本高，各类资本仅凭借自身运作难以顺利退出，因此需要政府健全多层次资本市场体系建设，除此之外，还应该不断优化金融资本投资的市场环境，创新投资方式，实现资本有序、方便地进入和退出。只有不断丰富和完善资本的退出方式，确保资金有序、顺利流动，才能够更好地引导各类金融资本投入文化产业及其融合业态，实现良性循环。

第 10 章　金融支持文化产业融合发展的案例实践

10.1　文化艺术品证券化的融资尝试

10.1.1　"盛世宝藏 1 号保利艺术品基金"融资模式

10.1.1.1　项目简介

"盛世宝藏 1 号保利艺术品基金"是我国发行的第一支信托型艺术品基金。[①] 该基金是由中国建设银行发行,建设银行负责产品的托管和销售,国投信托负责管理,保利文化艺术担任投资顾问。和传统的艺术品信托投资一样,发行方购买一批画作,到期后由藏家按照当期价格回购或者由拍卖行进行拍卖,交易完成后投资者可以从发行方手中获取收益。具体发行情况如表 10 – 1 所示。

表 10 – 1　　　　　"盛世宝藏 1 号保利艺术品基金"发行情况

产品名称	盛世宝藏 1 号保利艺术品投资集合资金信托计划
产品类别	100% 本金保障固定收益型产品
信托规模	4 650 万元
资金运用	投资艺术品
是否可提前终止	是
是否可转让	否
资金配置方式	到期还本付息
信托期限	18 个月
投资金额	50 万元起
到期收益率	7%
支付方式	到期一次性结清

资料来源:理财产品花样翻新 私人银行新招揽客 [EB/OL]. http://www.jjckb.cn/caijing/2009 – 09/04/content_179053.htm.

---

① 资料来源:根据高门槛难挡艺术品信托投资热 [EB/OL]. https://www.zyxt.com.cn/News/detail/fid/3/cid/78/classid/17/id/4914.html. 整理分析。

10.1.1.2　组织结构

根据相关法律规定，信托基金的资金要由第三方银行托管，基金的管理主要由信托机构负责，也就是由基金的管理人负责，基金的发行、合约的签订、资金的管理都由其负责，同时信托机构必须配合投资顾问，投资顾问提出的投资建议由管理人具体实施。而运作人主要负责与艺术品有关的事宜，通常是比较著名的文化艺术机构，在艺术品的估值、鉴定、储存、保管等方面必须专业。

"盛世宝藏 1 号保利艺术品基金"的相关参与主体有投资人、托管人、管理人和运作人，投资人只负责投资并不参与管理，主要参与管理的是除投资人以外的托管人、管理人和运作人，基金运作模式和管理架构如图 10-1 和表 10-2 所示。

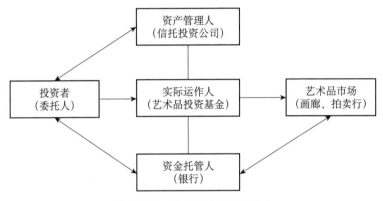

图 10-1　艺术品基金运作模式

表 10-2　　　　　　　　"盛世宝藏 1 号保利艺术品基金"管理架构

参与主体	机构名称	机构简介	基金管理职责
托管人	中国建设银行北京分行	建设银行的下属分行	负责基金代销与托管
管理人	国投信托股份有限公司	成立于 1995 年，是以高端理财为核心业务的国内大型信托公司	负责发行基金、制定规章、审核签订合约、管理资金、配合投资顾问
运作人	保利文化艺术责任有限公司	2010 年成立的大型文化产业集团	负责艺术品的鉴定、评估、保管、展览、租借、估值

资料来源：理财产品花样翻新 私人银行新招揽客〔EB/OL〕. http://www.jjckb.cn/caijing/2009-09/04/content_179053.htm.

10.1.1.3　发行流程

艺术品基金发行流程如图 10 - 2 所示。

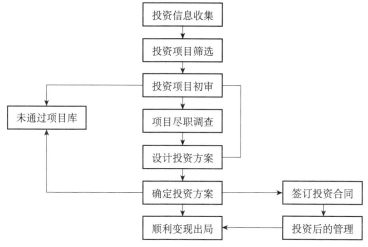

图 10 - 2　艺术品基金发行流程

第一步，项目立项。"盛世宝藏 1 号保利艺术品基金"由国投信托发行，发行的原因是艺术品收藏家需要周转资金，原本打算利用艺术品进行抵押贷款，然而商业银行一般不愿受理此类业务，所以建行联合国投信托和保利文化以筹集资金的目的发行该基金。

第二步，艺术品估值。保利文化作为基金的运作者，负责艺术品的鉴定、估值以及保管工作，所以这一批画作由保利文化的专业估值团队进行鉴定和估值，后续保管也由保利文化负责。

第三步，资金筹集。该基金最后共筹得 4 650 万元，50 万元是最低认购金额，并且在此基础上按 10 万元进行递增，建行作为托管方也负责基金的代销，由于建行本身拥有高质量的客户，3 天就完成了筹资目标，投资者共 44 人。

第四步，费用核算。艺术品基金的费用按照参与主体分配，主要包括管理费、托管费、投顾费，具体费用情况如表 10 - 3 所示。

表 10 - 3　　　　　　"盛世宝藏 1 号保利艺术品基金"相关费用

费用名称	收取方	支付方	标准	结算时间
基金管理费	国投信托有限责任公司	中国建设银行北京分行	每年 1.5%	收到款项的 5 个工作日内
基金托管费	中国建设银行北京分行	最终成立的艺术品基金	每年 2%	收到款项的 5 个工作日内
投资顾问费	保利文化艺术有限公司	中国建设银行北京分行	每年 0.5%	收到款项的 5 个工作日内

续表

费用名称	收取方	支付方	标准	结算时间
销售手续费	中国建设银行北京分行	投资者	销售额的 2%	购买时
基金税费	税收机关	基金资产	0.1%	实际发生时

资料来源：盛世宝藏 1 号保利艺术品基金档案。

10.1.1.4 艺术品指数基金可以大力推广

艺术品基金是以传统基金运作模式为基础，以艺术品或者艺术家作为投资对象的投资产品，通过专业基金管理人的运作，低买高卖获取投资收益。而艺术品指数基金是以特定艺术品指数为标的，通过构建成分标的的投资组合，追踪其市场表现的基金产品。艺术品指数基金的门槛比较低，对于出于兴趣的投资者而言十分方便，当然，较低的门槛也能够吸引更多的投资者。艺术品指数基金属于长期投资。艺术品的交易本身就是低密度的，流动性相对较弱，投资者跟风投资的情况较多，缺乏自己理性的判断，同时急切地要看到收益的实现，所以出于迎合投资者的目的，很多艺术品基金封闭期较短，包括艺术品份额交易也是市场急功近利的产物。而艺术品指数基金则很好地解决了这个问题，实现了长期的价值投资，艺术品指数基金追踪的是艺术品指数，艺术品本身可能会消亡，但指数能够延续，艺术品的价值在短期内是显现不出来的，只有长期的价值投资才能体现出艺术品的真正价值所在。

此外，艺术品指数基金是针对艺术品证券化交易优化而设计的产品，相较传统投资产品，初始投资额要求更低，能够吸引众多投资者参与其中。最为关键的是，艺术品指数基金由基金管理人负责运作，由专业人员和专业机构为交易保驾护航，能够帮助投资者理性决策、谨慎投资。在当前艺术品证券化交易问题丛生、被严格监管的阶段，以艺术品指数基金为代表的新的文化金融产品、新的交易模式，或许能够提供给艺术品证券交易一个重新获得市场认可的机会。

10.1.2 天津文交所艺术品份额交易的反面警示

天津文交所是由天津市政府批准设立的文化产权交易机构，也是首家公开进行艺术品份额交易的交易所。起初，天津文交所艺术品份额交易激起了广大普通投资者的兴趣，但随着交易如火如荼地进行，产品价格发生了急剧波动，引发投资者大幅亏损，天津文交所的份额化创新交易最终引起轩然大波。[1]

---

[1] 资料来源：笔者根据天津文化艺术品交易所官网资料整理分析。

10.1.2.1　艺术品份额交易简介

艺术品份额交易是对艺术品权益进行拆分，在艺术品估值以后，将权益拆分成与估值金额相对应的数量，再由文交所组织上市交易，投资者既可以进行申购，也可以进行竞价交易，交易原则与股票类似，时间与价格优先，随着所持有的对应艺术品资产价格的变化，投资者就可以获得收益，而文交所从中收取交易佣金费用和挂盘费用。

10.1.2.2　交易流程

首先，艺术品份额交易要对艺术品的初始价值进行评估，一般是找专业的第三方鉴定团队。这一步的目的是帮助确定上市的价格，经文物部门批准后，由上市委员会确定。其次，寻找托管机构对艺术品进行托管并购买保险。再次，发行人进行路演宣传。最后，由承销商发行。具体流程如图 10 – 3 所示。

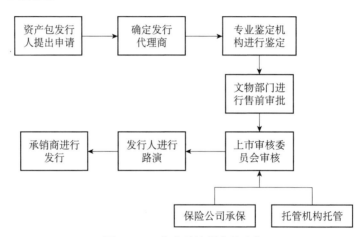

图 10 – 3　艺术品份额交易流程

交易规则：申购份额的初始金额很低，在 1 000 元的基础上递增。这样的交易规则使得艺术品份额交易的成本大大降低，不同于以往收藏投资艺术品需要大笔资金，普通个人只要对艺术品有兴趣就可以参与其中。交易原则是价格和时间优先，实行"T + 0"的交易，流动性强，市场活跃。

从这些交易规则可以看出，艺术品份额交易和股票交易比较类似，可以在二级市场上随时买卖，并随其价格在市场上的涨跌获得收益或承担损失。通过这种权益的拆分，将原来价值连城的艺术品拆分成若干份额，这样投资者可以方便快捷地进行投资。但是艺术品份额交易和股票也有不同之处，尤其是在资金托管、退市机制上有着明显的区别，如表 10 – 4 所示。与此同时，艺术品基金与艺术品份额化交易的区别也显而易见，如表 10 – 5 所示。

表 10 - 4　　　　　　　　　　艺术品份额交易方式与股票的差异

名称	艺术品份额交易	股票交易
开户	非现场开户	现场开户
资金托管方	指定银行	指定银行
首发申购	1 元/份，起始申购额 1 000 份，不超过总份额的 5%	沪市：起始申购额 1 000 股 深市：起始申购额 500 股
交易时间	集合竞价阶段：每个交易日 9：15 ~ 9：25 连续竞价阶段：9：30 ~ 11：30 13：00 ~ 15：00	集合竞价阶段：每个交易日 9：15 ~ 9：25 连续竞价阶段：9：30 ~ 11：30 13：00 ~ 15：00
买卖最低份额	100 股/手	100 股/手
涨跌幅限制	上市首日：开盘的 20% ~ 180% 交易日：10%	上市首日：不设涨跌幅 交易日：10%
交易机制	T + 0	T + 1
交易所佣金	双向收取：按累计额划分成 16 个等级，佣金区间为 0.5‰ ~ 2‰	过户费为成交额的 0.1%
退市机制	单个账户持有单只份额数量达到该份额总量的 67% 时，该份额投资人发起要约收购或单只份额的全体投资人达成一致意见发起申请退市	连续三年亏损实行退市

资料来源：根据公开资料整理。

表 10 - 5　　　　　　　　　艺术品基金与艺术品份额交易的区别

名称	艺术品基金	艺术品份额化
经济关系	信托关系	所有权关系
资金的投向	间接投资	直接投资
风险与收益	风险适中、收益稳定	风险高、收益高
收取费用	管理费 1.5% ~ 5%	交易佣金 1% ~ 2%
投资周期	2 + 1 年	10 年以上
投资对象	艺术品、艺术家	艺术品
流动性	较弱	较强
参与主体	银行、投资顾问、投资者	发行人、文交所、投资者

资料来源：根据公开资料整理。

10.1.2.3　天津文交所艺术品份额交易存在的问题警示

第一，艺术品份额交易定价机制不合理。在天津文交所艺术品份额的交易中，早期的《黄河咆哮》和《燕塞秋》两个产品最早引发了投资者的不满与维权。从图 10－4 和图 10－5 可以看出，2011 年这两幅作品的价格就如同过山车一般，发生了剧烈的波动，比如在年初，价格暴涨 1 倍多，而到年底，又跌到了 1 月的一半不到。最明显的一次涨幅是在 3 月，《黄河咆啸》的价格上涨到每份权益 6.21 元，《燕塞秋》的价格上涨到 5.75 元，收益率达到 556%，涨跌幅度之大令人咋舌。

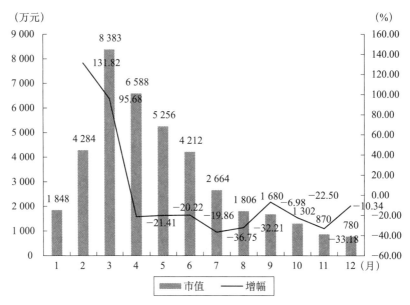

图 10－4　黄河咆啸 2011 年 1～12 月市值

资料来源：天津文交所 2011 年年报。

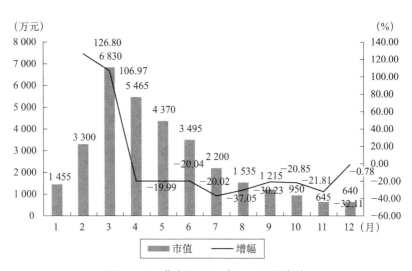

图 10－5　燕塞秋 2011 年 1～12 月市值

资料来源：天津文交所 2011 年年报。

出现这种情况就说明一开始的产品定价存在问题，而其根源就在于艺术品价格鉴定评估体系的不完善，尤其针对绘画作品，一般没有第三方权威机构的估值，往往是由艺术品的收藏者以及发行商进行的商议或磋商。艺术品证券化的定价是发展这项业务的基础，但我国各类文化金融机构在艺术品定价方面还缺乏经验。另外，在整个艺术品证券化的交易过程中，投资者对艺术品本身的情况也知之甚少，发行方、代销方除了价格以外没有更多的信息，对于投资者来说，很多人只是简单的艺术品爱好者，不具备鉴定和估值的专业能力，没有充足、公开、透明的信息，投资者对于发行方给出的定价很难作出准确的投资判断。

深入分析定价机制不合理的问题，可能的原因如下：一是艺术品本身具有特殊性，除经济价值外，拥有丰富的附加价值，还兼具审美情趣和文化意义，所以艺术品的市场价值本身很难估量。二是艺术品的估值过程没有统一、规范的标准，就算有一些指标，却也不成体系，难以推广，因此不同的鉴定机构之间估值的结果往往不同。三是影响艺术品价格的因素较多，比如艺术家本身的言行、人品等，也会对艺术品价格产生影响，这些因素在估值过程中难以量化，而且估值过程中，也会涉及估值人员的个人偏好，难以标准化、体系化。四是艺术品估值鉴定需要专业人员和权威机构，同时还需要丰富的文化知识和专业知识，但目前这些方面的人才和机构都严重不足。

第二，艺术品份额交易规则不统一。每个文交所的发行流程、交易规则都有差异。虽然政府可以通过行政手段例如调整涨跌幅机制使市场获得暂时的稳定，但并不能从根源上解决问题。所以对文化产权交易所的整改成为重中之重，但如何整改，在整改的同时还要保证整个艺术品交易市场的活力，也就是改而不死成为了当前亟须解决的难题。因此，必须要针对份额交易模式设计出一套完整、合理、完善的交易机制，才能保证艺术品证券化市场的良性发展，尤其要保障市场参与者、投资者的利益。

第三，缺乏针对性的市场监管机构。艺术品份额交易的监管方面，主要存在两个问题，一是对投资者账户的监管，二是对文化产权交易所的监管。首先是对投资者账户的监管。投资者要进行投资必须下载文交所的App，并在指定银行注册激活，开通支付功能之后才能进行投资，所以文交所的业务一般来说都是要和第三方银行进行合作的，以天津文交所为例，使用的就是合作银行指定的某类卡，这就说明银行有能力承担监管责任，但是由于业务的开展缺乏经验，所以银行并没有担负起这份责任，未来可以考虑加深文交所与银行的合作，借助银行的账务系统，保证交易资金往来全过程可追溯。其次是对文交所自身的监管，以天津文交所为例，其三大股东前两个都是民营企业，且主要从事房地产业务，第三家主要从事金融投资业务，虽然天津文交所由政府批准设立，但缺乏专业的行业监管，很难做到对股东行为的全流程全方位监督。

10.1.2.4　艺术品份额交易的优化策略启示

第一，设置投资者准入机制。设置投资者准入门槛一方面可以保护风险承受能力弱的投资者，将此类投资者与专业投资者区分开来，另一方面可以维持市场的稳定运行，降低风险。虽然艺术品份额交易的投资者门槛相较于传统的艺术品收藏投资已经降低，但是对投资者的投资素养要求还是比较高的，需要投资者具有艺术品专业知识乃至金融投资知识。然而当前我国的艺术品份额交易市场并未明确提出投资者准入的概念，难免有缺乏投资判断的交易者盲目跟风。所以，可借鉴成熟市场的经验，对投资者进行细分，设置投资者准入制度，能够从根源上避免投机性行为带来的价格剧烈波动。当然，设置投资者准入机制并不是为了把不合格投资者挡在门槛之外，具备一定投资知识和风险承受能力的投资者，要比跟风的投资者或投机者更具判断力，更有助于市场的平稳运行和文化金融秩序的保障。

第二，对艺术品进行初始定价估值。由于包括文交所份额交易在内的艺术品证券化产品与股票有一定的相似性，因此可以参考借鉴股票等有价证券的定价方式。第一步要制作说明书，向市场公开艺术品的相关信息，包括艺术品信息、作者信息、历史价值、创作背景、拍卖情况等，说明书需要权威机构认可后再进行披露，投资者可以通过说明书了解信息，判断是否投资。第二步要由多家专业艺术品鉴定机构或者团队给出合理估值，可以选择有影响力的艺术品指数来作参考，例如雅昌艺术网给出的雅昌指数等。艺术品本身具有特殊性，所以鉴定估值团队中除了金融投资和艺术品方面的专家外，还需要心理、社会学家的帮助，通过估值团队的多次磋商，最终形成公允的估值定价。此外，定价过程必须全程披露，由第三方监管和投资者进行监督。可以借鉴股票上市的流程进行路演，并披露之前所有的信息，使投资者能够全方位地了解艺术品及投资产品，交易所或发行方可以经过初步鉴定估值及路演给出的价格区间，再根据累计询价的结果进行最后的定价调整。

第三，优化平台交易规则。交易规则的完善不仅有助于投资者交易行为的规范，保护投资者权益，也能够方便进行有效监管，提高效率。比如针对"T+0"交易规则，传统股票实行"T+1"交易，艺术品份额交易

的风险大于传统股票交易，且价格波动影响因素较多，频繁交易会在一定
程度上导致投机性交易行为的出现，对于中小投资者来说，风险再次加
剧，不仅投资者权益难以保障，整个交易市场的稳定运行都会被影响。此
外，艺术品份额交易还可借鉴股票市场中的做市商制度，使得买卖双方在
没有交易对手时也可以借助做市商完成交易。

第四，设置信用评级机制。对于传统金融投资产品尤其是证券化产品
来说，是有相对比较完善的信用评级制度的，穆迪、标准普尔和惠誉是最
知名的三大信用评级机构。但是艺术品份额交易缺乏第三方评级，对于投
资者来说，信用评级是最有价值的参考指标，风险厌恶者可以参考信用评
级来规避风险，而风险爱好者也可以选择评级较低的产品来追求更高收
益。所以第三方信用评级机构在投资市场上是不可或缺的，通过评级对产
品的风险作出划分，也有助于降低市场风险。因此在艺术品份额交易市场
上，有必要设立第三方评级机构，按照一定的评估准则，选择合理的评估
方法，采取适当的评估模型，对资产或投资等级进行评估。

10.1.3　完善艺术品交易与市场融资建设的思考

10.1.3.1　清晰认识艺术品市场发展面临的堵点问题

我国艺术品交易市场大致经历以下几个阶段：艺术品商品化、资产
化、证券化、数字化。其中资产化、证券化几乎是同时进行的，而基于数
字化的场景化发展是最近兴起的新趋势。艺术品市场在短短 40 多年的发
展过程中完成了其他国家百年的进程，难免出现一些问题。

一是艺术品的真伪问题让交易的参与性严重不足。艺术品市场的诚信
问题主要是指艺术品的真伪鉴别，这直接决定了交易能否成功进行。虽然
当前艺术品市场鉴定评估机构众多，但这些机构大多是民间鉴定或私有经
营，具有官方监管与背景的权威鉴定机构匮乏。此外，艺术品品种众多，
特色迥异，鉴定大多依靠人为的经验，这样一来，艺术品造假和欺诈行为
不可避免，许多交易参与者对市场逐渐失去了信心。二是艺术品定价机制
建设不完善影响交易的效率。除了传统的市场交易，艺术品需求方很难找
到其他途径购买高质量艺术品，更没有为这种需求进行专业化服务的平
台。如果定价机制发育滞后，市场参与者很难在短时间内找到合理的价
格，导致交易过程变得复杂且耗时。这不仅降低了交易的效率，还可能引
起艺术品资源配置不均衡的问题。三是退出机制建设缺失加大交易的成
本。艺术品市场退出渠道一般有两个：私下交易和通过拍卖变现。有效的
退出机制可以帮助市场参与者在遇到困难时迅速撤出市场，从而降低风险

和损失。然而，如果退出机制建设缺失，市场参与者在面临困境时无法顺利退出，导致交易成本大幅度上升。这不仅影响了市场的活跃程度，还可能使投资者望而却步，进一步抑制市场的发展。四是市场支撑服务体系不健全使交易的安全性难以保障。一个完善的市场支撑服务体系可以为市场参与者提供安全、可靠的交易环境。市场支撑服务体系发育不良，使交易参与者在交易过程中可能会面临各种风险，如信用风险、技术风险等，这些风险使得交易的安全性难以保障，进而影响了市场的稳定性和可持续性。

10.1.3.2　创新应用金融赋能艺术品的工具与模式

我国艺术品市场交易模式主要包括传统画廊、拍卖会、文博会、艺术电商、文化产权交易平台、艺术资产管理等。借助金融工具和手段，艺术品正以各种方式被迅速金融化，比如艺术银行、艺术基金与信托投资、艺术品按揭与抵押、艺术品产权交易、艺术品证券化交易等。可以这样说，金融与艺术品结合是"天作之合"。一方面，金融工具和金融服务的应用可以为艺术品交易带来更多的便利和可能性。例如，艺术品融资、艺术品保险、艺术品租赁等多种金融手段可以为交易双方提供资金支持，降低参与门槛，从而吸引更多客户参与艺术品市场。此外，金融技术的不断发展和创新也为艺术品交易提供了更多的交易渠道和方式，使得交易更加便捷和灵活。另一方面，金融技术的不断发展和创新也可以帮助交易双方更加精准地定价和分配风险，从而降低交易成本。

10.1.3.3　充分把握未来艺术品数字化融合趋势

当前，数字化正在从根本上改变艺术品市场交易体系及其融合发展，数字化带来的不仅仅是在传统交易体系的基础上进行的创新、融合和拓展，更多的是数字化推进交易环境与交易模式发生了变化，促进了基础设施的建构与更迭。一方面是艺术品的管理和服务模式的变化。艺术品市场改变了以前靠传统管理方式为客户提供管理与服务的状况，而代之以数字化、精准化的服务与管理来实现交易管理。比如，私人定制服务成为新趋势，金融机构的高净值客户愿意通过私人定制服务收藏自己喜欢的艺术品，此类服务通常由艺术品经纪人、拍卖行和私人收藏机构提供，他们会根据客户的需求和预算，为其量身定制一系列高价值的艺术品。另一方面，线上交易越来越普遍，艺术金融的融合更为便捷。当艺术市场不可逆转的上升趋势成为常态，艺术品与互联网金融化模式的创新，也就成为业界关注的焦点。从基金到信托，从文交所份额交易到艺术品消费贷款，各类艺术金融创新模式层出不穷。正如文化金融领域知名学者西沐先生所说，未来是数字化占主导地位的时代，随着我国艺术品市场业态的丰富与结构的多元，文化艺术品的跨界融合发展已成为一个大趋势，在数字化潮流的驱动下，基于新基础设施的数字化场景将成为文化艺术品新业态发展的核心。

10.2　文化旅游项目的特色 REITs 融资

党的二十大报告指出，要坚持以文塑旅、以旅彰文，推动文化和旅游深度融合发展。这既是对我国文化和旅游产业融合实践经验的高度总结，也为新时代新征程文旅深度融合发展指明了前行方向。不动产投资信托（REITs）作为一种重要的金融工具，在我国的基础设施领域掀起了一股新的浪潮。近期全国各地都在推动文旅 REITs 开展（见表 10 - 6），贵州省遵义市赤水丹霞旅游区、湖南省湘西土家族苗族自治州矮寨奇观景区先后完成基础设施公募 REITs 项目招标。同时，2023 年 4 月，陕西省西安市大唐不夜城景区 REITs 成功发行，拟发行规模 7.51 亿元，是全国首单储架式消费基础设施类 REITs、陕西省首单国企类 REITs。在经济增速呈现逐渐放缓的趋势下，REITs 的推出可以实现存量基础设施资产的新旧动能转换，有效增强新的投资能力，助力经济进一步转型升级。景区 REITs 融资模式为投资回报周期长、基础设施存量大的文旅融合产业开辟了一种新的融资途径。

表 10 - 6　　　　　　　　　　**全国各景区文旅 REITs 项目**

项目名称	项目进度	拟发行规模
贵州省遵义市赤水丹霞旅游区	2023 年 4 月完成招标：西部证券、南方资本	10 亿元
湖南省湘西土家族苗族自治州矮寨奇观景区	2023 年 4 月发布招标公告	15 亿元
湖北省十堰市武当山风景区	2023 年 2 月完成签约：西部证券、华夏银行	15 亿元
福建省漳州市市南靖土楼景区（类 REITs 项目）	2023 年 2 月完成招标：中信银行股份有限公司漳州分行、华泰证券	15 亿元
江苏省无锡市鼋头渚景区	2022 年 12 月发布招标公告	13.8 亿元
陕西省西安市大唐不夜城景区	2023 年 4 月成功发行	7.51 亿元

资料来源：根据相关资料整理所得。

作为全国文旅商业标杆、西安城市地标、抖音播放量全国第一的网红街区，大唐不夜城以唐文化为引擎，集合了众多历史文化景点、文化艺术表演、特色小店、大型商业综合体等元素，打造了一个集旅游、购物、娱乐、休闲于一体的综合性消费场所。大唐不夜城以其独特的魅力和活力，吸引了无数中外游客，成为西安乃至全国最火爆的网红打卡地之一。本节以大唐不夜城的 REITs 融资作为典型案例进行介绍，分析其构建模式与优势特点等，让 REITs 融资成为今后我国文化旅游产业融合发展中具有特色的金融支持工具之一。大唐不夜城与 REITs 的融合，不仅展现了中国文化旅游的独特魅力，也为 REITs 在中国市场的发展探索提供了有益的经验。其作为中国文化旅游的代表之一，以大唐文化为主题，融合了 REITs 的模式，将文化旅游资源转化为可投资的金融产品，这种融合不仅为大唐不夜城的发展提供了资金支持，还吸引了众多投资者参与其中，扩大了项目的影响力和知名度，展现了 REITs 在推动文化与旅游产业融合发展方面的独特魅力。

10.2.1　"大唐不夜城" REITs 模式构建

"大唐不夜城" REITs 项目的发行是以西安曲江文化产业投资（集团）有限公司作为原始权益人，以大唐不夜城商业物业作为目标资产发行的 REITs 项目，其计划管理人/销售机构为万和证券，负责项目法律事务的是陕西丰瑞律师事务所，负责项目资产评估的是"戴德梁行"国际房地产顾问公司，负责 REITs 项目评级的是"中证鹏元"专业评级服务公司，对项目进行现金流预测的机构是"中发国际资产评估有限公司"，这些公司机构同时为该 REITs 项目的成功发行提供了支持（见图 10 – 6）。

10.2.1.1　原始权益人简介

曲江文化产业集团成立于 1995 年，是经西安市委、市政府批准，由曲江新区管委会投资设立的大型国有全资企业，公司注册资本 83 亿元。经过多年发展，曲江文化产业集团构建起了以文化旅游为核心，集影视、会展、演艺、出版和文旅项目建设于一体的多门类、多产业发展格局，培育了曲江文旅、曲江影视、曲江会展、曲江演出、曲江出版等多个知名文化品牌，形成了"产业军团，集群出击"的强势态势。

近年来，集团坚持新发展理念和文旅融合思路，立足企业"文化产业兵种齐备"的优势，加快实施"走出去"战略，以旅游景区、产业园区、商业街区、生活社区为载体，倾力打造宜居、宜业、宜游城市样板，形成了集区域综合策划、开发、运营于一体的全链条城市运营发展模式。通过金融赋能、科技赋能进一步提升各业务板块发展质量，积极介入金融、康

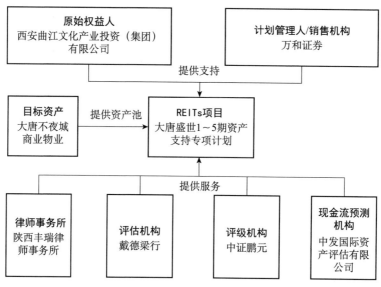

图 10 – 6　"大唐不夜城" REITs 项目提供服务支持公司机构

养、教育等新业务领域，挺进长三角、大湾区等国家战略高地，形成了立足西安、布局全国的"兵种 + 战区"发展格局。曲江文化连续 12 年入选"全国文化企业 30 强"，13 次上榜"中国服务业 500 强"，荣获国家级文化产业示范基地、国家级文化科技融合示范基地称号。集团公司拥有 12 家全资企业、5 家控股企业、10 家参股企业以及 3 家代管企业，其部分全资企业架构如图 10 – 7 所示。

10.2.1.2　REITs 计划管理人简介

2002 年 1 月，经中国证监会批准，由深圳市财政金融服务中心、海口市财政办公用品服务公司、成都市财盛资产管理中心共同组建的万和证券经纪有限公司在海南省海口市注册成立，2016 年 7 月公司完成股份制改造，变更为万和证券股份有限公司。万和证券从中国最大自由贸易区出发，置身中国特色社会主义先行示范区，深耕粤港澳大湾区资本市场，经过 2014 ~2017 年多次增资扩股，公司目前注册资本 22.73 亿元，已成长为一家由深圳市资本运营集团有限公司、深圳市鲲鹏股权投资有限公司、深业集团有限公司、深圳市国有股权经营管理有限公司、深圳市创新投资集团有限公司、深圳远致富海十号投资企业（有限合伙）、成都交子金融控股集团有限公司以及海口市金融控股有限公司等国有企业持股、深圳国资控股的全牌照综合类券商。依托粤港澳大湾区及中国特色社会主义先行示范区的浪潮，万和证券快速发展壮大，目前拥有 27 家分公司、35 家营业部，形成了以大湾区为核心、以珠三角和长三角为重点区域辐射全国的

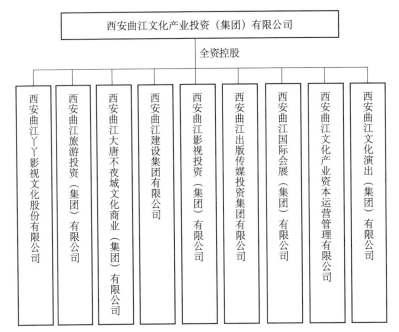

图 10 - 7　西安曲江文化产业投资（集团）有限公司全资控股企业架构

资料来源：西安曲江文化产业投资（集团）有限公司官网。

网点布局。

　　在 REITs 发行方面，万和证券在不动产证券化与 REITs 领域拥有专业、高效、丰富的实务经验，曾负责或参与完成了国内多个具有开创性意义的首单不动产证券化项目。万和证券是行业内首个成立公司一级部门布局 REITs 全产业链业务的券商。作为深圳国资控股的综合性券商，万和证券从产业链构建出发，将不动产证券化及 REITs 打造为公司的特色业务品牌，目前在执行的类 REITs 与 CMBS 项目规模超过 400 亿元。万和在特色化发展的道路上通过发展"资产证券化 + 资产管理 + REITs"的三驾马车，实现"资管 + 投行"的有效联动，打通了产业链并在细分领域取得领先优势。

10.2.1.3　"大唐不夜城" REITs 项目基础资产情况

　　"大唐盛世资产支持专项计划"是储架式消费基础设施类 REITs，获批的 1 ~ 5 期目标资产已经明晰，储架融资规模 35 亿元，覆盖了大雁塔北广场、新乐汇、芙蓉新天地的物业资产。位于西安市大雁塔北广场周边的 A、B、C、D 四幢独立建筑的物业资产是此次 REITs 基金的目标资产，房屋对称分布于北广场喷泉东西两侧，地上三层，地下一层，建筑面积共计 2 万平方米，资产估值 9 亿元，使用期限截至 2053 年，目前房屋出租率

100%。大雁塔北广场从不缺流量，四幢建筑身处旅游城市的网红景区具有与生俱来的"地理优越性"。数据统计，2019 年景区接待人数合计达 1.01 亿人次。2023 年春节期间，大唐不夜城每晚的客流量超 40 万人，累计共接待游客约 360 万人次。[①] 目前来看，"大唐不夜城"文旅 REITs 项目的基础资产质量较高，对后续项目收益的保障性较强。

一是具有"品牌 + 流量"效应。截至项目获批，目标资产租户共计 12 个，覆盖了餐饮、酒店、购物、娱乐和文化体验等领域，餐饮巨头麦当劳、青曲茶社、名创优品以及反映西安当地特色文化的商户都聚集在此（见表 10 - 7）。正是这些特色文化品牌的知名度和游客流量大的效应，保证了项目未来收益的可观前景，为文化与旅游融合提供了源源不断的支持动力。例如，青曲茶社作为陕西本土的相声社团，知名度和影响力在国内占有一席之地。目前，西安共有 4 家剧场，而青曲茶社是集"餐、茶、演艺、文创产品"于一体的升级版综合体，每天演出 2 个小时，剧场可容纳 240 人，满座情况下单场营收可超 30 000 元，以此估算年均营业额超千万元。又如，"汉服潮流"已经开始蔓延，沉浸式旅游受到追捧。数据显示，2015 ~ 2021 年，中国汉服市场规模实现了由 1.9 亿元到 101.6 亿元的跳跃式发展，西安则以 416 家汉服相关企业位列全国城市第一。在汉服经济浪潮下，引入汉服体验馆定会刺激消费增长，对于资产来说也在注入一种"新动能"。此外，曲江文投"盛产"IP，"盛唐密盒""不倒翁小姐姐""石头哥""长安十二时辰"等一系列顶流文化 IP 火爆全网，成为线上线下的流量密码。"盛唐密盒"收割抖音粉丝 200 万人，获赞 800 万个，"不倒翁小姐姐"相关视频全网播放量超 23 亿次，粉丝经济也为 REITs 基础资产的收益增值插上了腾飞的翅膀。

表 10 - 7　　　　REITs 基础资产涵盖的大雁塔北广场已入驻品牌

类别	品牌
餐饮	肯德基
	麦当劳
酒店	帛薇酒店
	ZMAX 酒店
娱乐	青曲茶社
购物	品味长安（陕西特产超市）
	名创优品

---

① 资料来源：2023 春节旅游成绩单："开门红"成关键词，长线游重回 C 位 [EB/OL]. https://www.jiemian.com/article/8810011.html.

续表

类别	品牌
	国风楼（汉服馆）
体验	西安记忆展览馆
	大唐昭国坊

资料来源：大唐盛世1~5期资产支持专项计划书。

二是收入结构多元化。多元化的收入结构保障了目标资产充足的现金流。据悉，目标资产未来经营收入主要由租金（保底＋抽成）、服务管理费和物管费等部分构成，其中租金收入占营收比重的80%。从租期长短来看，目前在租商户中，餐饮、酒店租期相对较长平均超10年，消费购物商户租期较短平均5年上下，从起始租金来看，餐饮、购物类普遍高于酒店和娱乐。根据2023年营收预测，餐饮和文化体验类营收靠前，抽成比例亦相对较高。此外，物管费收入等也预计每5年递增5%。

三是经营能力提升空间大。由于REITs本质上是以底层资产未来经营现金流为主要偿付来源的债务融资工具，对未来的数据测算就变得非常关键。相关数据显示，在大唐不夜城REITs基金项目18年的存续期内，除运营支出保持稳定外，运营总收入、经营净现金流均上扬，其中总营收预计翻3倍，经营净现金流增长2倍多，跨越式的高成长性在保障经营净现金流之时，对资产估值也起到了强支撑作用。

10.2.1.4　"大唐不夜城"REITs发行流程

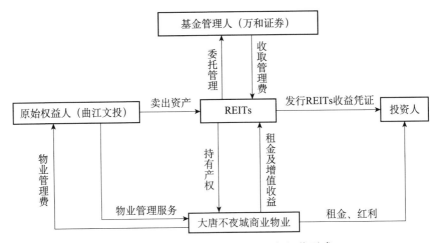

图10－8　大唐不夜城REITs组织运作形式

步骤一：原始权益人西安曲江文化产业投资（集团）有限公司将基础资产大雁塔北广场A、B、C、D四幢大唐不夜城商业租户的物业资产未来经营收益打包转让给基金管理人万和证券。

步骤二：由基金管理人万和证券发起设立"大唐盛世 1～5 期资产支持专项计划"，对该 REITs 专项计划进行管理，同时收取相应的管理费用。

步骤三：项目设立后，由大唐不夜城商业物业的租金以及物业管理费对 REITs 项目提供增值收益。

步骤四：由投资人对 REITs 债券进行认购，获取 REITs 收益凭证，待基金到期时投资者可以获得相应的收益。

"大唐不夜城" REITs 项目的具体发行情况如下。

第一，采用相对温和的融资成本发行。大唐不夜城的 REITs 基金票面利率为6%，相对温和的融资成本不仅降低了基础设施类 REITs 基金的融资风险，还提高了投资者的回报率（见表10－8）。

表 10－8　　　　　"大唐不夜城" REITs 基金利率情况

类别	利率（%）
"大唐不夜城" REITs 基金票面利率	6.00
"大唐不夜城" REITs 项目基础资产收益率	5.90～8.50
同类型优先 A 级年化收益率	4.00～7.50

资料来源：大唐盛世 1～5 期资产支持专项计划书。

第二，采取超长融资期限模式。大唐不夜城项目总期限长达18 年（3 + 3 + 3 + 3 + 3 + 3），每 3 年允许投资者回售，属于超长期融资，这是类 RE-ITs 产品具有其他债券品种无可比拟的特性。国内目前发行的类 REITs 产品，发行期限主要以 15～20 年为主（见图10－9）。基础设施类 REITs 基金通常需要长期资金来支持其投资项目，18 年的融资期限可以提供基金更长的时间来回收投资成本并实现可持续的现金流。此外，长期融资还可以稳定基金的债务偿付能力，减少风险。

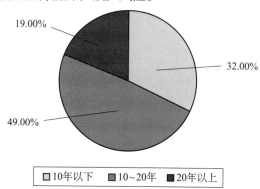

图 10－9　国内目前发行的类 REITs 产品融资期限

资料来源：根据相关资料整理所得。

第三，融入增量资金。大唐不夜城项目的融资在覆盖存量债务后，已经确定可以超额融入增量资金，为权益发行人公司下一步继续发行消费基础设施公募 REITs 奠定了基础。西安曲江文化产业投资有限公司后期也将通过持续扩募实现优质资产上市，在盘活资产的同时不断优化资本结构。

10.2.2 "大唐不夜城" REITs 融资特点

10.2.2.1 盘活文化资产

2023 年初，陕西省委、省政府印发的《陕西省高质量项目推进年行动方案》提出，力争全省发行基础设施 REITs 项目 3 ~ 5 个，新增储备 REITs 项目 8 个以上，盘活存量资产 200 亿元以上。而西安曲江文化产业投资公司本次大唐不夜城 REITs 的发行，不仅及时响应了"政策号召"，还实现了效益良好的"贡献值"。客观地说，曲江文投已经走在了文化旅游资产 REITs 发展之路的前列，在省内国企中树起了资产盘活的"标杆"，主动将存量转化为增量，自我腾挪，如此极具示范性的突破，为后期消费类基础设施公募 REITs 的发行做好了铺垫。而这一切都基于前期的"觉醒"和后期的"敏捷"，提前布局、明晰产权、项目设立、方案搭建、快速申报，不但为行业扩大融资开了一个好头，也对其他文旅融合产业主体提供了有效样本。

10.2.2.2 提升旅游品牌形象

文旅融合的 REITs 成功发行，可以充分发挥资本市场的作用，为大唐不夜城的升级改造和商业扩展提供更多的资金支持和发展空间，有助于其实现资产证券化、资本市场化、运营专业化，进一步提升资产价值和收益水平。同时，大唐不夜城也借助 REITs 项目的平台效应和示范效应，进一步提升自身的品牌形象和市场影响力，为西安夜经济的发展注入新动力，也为全国的文化地产和夜经济发展树立一个新的典范。大唐不夜城此次"全国首单储架式消费基础设施类 REITs"，主要是发行方式的不同，是指发行人"一次注册、多次发行"的机制，发行前，仅报备即可，无须再行审批，这样就提高了融资确定性和发行效率。至此，REITs 的平台和示范效应，将进一步提升西安的文化旅游商业地位。因为新资金和新活力的注入，大唐不夜城将会有可观的资金来进一步提升自身的产品力和经营力。同时，随着宜家荟聚、太古里和万象城的持续入市，西安文旅经济发展也迎来新高峰。

10.2.2.3 助力西安文旅融合的进一步升级发展

REITs 基金项目的发行对于文化旅游融合的资金支持、中国唐朝盛世的文化推广以及西安特色旅游的宣传都有很大作用，对西安文化与旅游融合起到了助推作用（见图 10-10）。大唐不夜城是一个融合了大唐文化和旅游元素的综合性旅游项目，涉及大规模的场地建设、文化表演设施、景观设计等方面的投资。由于这些项目通常需要大量的资本投入，REITs 基金可以通过公开募集来满足项目的资金需求，投资者可以购买 REITs 基金的份额，成为基金的股东，分享项目成长带来的收益。

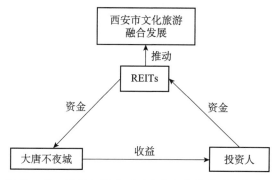

图 10-10　REITs 基金对西安市文化旅游融合的支持

在文化宣传方面，REITs 基金可以通过积极的市场推广和宣传活动来提高大唐不夜城的知名度和吸引力。作为一个文化旅游项目，大唐不夜城的成功与否很大程度上取决于吸引游客的能力。可以利用 REITs 基金专业的市场推广团队和资源，进行广告宣传、媒体推广、社交媒体营销等活动，将大唐不夜城的独特魅力和文化内涵传递给目标受众，吸引更多游客前往，为当地创造更大的经济价值。

通过为项目提供资金支持、积极的宣传和推广活动，REITs 基金可以促进大唐不夜城的发展，提高其知名度和吸引力，为文化旅游产业的繁荣作出贡献。随着吸引更多资本进入文化旅游市场，积极引进国际知名度高、有助于提升文旅产业经营管理水平的国际旅游企业来投资、建设和经营，有助于西安全季全时文化旅游业态品质的进一步提升。文旅产业在提升城市形象、促进城市功能升级等方面发挥着重要作用，西安因其自身散发的历史文化魅力与产业发展特色模式，吸引各类金融资本频频出手，在内因与外力的双效加持下，西安文旅产业、文旅项目以更高质量的水准不断"C 位出圈"。

"大唐不夜城"REITs 是全国首单获批的储架式消费基础设施类 REITs 项目，对于在全国范围内推动文化产业融合具有风向标意义。该 REITs 项目紧抓文化旅游消费市场这一文化与旅游融合的交汇点，以盛唐文化为大背景，以唐风元素为主线，以大唐不夜城的大雁塔北广场、玄奘广场、贞观广场、创领新时代广场四大广场，西安音乐厅、陕西大剧院、西安美术馆、曲江太平洋电影城四大文化场馆，大唐佛文化、大唐群英谱、贞观之治、武后行从、开元盛世五大文化雕塑为环境依托，作为西安文化旅游消费市场建设的首选之地。全国文旅产业可结合当地实际情况积极借鉴"大唐不夜城" REITs 模式，切实推动文化产业与旅游产业的高效融合。

10.2.3　金融创新支持文旅产业融合发展的启示

第一，有助于推动文旅产业盘活存量，降低债务风险。发行 REITs 的直接效果是盘活存量资产。文化与旅游产业具有大量基础设施存量资产，通过发展 REITs，可以推动文化旅游产业中较为成熟的资产实现上市，进而转化为权益性金融产品，有利于增加区域内的股权融资比重，同时降低地方的资产负债率，实现发行人和投资人共享收益、共担风险的目标，是一种有效利用社会资本的方式。

第二，有助于推动文化旅游企业发展方式转变，实现提质增效。发行 REITs 是金融产品创新和项目资产运营机制创新的有效结合。一方面，可以提升相关文化旅游企业资产的运营管理水平和产出效率；另一方面，有利于转变资产经营模式、降低运营成本，应该说是以市场化方式提高资源和要素配置效率，避免高杠杆、粗放经营的有效模式，对推动文旅产业基础设施项目经营主体转换经营管理模式、提高资源配置效率、实现项目运营提质增效具有现实意义。

第三，有助于推动腾笼换鸟，实现文化旅游产业升级。文化旅游产业往往要依托于旅游景区进行项目建设，建成的基础设施项目规模大，同时也沉淀了相当规模的资本金，而前些年诸多项目的投资难以收回，再要进行后续项目升级则需要更多的资金支持。通过发行 REITs，对这些存量资产进行有效盘活后，可以回收之前投入的部分资本金，从而有效增加可投向更符合当地资源禀赋和发展需求的战略性新兴产业、补基础设施短板等领域的资金，促进当地文化与旅游产业换挡升级、经济社会高质量发展。

第四，有利于借助消费类文旅产业 REITs，丰富金融市场理财工具。当前，银行利率整体上处于一个较低的水平，在这一大背景下，发展诸如"大唐不夜城"项目的消费类文旅产业 REITs 就为各类投资机构和投资者提供了一种可供选择的、比较稳健的投资理财方式，除能够给机构投资者提供资产配置选项之外，也可为市场提供普惠性的金融理财产品，让市场有更多的投资选择。

总之，文化旅游与 REITs 的融合需要综合考虑市场需求、投资者需求、法律法规等多个因素，并与相关部门和专业机构合作进行规划和执行，与相关专业人士、金融机构和地方政府进行充分的研究和沟通，确保符合相关政策和法规，并实现可持续的发展。文旅项目的发展和吸引力可以为文化重资产项目带来更多的人流和客流，提升商业价值和收益。通过双向的合作和反哺，文旅与商业消费可以实现互利共赢的局面，最后达到促进地方经济增长的目标。比如，商业街区、文化主题购物中心、艺术展览馆等在文化旅游融合中扮演着重要角色，这些项目通常具有稳定的租金收入和现金流，REITs 的融资方式，为项目提供增量的资金支持，促进其发展和运营，同时为投资者提供投资机会。未来发展中，REITs 可以优先支持社区商业项目，特别是百货商场、购物中心和农贸市场等与基本民生密切相关的项目。这些项目在社区中扮演着重要的角色，不仅提供商品和服务，还促进当地经济的发展和社区的繁荣（见图 10 - 11）。通过发行基础设施 REITs，可以为这些项目提供资金支持，帮助它们进行更新改造、提升服务质量，同时吸引更多的投资者参与（见图 10 - 12）。

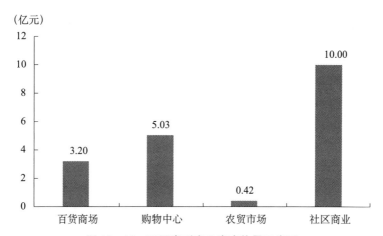

图 10 - 11　不同类型商业资产体量示意图

资料来源：根据相关资料整理所得。

10.3　知识产权证券化的融资设计与实践

影视产业作为文化产业融合发展中的一大重要类别，在新时代"双循环"新发展格局下迅速发展，影视文化 IP 的知识产权证券化发展也是方兴未艾。近年来，我国先后推出《我和我的祖国》《觉醒年代》《满江红》等优秀影视作品，其中电视剧《觉醒年代》更是受到了青年人的热捧。近

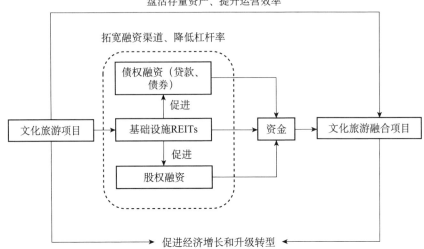

图 10 − 12　文化旅游与 REITs 融合的促进作用

年来，影视公司的快速洗牌也导致影视供给侧优质产能不足，产业"精品化"需求愈加明显。为缓解上游公司融资压力以提供优秀作品，中信证券同爱奇艺联合推出"爱奇艺知识产权供应链 ABS 储架项目"，以版权、著作权等知识产权为资产进行证券化，帮助影视制作企业全心全意着眼内容创作，提高影视作品供给质量，同时也成为文化产业知识产权证券化融资的典型案例。①

10.3.1　"爱奇艺"知识产权证券化项目设计与发行

10.3.1.1　"爱奇艺"知识产权证券化项目背景——影视融资困境

第一，影视企业自身规模局限导致融资难。我国影视企业整体发展起步较晚，市场主体规模较小，竞争力弱，专业化水平低。数据显示，2021年末，我国有 63.6 万家影视相关企业，其中 17% 成立于 1 年内，超过七成的影视企业成立于 5 年内，注册资本在 500 万元以下的企业占比近七成（见图 10 − 13）。② 一方面，企业年轻化、规模小会导致市场竞争力不足，内部管理缺乏经验，其他公司也不愿为其提供担保。另一方面，中小影视企业不用公开数据，财务管理相对简单，抵抗外部风险的能力弱，这样就容易形成信息不对称和道德风险，导致企业的融资成本进一步提高。

①　资料来源：听起来很复杂，爱奇艺的知识产权资产证券化项目究竟是什么［EB/OL］.https://www.jiemian.com/article/2727284.html.

②　资料来源：《2021 中国电影产业研究报告》。

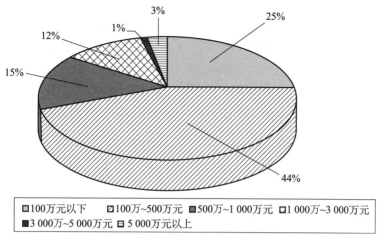

图 10 - 13　影视相关企业注册资本分布

资料来源：企洞察数据中心。

第二，影视产业轻资产属性导致其难以对抗外部风险。影视企业的资产以影视版权、著作权、商标权等无形资产为主，这样会导致资产质量难以量化评估，易发生经营风险。由于缺少实物抵押品，一旦出现外部风险很容易面临资金断流情况。影视企业不是公益企业，要以自身利润最大化为目标，但影视项目投资规模大，少则三五百万，多则几亿元，院线电影的投资规模一般都是千万元以上。影视拍摄周期长，短则几个月，长则数年，所以在短时间内看不到经济效益。一旦某一环节出现资金链断裂，企业自身存活堪忧，更不用谈得到投资方的认可。

第三，外部融资环境受限。一方面，在政策支持上，我国当前还没有制定较为完善的针对中小民营影视企业的融资政策，没有足够的政策环境来大力度发展影视文化产业，后续的融资配套服务体系也没有及时跟进。近几年虽然国家将文化产业放在比较高的地位，从纲领上提出文化强国战略，也有部分省份加强了文化方面的政策支持，但能真正享受到实惠的中小影视企业只是很小的一部分。国有商业银行、民营金融机构由于对中小影视企业融资的信息不对称问题、无形资产评估问题和未来不确定性大的担忧，不敢轻易放贷给影视企业，无法满足影视公司日益扩大的资金需求。另一方面，上市融资这条路也不太适合影视企业，因为科创板上市条件对研发创新的要求很高，规定最近一年营业收入不低于人民币 2 亿元，且最近三年累计研发投入占累计营业收入的比例不低于 15%，影视企业的研发支出远不需要这么多。对于上市门槛较低的创业板来说，也要求最近一年的营业收入不少于 5 000 万元。这些上市条件把大量中小影视企业拒之门外，能符合上市条件的只有少数大型集团影视公司。

10.3.1.2　"爱奇艺"知识产权证券化专项计划流程

（1）发行环节与流程。

第一，组建基础资产池。爱奇艺 ABS 专项计划的基础资产池是上游影视制作公司具有知识产权的影视剧作所产生的应收账款债权，由爱奇艺 ABS 专项计划项目管理人对入池资金进行核查。

第二，破产风险隔离。中信证券从深圳市前海一方商业保理有限公司处购买基础资产，爱奇艺 ABS 专项计划拥有该资产的所有权，为保证基础资产现金流稳定，中信证券和深圳市前海一方商业保理有限公司共同对基础资产进行监控和筛选，这一方式不仅能保障证券的顺利发行，还能减少投资者所面临的风险，同时满足发行人的融资需求。中信证券享有该资产所有权，深圳市前海一方商业保理有限公司通过转让将自身资产和专项计划基础资产进行了分离，此方法不仅让该资产免受北京爱奇艺以及深圳市前海一方商业保理有限公司的影响，还让深圳市前海一方商业保理有限公司的其他自身财产不受影响。所以即使深圳市前海一方商业保理有限公司破产，投资者也不会受到损失，以达到破产风险隔离的效果。

第三，信用增级方式。该专项计划使用了内部增信和外部增信结合的方法，使得专项计划评级增加，提高了融资吸引力，主要包括现金流超额覆盖、优先/次级分层、设置信用触发机制、差额补足等。同时，专项计划的评级由中证信用评定，信用等级越高则风险越小。

第四，发行与交易。上海证券交易所成功批准后，专项计划项目顺利发行，中信证券作为承销机构向社会公众特定机构投资者询价确定发行价格。项目发行通过集中簿记建档方式销售，成功发行后证券在长期资金市场流通转让。

第五，资金监管。招商银行作为托管人对资金的后续使用进行监管，托管的资金只能购买基础资产。证券发行后由中国证券登记结算有限公司进行托管和登记，在上交所综合电子平台进行交易。

第六，债务清偿。证券到期由管理人中信证券按照爱奇艺 ABS 专项计划约定的清偿顺序对账户资金进行偿付，偿付完毕则整个专项计划融资结束，偿付过程中，优先级证券具有优先得偿权。

（2）爱奇艺知识产权证券化产品简介及参与主体。

①产品简介。中信证券—爱奇艺知识产权供应链金融资产支持专项计划（以下简称爱奇艺 ABS 专项计划），于 2019 年获得上海证券交易所批准，总规模为 30 亿元，总共分 15 期发行，截至 2021 年末已发行 3 期，其中第 1 期于 2019 年 12 月 10 日开始正式在上交所挂牌，管理人和承销机构为中信证券，设置有"19 奇艺优""19 奇艺次"两种证券，相关信

息如表 10 - 9 和表 10 - 10 所示。

表 10 - 9 产品概况

债券名称	中信证券—爱奇艺知识产权供应链金融资产支持专项计划 1 ~ 15 期
品种	资产支持证券 ABS
发行金额（亿元）	30
发行人	深圳市前海一方商业保理有限公司
承销商/管理人	中信证券股份有限公司
交易流通场所	上海证券交易所
证券支持品种	优先级和次级资产支持证券
面值（元）	100

资料来源：中信证券—爱奇艺知识产权供应链金融资产支持专项计划说明书。

表 10 - 10 爱奇艺 ABS 专项计划第 1 期基本情况

证券简称	起息日	到期日	收益分配方式	信用评级	年化收益率	发行金额（亿元）	未偿本金余额（亿元）
19 奇艺优	2019 年 11 月 19 日	2021 年 11 月 1 日	按年付息到期一次还本	AAA	5.10%	5.00	5.00
19 奇艺次	2019 年 11 月 19 日	2021 年 11 月 1 日	优先级本金偿还完毕后一次性获得剩余收益	—	—	0.27	0.27

资料来源：上海证券交易所官网。

爱奇艺 ABS 专项计划项目的主要参与机构分别是核心债务人北京爱奇艺科技有限公司、原始权益人深圳市前海一方商业保理有限公司、管理人和销售机构中信证券股份有限公司以及差额支付承诺人中证信用增进股份有限公司，具体如表 10 - 11 所示。

表 10 - 11 项目主要参与方

相关机构	名称
原始权益人	深圳市前海一方商业保理有限公司
核心债务人	北京爱奇艺科技有限公司
差额支付人	中证信用增进股份有限公司
托管人	招商银行
管理人	中信证券股份有限公司
销售机构	中信证券股份有限公司
评级机构	联合信用评级有限公司

资料来源：中信证券—爱奇艺知识产权供应链金融资产支持专项计划说明书。

②核心债务人——北京爱奇艺科技有限公司。北京爱奇艺科技有限公司（以下简称北京爱奇艺）为爱奇艺有限公司控制的下属企业，是爱奇艺App 平台的主要运营实体，其前身为成立于 2007 年的北京新联信德广告传媒有限公司，2011 年控股母公司爱奇艺有限公司收购北京新联信德广告传媒有限公司，后更名为"北京爱奇艺科技有限公司"。截至 2021 年 12 月末，北京爱奇艺注册资本为 3 000 万元，主要股权结构如图 10 – 14 所示。爱奇艺App 作为国内在线视频平台领军者之一，用户规模巨大，月活跃度用户数达到 6 亿人，会员人数达到 1 亿人，引领着我国视频付费市场。主要运营实体北京爱奇艺科技有限公司也已成功构建包含电影、漫画、小说、餐饮、直播等的完整商业生态链，带领视频网站商业模式朝着多元化发展。

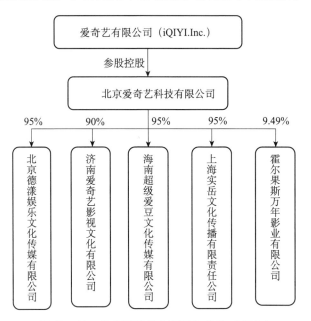

图 10 – 14　北京爱奇艺主要股权结构（部分）

资料来源：爱企查。

北京爱奇艺作为该案例中的核心债务人，其实力、信誉和财务都必须达到一定标准。其财报显示，2018 ~ 2021 年北京爱奇艺营收分别是 249.9 亿元、289.9 亿元、297.1 亿元、305.5 亿元。相比 2020 年，2021 年爱奇艺营收同比增长 2.8%，其中会员和在线视频广告收入 238 亿元，同比增长 1.9%。同时，各年度财报显示，2018 ~ 2021 年北京爱奇艺财务的流动比率分别为 1.0、1.0、0.9、0.51，这也从侧面反映了爱奇艺作为核心债务人具有较强的还债能力。其各年度营业收入及各项偿债指标如图 10 – 15 ~ 图 10 – 17 和表 10 – 12 所示，从其中的数据还可以看出，北京爱奇艺2016～2019年的资产负债率（见图10－15）整体呈下降趋势，从债权人的角度来看，偿债风险是逐渐降低的。而流动比率跟速动比率（见图10－16）两者趋势跟涨幅都保持一致，整体较为稳定，这也反映出核心企业爱奇艺财务状况较好，偿债能力整体稳定。

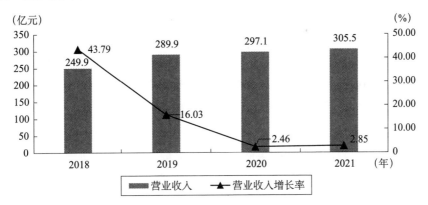

图 10－15　2018～2021 年北京爱奇艺营业收入概况

资料来源：东方财富网。

表 10－12　　　　北京爱奇艺 2016～2019 年 3 月末偿债能力指标

项目	2016 年末	2017 年末	2018 年末	2019 年 3 月末
资产负债率（%）	158.11	133.98	110.33	108.72
流动比率（倍）	0.26	0.23	0.25	0.29
速动比率（倍）	0.20	0.17	0.19	0.27

资料来源：爱奇艺公开年报。

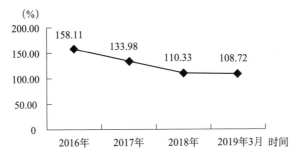

图 10－16　2016 年至 2019 年 3 月北京爱奇艺资产负债率

资料来源：中信证券—爱奇艺知识产权供应链金融资产支持专项计划说明书。

③债权人——上游影视公司。本案例涉及的上游企业包括浙江华策影视股份有限公司、无锡星时代影视文化传媒有限公司、上海辛迪加影视有限公司、伊宁市汇锦文化传媒有限公司、上海克顿文化传媒有限公司等多家影视文化公司，它们作为供应链上游企业（卖方、债权人），为北京爱

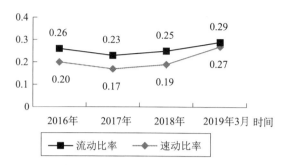

图 10 - 17　2016 年至 2019 年 3 月北京爱奇艺流动比率和速动比率

资料来源：中信证券—爱奇艺知识产权供应链金融资产支持专项计划说明书。

奇艺公司提供版权、影视作品等服务（见表 10 - 13）。这些企业是以知识产权服务为主的视频内容提供商，产出成果量巨大，实力雄厚，热播影视作品多。以浙江华策公司为例，旗下参股控股 40 余家影视公司，出品电视剧超千集，电影数十部，产量位居全国第一。

表 10 - 13　　　　　　　上游影视公司主要影视剧作成果

公司	项目	开播时间	收视亮点
上海辛迪加影视有限公司	爱情公寓 5	2020 年 1 月 12 日	爱奇艺热度值 9 549，位居爱奇艺热度第一
浙江华策影视股份有限公司	绝代双骄	2020 年 1 月 18 日	爱奇艺热度值 8 139，爱奇艺古装剧类热度第一
上海克顿文化传媒有限公司	鹿鼎记	2020 年 11 月 15 日	收视率 0.520，爱奇艺热度峰值 8 150

资料来源："华策影视"证券研究报告。

④原始权益人——深圳市前海一方商业保理有限公司。深圳市前海一方商业保理有限公司 2017 年成立于深圳，注册和实缴资本均为 1 000 万元，是深圳市前海一方供应链管理有限公司全资控股公司，在国内主要从事担保、保理、咨询等业务。由于控股母公司具有较强的商业保理经验，因此，深圳市前海一方商业保理有限公司在此专项计划中担任原始权益人，具有雄厚的资本和专业人才。其 2021 年年度中期财务报告显示，截至 2021 年 6 月末，深圳市前海一方商业保理有限公司实现营收 1.22 亿元，上半年实现业务利润收入 8.16 万元。作为案例中的保理服务商，需与融资人签订《保理合同》，转让融资人对债务人应得的应收账款，并为债务人提供商业保理服务。由于该项目采用反向保理业务模式，因此由深圳市前海一方商业保理有限公司与北京爱奇艺（核心企业）签订保理合同。

⑤管理人/销售机构——中信证券股份有限公司。中信证券股份有限

公司作为此次资产证券化的发行承销商和计划管理人，负责发起设立该专项计划并管理运营。仅 2021 年上半年中信证券共承销 150 只 ABS 项目，总承销金额 1 359 亿元（见图 10 - 18），是所有券商中承销 ABS 产品量最大的，因此对发行资产证券化项目有丰富的经验。

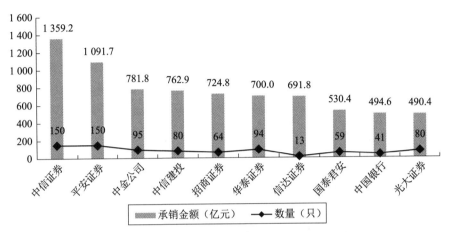

图 10 - 18　2021 年上半年全市场 ABS 承销金额和数量

资料来源：Wind 数据库。

　　⑥差额支付人——中证信用增进股份有限公司。中证信用增进股份有限公司成立于 2015 年，是一家全国性的综合信用服务机构，由光大证券、中泰证券、中国人保、深圳新恒资本等 35 家证券和保险公司以及政府投资平台共同出资成立，注册地在深圳前海，注册资本 45.9 亿元。2018 ~ 2020 年，公司增信业务收入分别为 3.2 亿元、3.3 亿元、4.5 亿元，主营业务收入分别为 5.9 亿元、6.1 亿元、8.6 亿元，信用增信业务收入占主营业务收入均超过 50%，同时，3 个年度公司实现营业收入分别为 11.37 亿元、11.49 亿元、15.41 亿元（见表 10 - 14）。中证信用已服务超过 6 000 家机构客户，覆盖金融机构、政府机构、实体企业等各行各业，这为爱奇艺 ABS 专项计划提供了优质的外部信用保障。

表 10 - 14　　　　　中证信用 2018 ~ 2020 年主营业务收入构成

对应业务	收入项目	2018 年度		2019 年度		2020 年度	
		金额（万元）	比例（%）	金额（万元）	比例（%）	金额（万元）	比例（%）
信用风险管理	评级业务收入	14 516.62	24.27	17 546.74	28.68	24 939.61	28.77
	信用管理收入	1 889.28	3.16	2 139.36	3.50	3 397.90	3.92
	数据业务收入	1 453.51	2.43	2 146.52	3.51	3 471.83	4.01

续表

对应业务	收入项目	2018 年度		2019 年度		2020 年度	
		金额（万元）	比例（%）	金额（万元）	比例（%）	金额（万元）	比例（%）
信用增进	增信业务收入	32 201.08	53.83	33 166.97	54.21	45 303.82	52.27
信用资产交易管理	受托资产管理收入	3.39	1 805.32	1 634.84	2.67	2 025.79	2.08
	咨询业务收入	7 728.37	12.92	4 546.55	7.43	6 627.53	7.65
	保理业务收入	—	—	5.10	0.01	1 131.58	1.31
主营业务收入合计		59 814.65	100.00	61 186.08	100.00	86 677.59	100.00

资料来源：深圳证券交易所。

（3）爱奇艺知识产权证券化具体流程。

步骤一：北京爱奇艺将向上游影视公司采购的享有知识产权的影视剧作产生的应收账款作为基础资产，即上游影视公司将知识产权售卖给了北京爱奇艺，北京爱奇艺作为核心债务人跟保理商签订协议，建立反向保理关系，而上游影视公司作为债权人和保理商建立一种正向保理关系。

步骤二：深圳市前海一方商业保理有限公司通过保理业务转让上游影视公司的应收账款进而获得应收账款资产所有权，同时提供保理服务。在征得上游影视公司同意的情况下，深圳市前海一方商业保理有限公司将该所有权转让给爱奇艺 ABS 专项计划项目，专项计划随即拥有了该资产所有权。

步骤三：专项计划由中信证券发起设立，中信证券购买深圳市前海一方商业保理有限公司拥有的该基础资产进行管理及运作。通过公开筹集资金与深圳市前海一方商业保理有限公司签订协议，同时中信证券作为管理人对专项计划进行监管。

步骤四：中信证券与深圳市前海一方商业保理有限公司之间也签订协议，深圳市前海一方商业保理有限公司作为资产服务机构，承担对基础资产质量、法律文件把控和管理的责任，同时还需要及时监控资产池变化。

步骤五：中信证券作为管理人与招商银行北京分行签署托管协议，在招商银行北京分行创建爱奇艺 ABS 专项计划项目的托管账户，由招商银行北京分行作基础资产托管人，对项目资金进行监管。

步骤六：专项计划一经成立，中信证券需向基础资产托管人招商银行北京分行发送付款指令，请求该行将购买资金转到深圳市前海一方商业保理有限公司的银行账户。托管人在对资金运作用途核实后才能转账，且该资金只可购买爱奇艺 ABS 专项计划的基础资产。

步骤七：北京爱奇艺作为核心债务人应对到期的应付账款按约偿付，

款项先行转到招商银行北京分行的托管账户，由中信证券发出命令请求招商银行将该款项偿付爱奇艺 ABS 专项计划项目的本息。如果款项不足以偿还，则由中证信用承担差额支付，其中优先级证券具有优先得偿权。

以上流程步骤如图 10 - 19 所示。

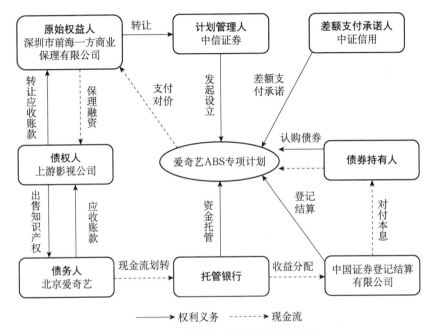

图 10 - 19　爱奇艺 ABS 交易结构流程

资料来源：中信证券—爱奇艺知识产权供应链金融资产支持专项计划说明书。

（4）爱奇艺 ABS 专项计划关键环节介绍。

爱奇艺 ABS 专项计划中发挥关键作用的是反向保理融资模式（见图 10 - 20）。反向保理是相对正向保理而言的，实际上是由债务人与保理商之间形成保理营销策略，由债务人的供应商与保理商建立正向保理，保理商向供应商支付保理融资款，然后债务人再进行债务清偿。保理商直接与信誉、资金实力比较雄厚的买方签订协议，然后再对位于买方供应链上游的中小企业进行保理。

在此次专项计划中，深圳市前海一方商业保理有限公司作为原始权益人以及保理商与债权人上游影视公司建立正向保理关系，上游影视公司将知识产权出售给债务人北京爱奇艺获得应收账款，深圳市前海一方商业保理有限公司通过保理业务获得债权人上游影视公司转让的应收账款所有权，继而通过专项计划为上游影视公司提供保理融资额。通过反向保理业务，整个专项计划不仅可以降低成本，还可以让信誉、资金比较欠缺的中

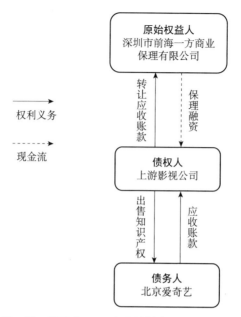

图 10 – 20　爱奇艺 ABS 专项计划中反向保理的应用

资料来源：中信证券—爱奇艺知识产权供应链金融资产支持专项计划说明书。

小影视企业顺利获得融资额，使专项计划得以顺利进行。

10.3.1.3　"爱奇艺"专项计划发行效果

爱奇艺 ABS 专项计划项目共设立 15 期，第 1 期有 19 奇艺优、19 奇艺次两种资产支持证券品种。其中，19 奇艺优（165249）和 19 奇艺次（165250）已经完成分配，本金兑付完毕并终止挂牌转让，摘牌日为 2021 年 11 月 1 日。

（1）本金分配情况。

根据专项计划第 1 期收益分配公告，第 1 期的本金分配安排如表 10 – 15 所示。

表 10 – 15　　　　　爱奇艺 ABS 专项计划第 1 期本金分配安排

收益分配日期	19 奇艺优本金分配比例（%）	19 奇艺次本金分配比例（%）
2020 年 11 月 2 日	—	—
2021 年 11 月 1 日	100	100
合计	100	100

资料来源：上海证券交易所官网。

（2）收益分配情况。

根据专项计划第 1 期收益分配公告，第 1 期的本金收益如表 10 – 16

所示。

表 10 – 16　　　　爱奇艺 ABS 专项计划第 1 期本金收益分配情况

证券简称	收益分配类型	分配本金（元/份）	分配收益（元/份）	持有人份额（份）	分配资金合计（元）	剩余本金面值（元）	剩余本金余额（元）
19 奇艺优	到期兑付	100.00	5.086	5 000 000.00	525 430 000.00	0.00	0.00
19 奇艺次	到期兑付	100.00	29.695	270 000.00	35 017 650.00	0.00	0.00

资料来源：上海证券交易所官网。

除已结束的第 1 期外，截至 2022 年 4 月，尚有第 2 期和第 3 期正在进行当中（见表 10 – 17）。

表 10 – 17　　　　爱奇艺 ABS 专项计划 1～3 期发行信息表

项目名称（1～3 期）	发行规模（亿元）	发行日期
中信证券—爱奇艺知识产权供应链金融资产支持专项计划第 1 期	5.27	2019 年 11 月 15 日
中信证券—爱奇艺知识产权供应链金融资产支持专项计划第 2 期	2.10	2021 年 7 月 16 日
中信证券—爱奇艺知识产权供应链金融资产支持专项计划第 3 期	6.00	2021 年 11 月 17 日

资料来源：上海证券交易所官网。

10.3.2　"爱奇艺"知识产权证券化融资特点

10.3.2.1　创新的多期融资方式

面对影视融资的困局，爱奇艺创新融资方式，作为第一单知识产权资产证券化项目，其成功发行意味着国家承认包括著作权在内的知识产权也可以作为底层资产进行证券发行，它是我国向知识产权强国迈进的关键一步。同时对于影视企业在内的中小企业来说是一盏指路明灯，开辟了一条可供借鉴的融资之路。不仅可以解决影视企业因为轻资产化导致应收账款难以变现的问题，还可以加速整个影视产业链的资金周转率。在成功发行项目融资第 1 期之后，2021 年 7 月，爱奇艺发行"中信证券—爱奇艺知识产权供应链金融资产支持专项计划第 2 期"，发行规模 2.1 亿元，2021 年 11 月发行第 3 期，金额 6 亿元（见图 10 – 21）。这种创新的融资模式使爱奇艺能够发现更多的知识产权价值，在提高公司货币化能力方面发挥了重要作用，带动了整个产业链尤其是上游合作伙伴的良性发展。

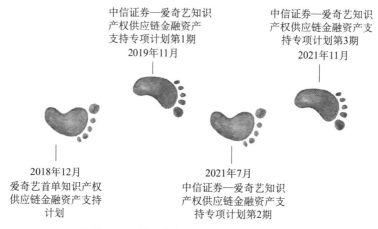

中信证券—爱奇艺知识
产权供应链金融资产
支持专项计划第1期
2019年11月

中信证券—爱奇艺知识
产权供应链金融资产支
持专项计划第3期
2021年11月

2018年12月
爱奇艺首单知识产权
供应链金融资产支持
计划

2021年7月
中信证券—爱奇艺知识
产权供应链金融资产支
持专项计划第2期

图 10 - 21　爱奇艺知识产权证券化融资之路

资料来源：根据相关资料整理所得。

10.3.2.2　多层次的项目信用增级

中信证券—爱奇艺知识产权供应链金融资产支持专项计划 1～15 期是以该专项计划的基础资产产生的现金流作为第一还款来源的产品，其中包括债务人违约风险、基础资产法律合规风险、基础资产现金流不足风险、资产支持证券评级风险等一系列风险。故为了有效化解风险、增强信用等级，该项目采用内部增信与外部增信相结合的增信措施。

（1）内部增信措施。

第一，现金流超额覆盖。爱奇艺 ABS 项目采用现金流超额覆盖的措施进行内部增信，具体来说即以项目内上游影视企业与爱奇艺所签订的影视版权交易合同所产生的应收账款为基础资产来源，把所产生的未来现金流作为基础资产打包进行证券化，而这些现金流需与未来投资者的本息收入形成一定保障比例，相当于增加投资人本息保障的安全性以减少投资者的顾虑（见图 10 - 22）。

第二，优先/次级分层。爱奇艺专项计划设计了两个层次的债券种类："19 奇艺优"和"19 奇艺次"，其中"19 奇艺优"是 AAA 评级债券。设置多种级别可以划分债券的风险等级，最高等级的债券所获的信用支持最大，通过次级债券为优先级债券增信，若现金流不足以偿还投资者本金，则先由次级债券"19 奇艺次"承担损失，之后才是优等债券承担违约风险（见图 10 - 23）。

第三，设置信用触发机制。爱奇艺专项计划设置了加速清偿事件和权利完善事件两种信用触发机制来减少信用风险，保护投资人的利益。当发生合同约定的加速清偿事件和权利完善事件时可以触发该机制，并要求债务

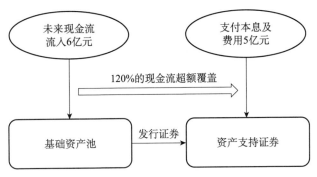

图 10 - 22　现金流超额覆盖示意图

资料来源：根据相关资料整理所得。

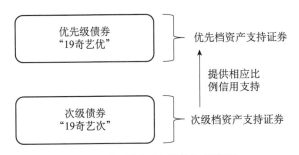

图 10 - 23　优先/次级分层示意图

资料来源：根据相关资料整理所得。

人对相应价款进行清偿。比如当爱奇艺的主营业务发生重大变更或丧失相应资质、爱奇艺丧失履约能力、中证信用公司的信用评级长期低于 AA⁺ 级之类的信用事件发生时，计划管理人中信证券股份有限公司应向爱奇艺发出提前清偿通知，并要求其提前清偿全部基础资产（见图 10 - 24）。

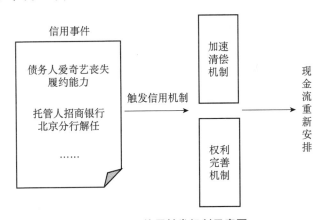

图 10 - 24　信用触发机制示意图

资料来源：根据相关资料整理所得。

（2）外部增信措施。

爱奇艺知识产权证券化项目在内部增信的同时也引入第三方机构中证信用股份有限公司进行差额补足的外部增信。在基础资产预期收益分配前，如果托管人招商银行发现计划中的资金不够支付投资者本息时，则可按照合同条款的规定要求中证信用支付其不足的部分，以确保投资人的收益不会受到影响。

10.3.2.3 化解影视融资困境

爱奇艺采用的知识产权证券化融资方式对于上游影视企业、投资者和影视行业这三者都是有益的，能够为整个影视行业带来发展机会，这三方都有各自的利益驱动来利用知识产权证券化这个工具把影视业的蛋糕做大，进而形成良性发展的趋势，使得困扰影视业的融资症结可以医治。

第一，解决上游影视企业融资顾虑。上游影视企业无论是选择银行融资还是抵押担保方式融资，都难免会受到缺少实物资产抵押、信用度不足的影响，一方面影视公司的轻资产属性就意味着可以提供质押的资产有限，银行质押贷款所需周期较长，成本费用较高，一般商业银行的质押贷款利率在 5.8% ~6.6%，这对于资金需求较大、自身资信不足的中小影视企业来说是较高的成本。另一方面影视企业贷款担保的法律法规还不够健全，各大商业银行对以知识产权为基础的资产持有谨慎态度，虽然目前北京银行在影视版权质押贷款融资方面走在业界前列，但仅仅一家银行的努力并不足以支撑整个影视行业，绝大多数商业银行在影视文化融资方面采取保守政策。

而在爱奇艺 ABS 专项计划中，通过一系列措施有效弥补了传统质押融资的不足：先通过反向保理的方式运用爱奇艺集团的资信作为后盾以解决上游影视企业资信评级不足的问题。对于企业融资而言，最重要的是信用评级状况，较优的信用评级可以让企业以较低的利率水平获得融资，减少融资成本。在爱奇艺 ABS 专项计划整个的交易结构中，作为债权人的供应商是浙江华策影视股份有限公司、无锡星时代影视文化传媒有限公司等一些上游影视内容制作有限公司，这些公司大部分为信用评级不足的中小企业，在融资过程中会因资信不足的问题难以融资成功，而反向保理的引入就解决了上游影视企业信用评级的问题。之后再引入第三方深圳市前海一方商业保理有限公司充当资产服务机构，对基础资产的质量和资产池的变化进行把关和监控。最后利用中证信用的增信使得投资人所承担的风险降到最低。这些流程的设计都使上游企业融到资金变得更加容易。而且，知识产权证券化融资方式独立于上游影视企业之外，受益于风险隔离的特点，投资者不会对企业自身的经营管理进行任何干预和限制，从而留给企业更多的自由度和灵活性。对融资者而言，知识产权证券化只将许可使用费的收益权作为担保进行融资，在保留了上游影视企业对知识产权所有权的同时给予他们最大程度的融资规模，使得有良好未来前景的影视作品能顺利以最快速度搬上荧屏，给上游制作方带来利润的最大化。

第二，投资者乐于接受知识产权证券化产品。对投资人而言，知识产权证券化产品的风险和收益比较适中，既避免了股票投资的高风险性，又可获得高于商业银行定期存款利息的较高收益，稳妥可靠，并且其产品流动性高，故而可作为较好的投资对象。爱奇艺知识产权资产证券化项目第1 期发行的两年期债券的收益率达到 5.10%，而同一时期的国债平均收益率为 2.7564%，政策性金融债收益率为 2.9416%，企业债 AAA 级平均收益率为 3.4711%，甚至 5 年期以上 LPR 品种也达不到 5% 的收益率（见图 10 - 25）。在产品流程设计中有反向保理和第三方增信人的存在，使该证券化产品的风险极大降低，这可以引起风险规避型投资者的极大兴趣，让诸多普通投资者能够参与其中并获得高于市场平均回报率的收益。未来在知识产权证券化进一步发展下可以推出不同风险等级的债券种类来满足市场上不同投资者的需求，甚至用高风险高收益的证券品种来撬动金融市场中更庞大的资金。

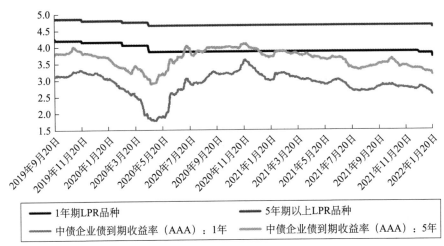

图 10 - 25　LPR 品种、中债企业债到期收益率（AAA）历史走势

资料来源：中国债券信息网。

第三，影视产业需要该种融资模式促进行业发展。2022 年春节档全国电影票房为 60.35 亿元，观影人次 1.14 亿，已经超过 2019 年春节档的 58 亿元中国票房纪录。在 2022 年，渠道、消费能力都不是问题，确保优质片源的持续有效供给才是决定性因素。而在爱奇艺知识产权证券化第 1 期产品的支持下,《爱情公寓 5》《绝代双骄》《鹿鼎记》等影视剧的上映缓解了影视行业的片源紧缺。同时中信证券—爱奇艺知识产权供应链金融资产支持专项计划的第 2 期也于 2022 年 1 月 18 日在资本市场标准网上公示,为解决影视剧作短缺困境提供了一剂强心针。对整个影视行业而言,知识产权证券化模式搅活了影视行业的一潭死水,使资金得以流动,并最大程度从影视行业以外引进资金,在兼顾风险顾虑的同时给予投资者便捷安全的投资渠道,扩大了整个影视产业的投资增量,使影视制作方、影视平台和观众共享蛋糕,促进了影视行业的繁荣(见图 10 – 26)。

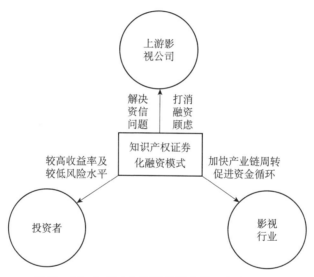

图 10 – 26　知识产权证券化模式使三方共同受益

10.3.3　知识产权证券化的未来应用

10.3.3.1　反向保理模式将在 ABS 中大放异彩

供应链金融从 21 世纪初发展至今,其流程环节不断创新,保理业务也出现了不同于传统保理方式的反向保理业务,它是指保理商(如该案例中的深圳市前海一方商业保理有限公司)与资信高、资金实力雄厚的供应链核心企业签订合同,帮助供应链上资信较弱、融资能力不足的中小企业进行保理并提供资金支持,助力整个供应链运行的流畅。反向保理最主要的特点就是把供应链核心企业的信用嫁接到供应链上资信弱的中小企业身上,建立一种新型融资途径。目前的反向保理主要有两种模式:一种是债权人把从上游企业获得的应收账款所有权转让给保理商,保理商利用应收账款所有权来设立资产证券化项目;另一种是保理机构接受代理进行证券化融资。本案例中采用的是第一种反向保理模式,原始权益人与保理机构同为深圳市前海一方商业保理有限公司。

与传统保理相比,反向保理的申请主体由上游的中小企业变成整个供应链下游的核心大企业,一定程度上给申请主体拓宽了融资渠道,保理商依赖于核心企业的信用也减少了后期风险顾虑。从风险控制角度来说,保理商不需要审查申请主体的财务状况,只需与买家核心企业签署保证合同即可,保理风险和资信审查成本大幅降低(见表10-18)。另外,由于反向保理不直接与债权人进行资产交易,保理商关于基础资产的把控也要格外注意,比如,考察中小企业是否有充裕稳定的现金流,是否存在债务违约记录,是否有足够分散的资产池,以下几点是反向保理融资需要注意的地方。

表10-18 反向保理与传统保理的区别

要素	反向保理	传统保理
申请主体	供应链核心企业	供应链中小企业
交易关系	保理公司受托支付卖方款项	卖方向保理公司转让应收账款
资金用途	用于货物、服务支付贷款	不限制卖方使用
欠款性质	直接借款	应付账款
风险控制	基于核心企业签署保证合同	审查中小企业财务报表、征信

资料来源:根据相关资料整理所得。

(1)详细考察债务人状况。债务人的信誉与债务偿付能力是整个反向保理资产证券化中极其关键的因素,在项目结构设计中要选择合适的核心企业作为买方,积极考察债务人的行业背景、财务状况、经营现状以及资产负债详情。双方协商是采用有追索权的保理模式还是无追保理,在有条件的情况下尽量选择附带追索的保理,因为当出现意外争议时可对债务人行使追索权,若采用无追保理则需由保理机构承担部分违约风险。因此,在考察债务人的资信状况时应谨慎认真,以免为日后的资产证券化环节设计和违约偿付埋下隐患。

(2)确保基础资产高质量。在选择反向保理基础资产时要注意审核调查,不能有版权所有权的法律争议,其基础资产不得在他处设定质押,合同约定时也不得有关于应收账款债权的限制性条款,选择高质量基础资产是资产证券化项目的核心环节,一旦底层基础资产的质量出现问题,后期极易发生产权纠纷或产生暴雷事件。

(3)降低资产集中度。俗话说"不要把所有鸡蛋放在同一个篮子里",在资产证券化基础资产池构建的过程中也是同样的原理,基础资产过于集中会导致风险程度过高，所以在构建资产池时要求包含十个以上的无关联债权人来降低整个资产池的风险，一旦某一基础资产存在质量问题不会影响资产池中其他资产的质量，并且不会对整个资产证券化项目的稳定性构成威胁。

常见的反向保理 ABS 交易架构如图 10 - 27 所示。

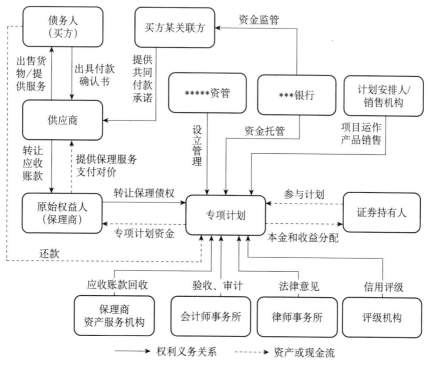

图 10 - 27　常见的反向保理 ABS 交易架构

资料来源：根据相关资料整理所得。

爱奇艺证券化融资案例当中，作为债权人供应商的上游影视制作公司通过反向保理把制作的知识产权内容出售给北京爱奇艺，北京爱奇艺将向供应商采购的内容版权产生的应收账款作为基础资产池，然后由深圳市前海一方商业保理有限公司进行保理发行，因此作为中小企业的供应商则利用了核心企业北京爱奇艺的信用评级获得更低的融资成本，从而更利于作为中小企业的供应商的成长以及供应链整体的发展。在这个过程中反向保理发挥了不可忽视的作用，相对于正向保理而言，不再是由供应商同保理商进行直接联系，而是由核心企业同保理商进行联系，核心企业通常是行业内龙头企业，其信用评级决定着利率水平，核心企业信用评级高，中小企业融资成本更低。

从爱奇艺 ABS 具体交易结构流程中可以看到,在供应链中,北京爱奇艺属于核心企业,为爱奇艺提供影视内容的上游企业很多,所以基础资产的来源也较广泛,其基础资产池分别由浙江华策影视股份有限公司、无锡星时代影视文化传媒有限公司等五大债权人组成。由于正向保理要求债权人与保理商建立关系,不需要核心企业爱奇艺的参与,因此影视公司申请到融资的难度更大。而在爱奇艺 ABS 专项计划中采用了反向保理方式,爱奇艺作为债务人拥有上游五家影视公司的债权,上游影视公司把来自爱奇艺的应收账款债权转让给深圳市前海一方商业保理有限公司,之后由其来发起该项目,这样做的好处是原始权益人深圳市前海一方商业保理有限公司不需要审查所有上游影视公司的账务和经营状况,只需要与核心企业爱奇艺公司双方进行信用风险管理操作,为整个资产证券化项目降低风险,在简化了审查流程的同时降低了项目的成本,作为债权人供应商的浙江华策影视等股份有限公司通过反向保理将到期不能兑现付款的风险转移到了核心企业爱奇艺和保理商深圳市前海一方商业保理有限公司身上,更加利于上游影视公司融资。

10.3.3.2　知识产权证券化融资的风险防范

知识产权证券化作为资产证券化的创新形式,除了有传统资产证券化的风险外,还因为其基础资产是知识产权类型而具有特定的风险。

第一,合同待履行风险。因为知识产权是一种无形资产,所以市场发展情况和技术更迭因素对知识产权的价值有较大的波动影响,特别是如该案例中的著作权类知识产权受到市场热度、政策变化、明星负面新闻等因素的影响,容易导致影视企业最终面临停摆、经营亏损的风险出现。所以要求债权人对知识产权合同的履行能力作出充分披露,并且在整个资产证券化项目进行中根据形势及时更新披露,以防止底层资产质量出现问题。

第二,基础资产多次授权风险。知识产权作为基础资产进行证券化的过程中可能会出现债权人将知识产权资产进行多次打包的情况,理论上来讲知识产权具有无限利用性,并能加大知识产权所有者的收益,一方面这是知识产权的优势,但另一方面又增加了证券化设计中的风险,因为多次授权后会导致市场出现竞争,原有的证券化产品投资者的收益可能会下降。因此这就要求资产证券化的债权人和债务人就此达成一致并签订协议,防止基础资产被多次授权。

第三,市场价值评估风险。对于市场价值的不确定性,需要有专业评估机构对影视版权之类的知识产权进行全方位以及前瞻性的价值判断,确保知识产权保值增值,尽最大可能防止作品问世后价值减损,在知识产权证券化项目运作过程中及时纠正估值误判，对作品作进一步改进。同时破产法框架的合理构建有助于缓解投资者对知识产权未来价值不确定性的顾虑。

第四，信用风险。为防止信用风险而引入差额支付承诺人。当知识产权证券化项目出现底层基础资产质量问题或有其他风险产生时，有可能会出现项目的收益不够支付投资人本金的情况，为避免信用风险，在资产证券化项目中引入第三方进行风险担保，即差额支付承诺人。本案例中，中证信用股份有限公司就充当差额支付承诺人，当整个项目的收益资金不足以支付优先级的各期预期收益或未偿本金存在差额时由中证信用承担支付义务，极大地增加了整个项目的可信程度，将投资者的风险损失降到最低，使项目得以顺利运行。

10.3.3.3　影视融资与知识产权证券化的结合之道

上游影视企业的内容创作环节是产业链运行的关键，2011～2017 年，影视公司数量急剧增加，影视融资额也从不足 40 亿元增长到 270 亿元，这期间我国影视产业迎来增长高峰，影视公司的经营运转也逐步得到改善，但是由于影视产业相关保障政策还未成熟，产业起步发展较晚，影视公司容易面临信用风险，其轻资产化的运营也使资产负债指标始终在高位运行，据《证券日报》统计，我国 25 家头部影视公司累计负债达 751.87 亿元，有近八成的上市影视公司负债超过 10 亿元。由此可见，影视行业具有高负债化经营和项目周期长、大型项目跨越度大、滞后期长、应收账款难以变现的特点。加之影视制作内容受政策影响较大，受影视明星自身声誉风险的影响，商业银行出于风险管控的考虑不愿或者较少额度为影视公司提供融资，其高风险和长周期也导致较高的融资成本。所以需要设计出一种兼顾影视融资的高效性与投资人投资安全性的产品，知识产权证券化融资模式的出现为处在严冬之中的影视企业点燃一支温暖的火把，它依靠巧妙的供应链流程设计把绝大部分风险转嫁到资金实力雄厚的供应链核心企业之上。例如，在此案例中，上游影视企业把绝大部分风险转嫁给供应链核心企业爱奇艺，而爱奇艺作为在美国纳斯达克上市的公司，加之身后有大股东百度支持，其信用度可以得到投资方的认可。爱奇艺知识产权证券化项目通过内外部的增信措施将项目的整体风险降到最低，为上游影视制作创造出舒适的拍摄余地，从而在源头上缓解了影视融资难的问题。2021 年 2 月，全国首单以版权为主的知识产权证券化融资项目在深圳罗湖区落地，针对的都是中小文化企业，其第二期综合融资成本扶持比例达到 70%，每家企业的扶持上限达 200 万元，这极大增强了中小文化企业发展的信心。

10.3.3.4　未来强化知识产权证券化的融资支持

第一，落实知识产权强国战略，激发影视创新活力。知识产权是影视企业乃至国家提高核心竞争力的战略资源，从政策立法、行政司法、社会意识方面强化对知识产权的保护有助于实现"知产"变"资产"的过程，激发企业创新的内在动力，特别是对于影视版权的保护可以促使上游影视企业创新出更多百姓喜闻乐见的影视作品。2021 年 10 月，国务院印发《"十四五"国家知识产权保护和运用规划》，指出我国版权产业增加值占 GDP 比重已经超过 7.39%，力争 2025 年达到 7.5%，知识产权保护力度明显加大，保护体系不断完善，保护能力持续提升，知识产权保护的社会满意度逐年提高。未来要加大对影视剧作、著作以及优秀艺术作品的版权保护力度，完善对知识产权领域侵权事件的处罚制度，拓宽版权作品国际合作与宣传渠道，打造一批精品广播电视和网络视听版权资源，积极推进我国优秀作品走出去、外国优秀作品引进来，推进版权保护技术、标准的研究与应用，加强各类作品价值评估、等级认证、融资等服务，从而激发影视企业的创作动力。

第二，构建完备影视融资资产池。一方面，西方探索知识产权证券化项目较早的国家注重资产的最优配置，讲究风险分散原理，这也是该种融资模式得以在影视创作和音乐歌曲方面顺利发展的原因。例如，一首歌曲的著作权可以细分为作词、包装、器乐演奏等方面；好莱坞的证券化基础资产包含了几十部不同债权人的影视作品，而非来自同一影视制作公司，这样可以涵盖市场上比较全面的风格偏好，减少基础资产出现问题带来的风险，在兼顾整个项目收益率的同时考虑风险因素。这是国内资产证券化项目设计值得借鉴之处，在爱奇艺资产证券化项目中也仿照了相应模式，将分属于不同债权人的十几种影视著作权混合构成了该项目的基础资产池，让投资者更放心地投资该债券。所以，基础资产的全面化配置应在知识产权证券化融资特别是影视融资中广泛应用，让原始权益人、核心债务人和差额支付人在源头上承担更少的风险。另一方面，影视资产池的构建应考虑观影消费者的口味偏好和影视风格的转换，比如，在爱奇艺项目中既有古装影视剧《鹿鼎记》，也有现代风格室内情景喜剧《爱情公寓5》，它们之间的差异意味着观影受众群体不同，前者针对年龄稍大的观影群体，而后者面对年轻观众。同时，主演明星的品德及影视相关政策也是构建资产池时需要考虑的因素。国内在知识产权证券化方面发展较迟，因此要多借鉴国外的成功案例，使资产证券化项目的风险收益相协调，构建更加完备的影视资产池，才能保障知识产权证券化模式在影视行业走得更稳、更远。

第三，完善融资配套机制，促进证券发行便利。由于影视作品证券化的基础资产偏向于影视作品未来所产生的收益，所以发行知识产权证券化产品需要完片担保机构、独立机构投资者、信用评级机构、法律服务机构和良好的知识产权市场发展环境等各方机制的配套完善。具有公信力的影视完工担保机构可以对影片产生监督机制，避免或降低影视作品不能按期完成的风险；信用评级机构可以对资产池产生的现金流价值作精准评估；法律服务机构的法律意见对处理权益金转让和收益分配的风险防范起到重要作用，影视产业逐渐完善的配套融资机制和未来越来越多的知识产权证券化案例可以让该融资模式加速成熟，如影片《南方车站的聚会》就在保险、金融、影视公司等多方的努力下成功运用了国外的完片担保方法使得观众能在影院欣赏明星精湛的演技。因此，除了资产证券化方面的发展外还需要完善影视产业的配套机制，进一步加大影视产业和知识产权证券化方面的对接力度。借鉴西方优秀案例和相关政策法规配套机制，在国内推进完工保证制度和保险机制，增强资产证券化项目的可靠程度，减少投资人的顾虑。从而促使影视产品资产证券化的发行更加便利流畅。

第 11 章　研究总结及对策建议

11.1　研究总结

为发挥新时代"文化产业 +"的经济价值，助力国民经济转型升级发展，本书研究了文化产业的跨要素融合与金融资本支持等问题，不仅注重理论分析，更加注重实践操作。

第一，通过梳理文化产业相关政策，总结文化产业经济影响及发展特点，利用因子分析、实物期权、动态博弈建模等方法，分析文化产业项目投资特征，指出当前及未来一段时期，文化产业不仅具有广阔的发展前景，还具有较高的投资价值。具体来看，一是通过梳理国内外有关文化产业的政策及发达国家的经验做法，明确了当前在经济全球化、科技现代化的趋势下，文化产业及其相关的融合产业发展正面临良好的发展机遇。二是通过分析当前国内外现状与最新事例，总结了文化产业呈现出的多样化、数字化和全球化等典型特点。三是建立模型探讨了文化产业的投资价值及投资决策时机等问题，从盈利能力、偿债能力及营运能力等角度对文化企业投资价值进行了评估，指出在文化项目的投资分析中引入实物期权定价思想的重要性，为文化产业项目设计与投资提供了理论借鉴和具有操作性的决策思路。

第二，通过分析文化产业跨要素融合的动因及方式，以及"文化 + 科技""文化 + 人工智能""文化 + 互联网""文化 + 制造业""文化 + 旅游""文化 + 农业""文化 + 教育"等融合模式，总结了文化产业与不同要素之间融合的现实路径。具体来看，一是分析了文化产业内在和外在的要素禀赋，归纳指出文化产业跨要素融合的动因及不同的融合方式。二是通过分析文化产业与科技要素的融合，从互联网、大数据、人工智能等细分领域探讨了文化产业与科技融合的模式与现状，总结出基于互联网的文化科技生态模式、基于体验经济的文化科技生态模式与基于工业制造的文化科技生态模式，阐明了文化产业与互联网的相互影响，剖析了文化产业与人工智能的融合形式与手段，总结了文化科技融合所产生的溢出效应，归纳出文化科技从思维变革到技术协同、从组织运作到产业链互通的融合路径。三是将旅游业、制造业、农业归纳为行业要素，分别探讨了文化产业与它们的融合，分析了文化产业与行业要素融合的推动因素及各自的机理模式，打开了不同行业的文化融合思路。

第三，从金融支持的角度出发，分析了金融支持文化产业发展的内在机理，以此为基础介绍了包括通道类文化金融服务、艺术品证券化、知识产权证券化在内的多种文化产业融资产品的设计模式及特点。从多维度、多角度、多模式阐释了文化与金融的融合途径，为今后文化产业融资产品设计扩宽理念与角度。具体来看，一是阐释了金融支持文化产业的内在机理，归纳了以银行信贷作为主导因素的间接金融支持与以资本市场主导的直接金融支持之间的实现路径，以博弈分析的视角对金融支持文化产业进行解析，总结出以政府、企业、金融资本为三支点的协同发展模式。二是从金融工具角度和文化行业角度出发归纳出多条文化产业与金融元素的融合模式，指出可以通过构建文化金融融合平台、设立文化专营金融机构等方式实现文化金融产品的市场化运作。三是通过介绍各类文化金融产品，梳理其设计思路及服务模式，总结了传统类文化金融产品和通道类文化金融产品的不同工具特点，对不同产品的运作流程进行剖析，再通过对艺术品证券化与知识产权证券化这两种产品模式的特征进行分析，指出文化金融产品服务的异同，对后续产品服务的设计提供参考。

第四，探讨了文化产业投融资的运作与平台搭建，从影响文化产业投融资的驱动因素出发，过渡至文化产业投融资平台的建设模式与运营环节，进而升华至构建文化产业价值实现的三大平台，最后介绍文化产业投融资的运作路径及退出机制，全方位解析了文化产业投融资的运作问题。具体来看，一是分析了文化产业投融资的影响因素，包括企业逐利性、居民需求性、政府引导性和市场机制性等，正是这些驱动因素促使文化产业突破固有的模式设定，与其他要素进行融合，同时也吸引了资本的目光。二是通过对文化产业投融资平台建设的细致分类与介绍，明确了其未来发展方向，从强化融资服务建设、协调管理适配性方面解决目前市场上很多平台运行不畅的难点，进而对文化产业的整体价值实现进行策划，从创新引领、市场需求、科技支撑、资本推动的维度构建了以文化产权交易平台、文化资产评估体系、文创设计开发体系为主体的三大平台，助力文化产业价值的顺利变现与产业结构的优化升级。三是通过分析文化企业融资面临的困境，提出推动跨领域合作，整合各类文化资本，健全资本退出机制，从整体上丰富了文化产业的投融资运作路径。

第五，通过介绍文化艺术品证券化案例、文旅特色 REITs 融资案例以及知识产权证券化案例，分析了金融支持文化产业具体的融资实践。以故事引思考、以案例启人心，让读者从丰富的案例事件中体味文化产业跨要素的发展实践及理论知识，同时深化本书理论层面的探讨，使内容分析更加鲜活饱满。具体来看，一是通过介绍"盛世宝藏 1 号保利艺术品基金"的运作模式、管理架构、发行流程，从正面探讨了文化艺术品证券化的创新融资尝试；再者，通过天津文交所艺术品份额交易的反面警示案例，阐释创新融资方式可能带来的弊端，全方位探讨了文化艺术品的融资行为，提出了在实践中存在的包括定价机制不合理、结构设计不合理、缺乏市场有效监管等问题，并提出完善艺术品证券化交易的策略。二是通过分析以"大唐不夜城"为典型代表的文旅融合项目 REITs 融资实践，归纳出文化旅游产业融资的新途径，指出 REITs 融资在推动盘活存量文化资产、降低债务风险、助力模式转变、实现产业升级方面的价值意义和操作启示，为机构投资者提供大类资产配置选项，同时为文化市场丰富普惠性金融理财产品提供新的选择。三是介绍以"爱奇艺知识产权证券化融资"为代表的文化影视领域融资实践案例，分析具体发行模式与反向保理等关键步骤，为文化影视行业的融资困境开出一剂良方，总结出未来强化知识产权证券化融资支持的措施手段，对进一步加强文化产业与知识产权证券化的衔接提供案例借鉴。

本书对促进文化产业跨要素融合及金融支持具有一定的理论与实践意义。通过本书的研究，读者可以了解到目前文化产业能够促进国民经济转型发展，更能引领大众文化消费，是满足人民日益增长的美好生活需要的重要动力。文化产业综合性和包容性比较强，具有跨要素融合发展的天然优势和条件，借助新技术的东风，数字文化产业新业态正在异军突起，未来文化产业线上线下的融合必将产生更多新业态、新消费和新模式，"十四五"期间，文化产业必将成为助推经济增长的重要力量，未来十年也将是文化产业加速发展最为关键的黄金十年，愿文化产业这棵常青树能在金融的加持下枝繁叶茂，蓬勃生长！

11.2　对策建议

11.2.1　抢抓文化产业发展机遇

从宏观角度，首先是政策机遇。党的十八大以来，我国出台的各类文化产业领域相关政策既基于实际国情，又展现了时代特点，包括行业优惠政策、完善公共文化服务机制，以及传统文化保护开发、新业态发展、文化交流合作等方面均在不断加强，这些都为新时代文化产业发展提供了良好的营商环境，文化企业的积极性也均被有效调动。其次是产业转型升级机遇。文化产业的转型升级和技术的发展有助于不断优化产业结构，同时也在发挥数字化、多媒体等优势的基础上提高了文化产业竞争力。新时代科技的迅猛发展不断催生新的文化产业门类和商业模式，文化产业新业态的特点日益凸显，互联网推动文化产品和消费方式的创新，创意 IP 增强文化产品的个性化与人性化，文化产业跨要素的融合更是衍生出不同的新型文化业态，文化产业的最佳投资时机正在到来。最后是消费升级机遇。进入新时代，我国经济将持续保持高质量发展，居民收入会不断增加，文化消费在居民消费支出中的占比将大幅上升，日益庞大的消费需求使得文化产业发展更为多元和多样，金融资本进入文化产业的机会也将愈发增强。

从微观角度，我国"十四五"规划提出要实施文化产业数字化战略，加快发展新型文化企业、文化业态、文化消费等模式。未来文化产业的发展应紧随潮流，把握数字化发展的典型特征，积极探索文化产业的科技化、融合化创新，利用数字科技为文化产业的升级发展打下坚实的基础。一是打造数字融合为支撑的文化产业新业态。要深入理解新时代背景下科技对文化产业的推动作用，不断开发文化产业方面的新技术和新产品，逐步提高新兴数字化文化产业的占比。借助互联网及其他科学技术，促进文化产业与其他多元化产业的融合，激发文化科技产品和数字内容体验消费，努力打造以数字融合为基础的文化产业新业态，延长文化产业链。二是利用科技融合抢占文化产业发展制高点。要促进文化科技成果向产业化商业化转化，比如要依靠利益共享、风险共担机制积极开发基础技术，完善文化技术评价体系，推动评价标准与研发、设计和应用的结合，完善产权保护的法律法规体系。同时，要加快科技的应用，不断促进文化技术转化为文化产品和服务，不断占领文化技术的新高地。三是积极培育自主知识产权的文化科技企业。利用国家战略和政策优惠促进文化企业科技创新，建设产业链完善的文化科技产业基地或园区，促进传统型文化企业向创意型高科技文化企业转型，使其成为行业标杆。与此同时，要培育具有核心技术的文化品牌，坚持内容为王的原则，生产具有自主知识产权和自有品牌的文化精品。四是建设文化科技融合发展的市场机制与环境。要加强文化科技协同创新机制，促进文化产业资源与各类科技资源的融合集聚。支持科研院所、高校与文化企业协同攻关，打造"文化＋科技"的产业孵化平台，搭建融合的桥梁。完善文化科技管理系统，开展分布式数据存储、文化资源分类与标识、虚拟化制作、深度关联规则等文化技术研发运用，为企业开展文化科技融合奠定技术基础，从根基上稳固行业生态。推动融合公共服务智慧化平台建设，比如探索"5G 互联网＋文旅资源"的产业管理平台，以实现接口用户的共享与互通，进一步优化融合环境。五是完善文化产业的科技人才培养与支撑体系。要积极引育文化与人工智能学科领域的人才，采用校企联合机制完善高层次技术人才的培养与服务体系。加大文化创意、文化科技研发等高端人才的培养扶持力度，企业、高校、政府共同建设一批人才实训基地，重点加快创新型、复合型、外向型文化科技跨界人才队伍的建设。

11.2.2　加速文化产业跨要素融合

传统文化产业发展往往面临市场缩减、业态单一化、欠缺融合动力、转型升级缓慢、研发能力不足等问题，要积极利用文化产业与行业要素的融合，推动文化产业转型升级，在政策法规、产业调整、技术跟进、企业创新以及人才建设等方面共同发力，依托文化产业与行业融合的顺畅运行，助力文化产业精细化发展。

一是政府扶持营造适宜发展的环境。政府应当以壮大文化产业领域的战略性新兴产业为向导，以促进一二三产业融合为目标，以文化产业与农业、工业、服务业融合为抓手，在政策法规、税收减免、土地补偿等方面给予文化与拟融合企业一定优惠，为产业融合营造适合的发展环境，解决传统文化产业转型发展的难点与堵点。

二是健全文化产业复合型人才培养机制。在文化产业与行业要素的融合中，复合型人才建设极其重要，需要培养建设一批"行业高精尖、文化亦精通"类型的复合型人才。目前的高等教育对融合类学科人才培养较为欠缺，未来要进一步健全文化产业与行业要素融合的人才培养体系，加强单一化人才的多元化教育，让行业专业型人才向文化融合产业流动。

三是加大对文化融合体验项目的创新设计。在融合项目开发设计中，要研究时代化的消费趋势，善于借鉴发展较好的融合体验项目，同时突出体验型的文化特征。要多渠道引进资金，尝试采用 BOT、REITs 等新型融资方式建设，创新体验项目的经营模式，做好收益分配设计。

四是推动文化与行业要素融合产业链建设。在文化与各行业要素的融合过程中，要建立从设计、生产到营销的融合业态全产业链条，将适合的文化元素内嵌入各行业产业的适当环节，增加文化产品的创新溢价与文化价值。同时，在行业要素的生产与营销中要保证产品质量，保证文化与行业要素融合产品的文化融入度，在服务环节建立产品保证监督机制，设立客户质量投诉机制，打造文化行业融合的全产业链。

五是推动文化与行业要素融合的相关基础设施建设。要弥补"文化 + 行业"融合产业链建设中的基础设施建设不足的问题，奠定融合坚实基础，综合考虑资源配置，加大对关键环节项目的支撑，加快形成文化产业融合聚集效应。推进城市及乡村文化产业融合道路交通建设，积极引进能够可持续发展的新能源发电等绿色基础设施，推进通信技术在文化产业融合领域的搭建，着力打造复合完备的大后方基础设施服务生态。

总之，对文化产业与其他经济元素或其他产业要素融合机理的准确把握是产业运行持久的基础所在。当前"文化 +""旅游 +""互联网 +"的概念在业界被热捧，文化产业通过附加各种创新发展元素，比如融合互联网、人工智能、新媒体、高科技等，能够实现从单一产品到多元共生、科技引领的产业转型升级。我国拥有上千年历史文化积淀，各地发展文化产业均具有得天独厚的条件，比如"文化 + 旅游"融合衍生出的文旅产业具备典型的低碳生态特征，将是"碳达峰、碳中和"的"双碳"目标格局下各地区最具竞争力的产业选择之一。从经济学的视角来看，资源是分等级的，只有唯一性和顶级资源才能成为有价值、可投资的资源，而且我们所强调的文化产业资源，大多数都是指独特魅力资源的配置，而不是仅仅指一些符号或者表征意义的资源，发展文化产业的过程，就是要挖掘使用这些魅力资源。就目前我国整体的文化产业现状而言，大多文化项目投资回报的不确定性阻碍着金融资本的进入，但许多文化企业自身早已跨界旅游业、制造业、金融业、信息服务业以及互联网、人工智能等行业，文化产业与其他产业的边界似乎并不遥远，而且深入分析还会发现，在"互联网 +""文化 +""碳达峰碳中和"以及产业转型升级等新时代背景下，这种跨界融合或许是一种趋势和必然。

11.2.3　拓展金融支持文化产业路径

文化产业潜在收益大但风险也相对较高，其发展不仅需要针对风险特征采取政府扶持政策，更需要创新金融资本的支持方式。传统的文化产业投融资渠道主要是银行和政府投资，但文化企业小而散的特征决定了银行融资较为艰难，财政投资效率较低且可能存在监管错位，因此文化产业跨要素融合及转型发展迫切需要打通文化与金融之间融合的桥梁。如何正确引导金融资本融入文化产业，也是当前推动文化经济跨越发展急需解决的重要问题。金融资本作为自由度较强的资金主体，一方面可以通过设计文化产业的跨要素融合模式，改革金融制度，实现文化金融的全面融合，激发金融资本参与文化产业的投资动力；另一方面可以通过债券、股权、基金募集，借助并购、重组等资本运作手段进行优胜劣汰选择，实现文化产业要素资源的交易流转，助力文化企业和文化项目的金融化、证券化、资本化发展。

文化产业的发展连接着一二三产业，要发挥金融资本的推动作用，应当以政府为主导构建多层次金融支持体系，达到扩展文化产业融资渠道的目的。首先，政府应结合文化产业实践不断出台创新性组合政策。比如，财政可以设立文化产业贷款补偿资金，引导商业银行对文化产业的信贷支持，缓解文化产业普遍存在的融资难、融资贵困境。政府还可推动文化产业特色发债的试点工作，提高债券信用等级，降低发行成本，探索权益质押、仓单质押、动产质押等多种融资担保形式。依托金融科技发展优势，政府可以鼓励有条件的地区先行先试艺术品证券化、份额化等新型文化金融工具，并逐步推广应用。与此同时，政府还可免征或者降低金融机构对文化产业融资支持产生的税负，全方位为文化产业融合发展提供支持，保驾护航。其次，要制定并完善金融支持文化产业的有关法律法规。应当以《文化产业促进法》为依据，为文化产业发展提供法律保护和支持，制定文化产业融资法，规范融资主体的融资方法、责任范围，通过完善文化产业的信用保障制度，消除出资方对投资风险的顾虑，建立一套涵盖文化企业注册、财务信息管理、资产监管、信用记录等方面的完善法律制度。最后，要健全文化产业投融资运作机制。文化产业投融资机制的建立可以缓解文化企业融资难问题，确保整条产业链的顺畅运行。完善投融资政策和机制，营造良好的投融资环境，构建多样性的投融资主体和渠道，能够增强投资积极性，实现互惠互利。各级政府应当积极建设文化产业投融资平台、文化金融服务中心等，借助财政鼓励引导金融资本投入，不断完善文化产业投融资体系。另外，由于金融资本退出机制不健全，容易造成投资文化产业的障碍。文化产业特征是投入大、专用性强和沉淀成本高，金融资本投资仅凭借自身运作难以顺利退出，因此需要政府引导健全多层次文化资本市场体系，同时不断优化资本投资的市场环境。只有不断丰富和完善金融资本的退出方式，确保资金有序、顺利地流动，才能够更好地引导金融资本进出文化产业，实现良性循环。

总之，"十四五"和今后较长一段时期，文化产业的发展需要紧紧围绕中华民族重要文化资源宝库的战略定位，以特色文化创意及品牌为核心元素，构建文化产业跨要素融合的战略平台，建设一大批文化产业重点开发合作项目，吸引更多高效率金融资本进入。我们需要做的是，重新审视文化产业的要素价值，通过全面评估和转型升级，在以国内大循环为主体，国际国内"双循环"的新战略格局下，积极谋划未来的健康发展路径，奠定新时代文化产业高质量发展的稳定基石。

参考文献

［1］敖阳利．助力促消费扩内需公募 REITs 扩容［N］．中国财经报，2023－05－16（6）．

［2］白凯，于江波．在线文旅知识产权金融服务的市场机制创新［J］．旅游学刊，2021，36（7）：3－5．

［3］白瑞芸．山西文化旅游业融合化发展研究［J］．特区经济，2021（4）：151－153．

［4］白思，惠宁．互联网对文化产业发展的门槛效应研究［J］．统计与决策，2021，37（3）：129－133．

［5］包媛媛，张胜兰，王蓉．西安文化产业发展现状及对策分析［J］．科技资讯，2020，18（13）：220－221＋223．

［6］鲍长生．供应链金融对中小企业融资的缓解效应研究［J］．华东经济管理，2020，34（12）：91－98．

［7］鲍新中，陈柏彤．中国情景下知识产权证券化模式及关键要素设计——基于多案例的比较分析［J］．经济体制改革，2021（5）：136－143．

［8］北京大学文化产业研究院．中国文化产业年度报告（2022）［M］．北京：北京大学出版社，2022．

［9］贲绍华，罗荣华．知识产权证券化在奇艺世纪的应用分析［J］．中国市场，2020（5）：39－40．

［10］毕晓娟．影视企业融资问题及对策相关分析［J］．现代经济信息，2019（1）：23－24．

［11］毕雪薇．徐州地域性旅游纪念品的文创设计开发［J］．学术论坛，2015（12）：246－247．

［12］蔡俊平．技术资产评估方法研究［D］．成都：电子科技大学，2003．

［13］蔡强．我国文化产业发展现状及对策研究［J］．投资与创业，2021，32（22）：49－51．

［14］蔡水花．"互联网＋"背景下我国艺术品金融的发展契机［J］．

福建金融管理干部学院学报，2019（1）：19 – 23.

　　[15] 曹硕，廖倡，朱扬勇. 数据要素的证券属性设计研究 [J]. 上海金融，2021（4）：71 – 79.

　　[16] 曹文娟. 文化与科技融合推动文化产业创新 [J]. 商业文化，2021（10）：140 – 141.

　　[17] 曹邑平. 促进山西资产评估行业文化繁荣发展的思考 [J]. 山西财税，2011（8）：32 – 34.

　　[18] 曹宇. 新冠肺炎疫情影响下湖北省民营文化企业发展现状、问题及对策 [J]. 特区经济，2021（3）：129 – 131.

　　[19] 柴洁，潘晓娟. 基础设施 REITs：充分发挥投资价值，助力经济高质量发展 [N]. 中国经济导报，2023 – 07 – 11（6）.

　　[20] 陈芳平，姬新龙. 互惠合作下金融资本、文化企业及政府行为博弈 [J]. 兰州学刊，2014（9）：189 – 196.

　　[21] 陈会英，潘雪，周衍平. 基于多元化风险分担的知识产权质押融资方式与案例浅析 [J]. 金融发展研究，2021（10）：74 – 81.

　　[22] 陈凌云. 博物馆文化创意产品开发研究 [D]. 上海：上海大学，2018.

　　[23] 陈少峰，张立波. 文化产业商业模式 [M]. 北京：北京大学出版社，2011.

　　[24] 陈文娟，赵琴. 民间资本投资云南文化产业的现状分析 [J]. 思想战线，2008，34（S3）.

　　[25] 陈曦. 艺术金融与文化资本 [J]. 环渤海经济瞭望，2019（1）：43.

　　[26] 陈小英，曾志兰. 文化和旅游公共服务融合的理论与实践 [J]. 福建论坛（人文社会科学版），2020（12）：109 – 117.

　　[27] 程文莉，谢瞻，等. 中小企业知识产权证券化模式探究 [J]. 会计之友，2022（3）：23 – 29.

　　[28] 崔琰. 浅谈山东省文化产业发展现状及对策建议 [J]. 福建茶叶，2020，42（4）：74 – 75.

　　[29] 丁默轩. 试论艺术金融化在我国的发展 [J]. 吉林艺术学院学报，2018（1）：82 – 87.

　　[30] 戴祁临. 促进我国文化产业发展的财税政策研究 [D]. 北京：中央财经大学，2018.

　　[31] 丁亚宁. 我国文化产业金融支持体系的现状与对策 [J]. 商业

文化，2022（1）：15-17.

［32］丁元竹．"十四五"时期非物质文化遗产系统性保护相关政策措施研究［J］．管理世界，2020，36（11）：22-35.

［33］丁跃，汪霞．地域文化视角下特色小镇文旅产业培育路径研究——以平顶山市冢头茶路小镇为例［J］．中外建筑，2020（10）：122-124.

［34］董平．融资方式对我国文化产业发展影响的实证研究［D］．上海：上海交通大学，2017.

［35］段桂鉴．加快文化金融服务创新［J］．中国党政干部论坛，2011（10）：23-26.

［36］豆艳荣，王有炜．中部6省文化产业发展的绩效测评——基于五大发展理念的实证分析［J］．华北理工大学学报（社会科学版），2018，18（3）.

［37］窦凯．中国数字内容产业国际竞争力研究［D］．北京：对外经济贸易大学，2020.

［38］范冰冰，苏建军．陕西文化旅游产业发展水平时空差异特征与影响因素研究［J］．特区经济，2021（2）：111-115.

［39］范建华，秦会朵．文化产业与旅游产业深度融合发展的理论诠释与实践探索［J］．山东大学学报（哲学社会科学版），2020（4）：72-81.

［40］范明磊．新时期高校音乐教育与文化产业融合发展的路径分析［J］．当代音乐，2022（1）：65-67.

［41］范勇．艺术品金融与艺术品评估［J］．中国资产评估，2020（2）：6-8.

［42］范玉刚．新时代文化产业发展的使命担当［J］．东岳论丛，2021（5）：5-13.

［43］方成．我国文化传媒上市公司融资效率的测算及其影响因素研究［D］．武汉：华中师范大学，2020.

［44］付红霞，吴培森．艺术衍生品的商业发展与营销［J］．商业经济研究，2017（18）：179-180.

［45］高舒扬．民间资本金融化的制度环境和对策初探［J］．甘肃金融，2011（9）：31-33.

［46］高卫．文化科技融合视阈下我国文娱产业发展模式研究［D］．北京：首都经济贸易大学，2019.

［47］高源．中国艺术品金融化问题研究［D］．沈阳：沈阳鲁迅美术

学院，2019.

　　［48］高倬君．文化与科技融合视角下非物质文化遗产保护机制的模型构建［J］．科研管理，2021，42（1）：210.

　　［49］耿虹．发挥资产评估作用 推动艺术品金融发展［J］．中国资产评估，2020（2）：4-5.

　　［50］顾江，陈鑫，郭新茹，张苏缘．"十四五"时期健全现代文化产业体系的逻辑框架与战略路径［J］．管理世界，2021，37（3）：9-18.

　　［51］顾江，高莉莉．我国省际文化产业竞争力评价与提升——基于31省市数据的实证分析［J］．福建论坛（人文社会科学版），2012（8）.

　　［52］顾凯，韩锋．基于社会民间资本进入势态下的文化产业的发展研究及路径选择［J］．行政事业资产与财务，2014（34）.

　　［53］郭翰，邢春晓，洪振挺．深圳文化金融创新发展研究［J］．中国物价，2020（12）：53-55.

　　［54］郭亚楠．艺术金融视域下中国当代艺术品市场现状研究［D］．重庆：西南大学，2016.

　　［55］郭玉军，李云超．文化企业著作权质押融资法律问题研究［J］．武汉大学学报（哲学社会科学版），2014，67（5）：92-98.

　　［56］韩雷．"互联网+"山西省体育文化产业发展现状及对策研究［J］．长治学院学报，2023，40（2）：72-78.

　　［57］韩永进．中国文化产业近十年发展之路回眸［J］．华中师范大学学报，2011.3.

　　［58］韩玉霞．浅谈影视制作企业融资创新［J］．财会学习，2019（22）：210-211.

　　［59］郝宇星．金融支持文化产业发展的实证研究——基于北京市的时间序列数据分析［J］．商讯，2021（15）：87-88.

　　［60］何虹．金融支持文化产业发展的四点政策建议［J］．中国农村金融，2012（2）：27-29.

　　［61］何虹．金融支持文化产业发展的制约因素及政策建议［J］．贵州农村金融，2012（5）：11-13.

　　［62］何爽．"互联网+"时代下艺术金融管理发展的趋势研究［J］．现代经济信息，2017（9）：286-287.

　　［63］何爽．浅析现代信息技术对艺术金融发展的推动作用［J］．财经界，2018（12）：59-61.

　　［64］何卫华，熊正德．数字创意产业的跨界融合：内外动因与作用

机制 [J]. 湖南社会科学, 2019 (6): 95 – 102.

[65] 何晓裕. 文创产业园区的规划设计模式探讨——以厦门市两岸文化创意产业示范区规划设计为例 [J]. 福建建筑, 2014 (1): 98 – 103.

[66] 洪学婷, 黄震方, 于逢荷, 沈伟丽. 长三角城市文化资源与旅游产业耦合协调及补偿机制 [J]. 经济地理, 2020, 40 (9): 222 – 232.

[67] 胡娜. 演艺行业线上传播的观察与思考 [J]. 四川戏剧, 2021 (1): 169 – 174.

[68] 胡双红. 中国文化产业全要素生产率行业异质性研究——基于 DEA-Malmquist 指数法的分析 [J]. 特区经济, 2020 (2): 111 – 114.

[69] 花建. 长三角数字文化产业: 一体化与新动能 [J]. 江苏社会科学, 2021 (2): 1 – 9.

[70] 华燕. 论公民的文化参与权 [J]. 福州大学学报 (哲学社会科学版), 2012, 26 (5): 63 – 68.

[71] 黄隽. 强根固本: 中国艺术品金融市场应对之策 [J]. 艺术市场, 2020 (1): 30 – 31.

[72] 黄亮. 我国电影版权证券化的现状与路径选择 [J]. 电影文学, 2020 (13): 37 – 40.

[73] 黄庆平, 李猛. "十四五" 时期数字出版产业在探索建设自由贸易港中的推进策略 [J]. 科技与出版, 2021 (3): 108 – 113.

[74] 黄生权. 基于实物期权理论的矿业投资决策理论与方法研究 [D]. 长沙: 中南大学, 2006.

[75] 姬新龙. 基于 F – S – δ 模型的实物期权定价与文化产业投资 [J]. 统计与决策, 2014 (18): 68 – 71.

[76] 姬新龙. 金融支持新兴产业发展的进化博弈分析 [J]. 兰州学刊, 2013 (7): 136 – 141.

[77] 姬新龙, 陆航月. 我国文化企业投资价值与影响因素分析——来自 A 股上市公司的经验证据 [J]. 甘肃金融, 2018 (8): 45 – 48.

[78] 姬新龙, 盛文涛. 文化产业要素流转交易体系的构建 [J]. 甘肃金融, 2019 (5): 16 – 20.

[79] 姬新龙, 周孝华. 基于实物期权的文化产业最优投资决策 [J]. 北京理工大学学报 (社会科学版), 2014, 16 (1): 58 – 63.

[80] 贾佳. 从文本到消费: 《红楼梦》文创产品的文化意义 [J]. 红楼梦学刊, 2021 (2): 258 – 274.

[81] 江晓晗, 任晓璐. 长江经济带文化产业高质量发展水平测度 [J].

统计与决策, 2021, 37 (2): 15 – 19.

[82] 江哲丰. 文化产权交易体系建设研究 [J]. 湖南社会科学, 2014 (3): 191 – 194.

[83] 姜延荣. 文化与金融的融合之路 [J]. 经济, 2017 (7): 110 – 111.

[84] 金青梅, 张鑫. 博物馆文创产品开发研究 [J]. 西安建筑科技大学学报, 2016, 12 (6): 43 – 46.

[85] 柯善北. 盘活存量优化增量 推动基础设施建设高质量发展《关于规范高效做好基础设施领域不动产投资信托基金 (REITs) 项目申报推荐工作的通知》解读 [J]. 中华建设, 2023, 323 (6): 1 – 2.

[86] 孔达达. 中国式艺术金融 [J]. 艺术市场, 2018 (6): 127.

[87] 乐祥海. 我国文化产业投资模式研究 [D]. 长沙: 中南大学, 2013.

[88] 雷兴长. 文化产业发展模式与欠发达地区的选择 [J]. 科学经济社会, 2011 (6).

[89] 冷建飞. 民间资本投资文化产业的结构性融资 [J]. 南通大学学报, 2014, 30 (6).

[90] 黎国华, 黎凯. 实物期权的二叉树模型应用——不确定性环境下的投资决策分析 [J]. 江西财经大学学报, 2002 (3): 50 – 53.

[91] 李国东, 傅才武. 信息技术平台推动文化政策创新的机理与实践 [J]. 学习与实践, 2020 (8): 126 – 134.

[92] 李季真. 京津冀三省市文化产业竞争力评价实证研究 [D]. 石家庄: 河北经贸大学, 2016.

[93] 李皎. 论内蒙古自治区非物质文化遗产的创新利用 [J]. 前沿, 2020 (6): 38 – 43.

[94] 李丽, 徐佳. 中国文旅产业融合发展水平测度及其驱动因素分析 [J]. 统计与决策, 2020, 36 (20): 49 – 52.

[95] 李亮, 刘高峰, 黄丽琼. 基于股民视角的上市公司再融资进化博弈分析 [J]. 广西民族大学学报 (哲学社会科学版), 2009, 31 (1): 116 – 119.

[96] 李玲. 艺术衍生品的开发与创新研究 [J]. 郑州轻工业学院学报 (社会科学版), 2015, 16 (3): 102 – 108.

[97] 李留通, 张森森, 赵新正, 权东计, 罗伊. 文化产业成长对城市空间形态演变的影响——以西安市核心区为例 [J]. 地理研究, 2021, 40 (2): 431 – 445.

［98］李明泉，宋峰．中国艺术市场的现状与走势［J］．中华文化论坛，2016（10）：25－31.

［99］李明伟．"互联网＋文化产业"融合发展的技术驱动与路径研究［J］．技术经济与管理研究，2017（9）：107－111.

［100］李世伟，杨凡，修凯．西藏文化产业发展现状及对策分析［J］．山西农经，2020（15）：75－76.

［101］李雪茹．区域文化产业竞争力评价分析：基于 VRIO 模型的修正［J］．人文地理，2009（5）：76－80.

［102］李燕．中国文化创意产业融资效率的测算及其影响因素研究［D］．长春：东北师范大学，2018.

［103］李宜春．省域文化产业竞争力评价指标体系初探——以安徽省为例［J］．经济社会体制比较，2006（2）：99－103.

［104］李宇征．河北省艺术村落与乡土文化的保护与发展研究［J］．社会科学论坛，2021（2）：132－138.

［105］李玉芳．金融在艺术品产业链中的功能浅析［J］．中国物价，2017（3）：59－61.

［106］李育菁，赵政原．文化产业的分类研究模型梳理、反思与优化［J］．福建论坛（人文社会科学版），2021（2）：47－57.

［107］李远丹．重庆市大足区文化产业发展现状及对策［J］．重庆行政，2021，22（4）：101－103.

［108］李志．民间资本投资对我国银行业发展作用研究［J］．现代商业，2013（5）：54－55.

［109］厉无畏．文化创意产业的投融资与风险控制［J］．毛泽东邓小平理论研究，2011（2）.

［110］梁晓然．基础设施 REITs 的成效、不足及相关建议［J］．租售情报，2023，827（5）：94－96.

［111］廖辉廷，李帮权，潘钰琳，吴汉亮，罗忠福．商业银行与文化企业对接的思考［J］．中国农业银行武汉培训学院学报，2012（3）：53－55.

［112］廖继胜．文化产权交易市场监管的博弈分析［J］．统计与决策，2013（8）：57－59.

［113］廖继胜．文化产权交易市场相关综述［J］．经济纵横，2014（5）：129－133.

［114］刘德良，于德江，金巍，杨涛．中国文化金融发展报告

（2022）［M］. 北京：社会科学文献出版社，2022.

［115］刘雷雷，应明. 河北省金融支持文化产业发展的对策［J］. 河北金融，2020（5）：56 - 59.

［116］刘礼福. 艺术金融：趋势向好，艰难前行［J］. 艺术市场，2019（1）：40 - 43.

［117］刘立云. 生态景观视角下"嵌入型"文化产业集群发展研究［D］. 西安：陕西师范大学，2013.

［118］刘美琪. 正定县文化产业发展现状问题及对策研究［D］. 北京：首都经济贸易大学，2020.

［119］刘梦珣，陈治国，李成友. 我国艺术品市场金融化发展研究［J］. 新疆财经大学学报，2019（4）：5 - 12.

［120］刘润，任晓蕾，黄敏，钟晟，吴姣. 武汉市文化产业集聚发展的特征与模式［J］. 经济地理，2020，40（12）：128 - 136.

［121］刘淑华，李鸿，李京诺. 民间资本投资文化产业的现状及实现路径——基于辽宁省 TC 市的调研［J］. 大连民族学院学报，2015，17（4）.

［122］刘涛. 基于实物期权的房地产开发投资决策理论研究［D］. 上海：上海交通大学，2007.

［123］刘晓丹. 艺术金融的边界［J］. 中国金融，2018（5）：104.

［124］刘晓飞. 我国文化产业的金融支持体系研究［D］. 北京：北京交通大学，2020.

［125］刘晓西，来小鹏. 论文化创意产业版权评估中存在的法律问题［J］. 江西财经大学学报，2010（6）：118 - 120.

［126］刘怡泓. 文创产品设计与地区旅游经济发展［J］. 特区经济，2020（12）：116 - 118.

［127］刘潆檑，宋林晓，张晓链. 我国体育产业与文化产业融合度研究——基于灰色关联和耦合协调度分析［J］. 武汉体育学院学报，2022，56（8）：60 - 67 + 74.

［128］刘瀛洲. 金融支持文化产业发展存在的问题及对策研究［J］. 中国集体经济，2019（5）：116 - 117.

［129］刘宇，韩晓旭. 京津冀文化旅游资源开发利用探讨［J］. 综合运输，2020，42（8）：47 - 51.

［130］刘玉珠. 金融支持文化产业发展的现状与展望［J］. 中国金融，2011（22）：15 - 17.

[131] 刘战武. 金融创新支持区域文化产业发展的对策 [J]. 当代经济, 2012 (19)：8 – 10.

[132] 刘子慎, 沈丽珍, 崔喆. 基于投资联系的中国文化创意产业网络特征 [J]. 经济地理, 2021, 41 (2)：113 – 120.

[133] 陆政霞, 朱敏杰. 金融支持文化产业创新发展——以江苏省南京市为例 [J]. 青海金融, 2020 (6)：37 – 41.

[134] 吕连菊, 李丹阳, 晏肖雅. 江西省文化产业发展现状、问题及对策 [J]. 江西广播电视大学学报, 2021, 23 (2)：60 – 65.

[135] 吕蓉慧, 周升起. 我国文化贸易出口及其影响因素实证研究 [J]. 价格月刊, 2020 (1)：48 – 54.

[136] 吕淑丽, 邵君婷. 文化产业投融资文献综述与研究展望 [J]. 当代经济管理, 2020, 42 (2)：66 – 69.

[137] 马胜清. 文化产业与旅游产业融合机理及经济效应 [J]. 社会科学家, 2021 (5)：101 – 106.

[138] 马艺璇. 东北萨满文化旅游衍生品的设计与应用探究 [D]. 长春：长春理工大学, 2019.

[139] 毛正天. 湖北民间资本进入文化市场的政策路径探析 [J]. 湖北民族学院学报（哲学社会科学版）, 2015, 33 (1).

[140] 梅术文. 新兴媒体融合发展的著作权利益分享论纲 [J]. 新闻界, 2021 (2)：57 – 66.

[141] 孟凯宁. 中国动漫衍生品的发展现状与策略 [J]. 电影文学, 2013 (12)：42 – 43.

[142] 牛壮壮. 我国数字文化产业发展现状及趋势——以数字出版为例 [J]. 中国产经, 2020 (2)：53 – 55.

[143] 欧阳坚. 文化产业政策与文化产业发展研究 [M]. 北京：中国经济出版社, 2011.

[144] 潘澍, 陈思, 孙程程. 文化科技创新：文艺与"互联网＋"、新媒体的融合创新 [J]. 科技导报, 2020, 38 (5)：99 – 104.

[145] 盘点 2018·传媒业十大新政 [J]. 传媒, 2019 (1)：9 – 14.

[146] 戚英华. 技术资产会计问题研究 [D]. 重庆：西南大学, 2007.

[147] 任丙超, 段汴霞. 中外影视贸易的现状、困境与对策 [J]. 新闻爱好者, 2021 (8)：23 – 26.

[148] 石天然. 山东省文化产业发展的金融支持研究 [D]. 济南：

山东财经大学，2017.

[149] 宋朝丽. 我国文化产业与旅游产业融合发展研究——评《文化旅游的区域协同发展：模式与对策》[J]. 广东财经大学学报，2022，37（1）：116－117.

[150] 苏明政，肖航. 资产证券化与银行风险承担：影响机理与实证检验 [J]. 金融理论与实践，2021（1）：58－66.

[151] 眭海霞，陈俊江，练红宇. "互联网＋"背景下文化产业发展路径研究——以成都市为例 [J]. 中华文化论坛，2020（5）：146－153＋160.

[152] 孙丽君. 文化产业背景下大众文化产品价值观建构流程及其引导策略 [J]. 山东社会科学，2021（2）：60－65.

[153] 唐毅泓. 文化企业文化资产评估维度研究 [J]. 开发研究，2014（4）：135－137.

[154] 涂永红，刁璐. 以金融创新推动知识产权融资 [J]. 投资研究，2021，40（5）：148－158.

[155] 拓俊杰. 内蒙古文化与科技深度融合创新策略研究 [J]. 内蒙古农业大学学报（社会科学版），2021，23（3）：1－9.

[156] 汪晓莺，徐步朝，刘聪. 江西绿色文化发展方向研究 [J]. 特区经济，2020（10）：119－122.

[157] 王保庆. 运城市文化产业发展与金融支持研究 [J]. 河北企业，2021（1）：20－22.

[158] 王光文，刘祝. 内蒙古文旅产业高质量发展研究 [J]. 前沿，2020（5）：121－128.

[159] 王欢. 正剧的 IP 开发 [J]. 戏剧文学，2021（4）：75－82.

[160] 王吉祥. 景区式文化旅游产业聚集区发展研究 [D]. 贵阳：贵州大学，2017.

[161] 王家庭，梁栋. 中国文化产业效率的时空分异与影响因素 [J]. 经济地理，2021，41（4）：82－92.

[162] 王健. "互联网＋"时代下文化产业发展现状及路径优化 [J]. 经济研究导刊，2020（10）：31－32.

[163] 王锟. 金融支持文化产业发展研究 [D]. 济南：山东财经大学，2013.

[164] 王岚. 地区文化产业竞争力评价研究 [D]. 天津：天津大学博士学位论文，2008.

[165] 王丽娜. 自贸区金融创新支持文化产业发展研究 [D]. 郑州：

河南农业大学，2020．

［166］王林清．地域文化视野下城市博物馆衍生品开发研究［D］．苏州：苏州大学，2016．

［167］王玲玲，张雯雯．江西省文化产业与旅游业融合发展实证研究［J］．经营与管理，2021（5）：163－167．

［168］王冉冉．银行业影响文化产业发展的作用机理研究［J］．国际金融，2013（5）：65－70．

［169］王文锋．文化产业竞争力评价模型及指标体系研究述评［J］．经济问题探索，2014（1）．

［170］王文凯．民间资本进入湖北文化市场的企业孵化机制研究［J］．湖北民族学院学报（哲学社会科学版），2015，33（1）．

［171］王宪明．推进文化产业发展的金融支持机制研究［J］．国家行政学院学报，2011（6）：68－70．

［172］王雅霖．民族文化产业生态化发展的理论与路径研究［D］．兰州：兰州大学，2018．

［173］王颖．全球背景下中国文化产业竞争力研究［D］．吉林：吉林大学，2007．

［174］王泽鹏．甘肃省文化衍生品开发的资本支持渠道［D］．兰州：兰州财经大学，2015．

［175］王志强，朱红英．金融支持县域文化产业发展的思考——以苏尼特左旗为例［J］．北方金融，2022（7）：105－107．

［176］魏鹏举．我国文化产业的融资环境与模式分析［J］．同济大学学报，2010，21（5）：45－51．

［177］文化和旅游部．"十四五"文化和旅游市场发展规划［Z］.2021.

［178］吴鹤，艾中政．民间资本与文化产业融资对接研究［J］．中国管理信息化，2018，21（15）．

［179］吴鹤．民间资本投资文化产业金融体系构建［J］．税务与经济，2018（3）．

［180］吴丽，梁皓，虞华君，霍荣棉．中国文化和旅游融合发展空间分异及驱动因素［J］．经济地理，2021，41（2）：214－221．

［181］吴文婕，陈俏．文旅融合背景下新疆屯垦文化旅游发展思路研究［J］．中国商论，2023，884（13）：138－141．

［182］吴玉娟．民间资本投资文化产业探究［J］．知识经济，2016（7）．

［183］西沐，柯俊峰，陈中杰．艺术品估价体系及运行机制研究［J］．

北京联合大学学报（自然科学版），2016，30（1）：68-74.

[184] 西沐. 艺术金融案例研究［J］. 中国拍卖，2020（5）：54-55.

[185] 夏振俊. 经济欠发达地区金融支持文化产业发展的探讨［J］. 理论观察，2013（8）：76-77.

[186] 冼雪琳. 我国文化产业引入资产支持证券模式的难点与对策［J］. 金融创新，2010（4）：63-69.

[187] 肖虹. 产业政策对我国文化产业非效率投资影响研究［D］. 南昌：江西财经大学，2020.

[188] 谢凯. 金融支持地方文化产业发展现状与对策——以苏州地区为例［J］. 现代金融，2013（3）：39-41.

[189] 徐二明，罗震世. 非金融资产管理公司价值增值与资本运作模式研究［J］. 商业研究，2011（5）：1-6.

[190] 徐浩然，文化产业管理［M］. 北京：社会科学文献出版社，2006：63-64.

[191] 徐锦熹. 当代中西方艺术金融发展比较研究［D］. 上海：上海大学，2018.

[192] 徐萍. 我国区域文化产业竞争力实证分析［J］. 集团经济研究，2006（11）：17-18.

[193] 徐玮奇. 基于 REITs 融资模式盘活存量资产的路径探讨——以 A 地方城投公司为例［J］. 企业改革与管理，2023，446（9）：96-98.

[194] 徐拥军. 大数据时代国家治理中的文化生产与文化整合［J］. 求索，2021（3）：126-134.

[195] 徐忠华. 基于产业链视角的我国文化产业整合研究［D］. 北京：北京交通大学，2020.

[196] 许伟男. "互联网＋"时代下艺术金融管理的发展趋势［J］. 中国商论，2018（36）：16-17.

[197] 薛睿. 促进民间资本投资文化产业的政策路径［J］. 全国商情，2013（13）.

[198] 闫烁，祁述裕. 文化产业研究现状、特点和趋势——《文化创意产业》（2018—2021）选载论文分析［J］. 山东大学学报（哲学社会科学版），2023（3）：61-72.

[199] 杨冬梅. 创新型城市的理论与实证研究［D］. 天津：天津大学，2006.

［200］杨亮．淄博民间产业化研究工艺文化与当代［D］．济南：山东大学，2012．

［201］杨雪．中国IP影视产业国际竞争力提升研究［D］．武汉：武汉大学，2018．

［202］叶朗．中国文化产业年度发展报告［M］．北京：北京大学出版社，2014．

［203］叶丽君，李琳．我国区域文化产业竞争力评价与差异分析［J］．科技管理研究，2009（3）：94－97．

［204］殷茵．供给侧结构性改革视角下四川文化产业发展现状及创新路径研究［D］．成都：西南财经大学，2021．

［205］于殿利．以"十四五"规划促进出版高质量发展和现代化进程［J］．科技与出版，2021（1）：6－10．

［206］于辉，王霜．核心企业参与供应链金融意愿及融资模式取向［J］．中国流通经济，2022，36（3）：22－34．

［207］于骥，郭超利，向伟．西藏引导民间资本投资文化产业研究［J］．西藏研究，2017（4）．

［208］喻蕾．文化产业高质量发展：评价指标体系构建及其政策意义［J］．经济地理，2021，41（6）：1－12．

［209］袁海，吴振荣．中国省域文化产业效率测算及影响因素实证分析［J］．软科学，2012，26（3）：72－77．

［210］袁江．中国文化产业发展与金融支持政策研究［J］．农村金融研究，2012（1）：5－10．

［211］袁锦贵．国内外文化与科技融合发展战略的经验与启示［J］．科技和产业，2020，20（1）：44－50．

［212］袁良庆．实物期权在R&D项目价值评估中的应用研究［D］．北京：清华大学，2005．

［213］袁渊，于凡．文化产业高质量发展水平测度与评价［J］．统计与决策，2020，36（21）：62－66．

［214］岳悦．中国旅游业发展浅析——从历史文化资源的角度［J］．新经济，2017（11）：32－37．

［215］曾维新．中国知识产权证券化发展现状及实践模式总结［J］．中国发明与专利，2021（7）：64－72．

［216］张宝英．科技创新思想在我国文化产业发展中的应用研究［D］．福州：福建师范大学，2016．

［217］张宝英．文化产业竞争力评价指标体系构建与实证分析——以华东六省一市为例［J］．中国矿业大学学报（社会科学版），2014（2）．

［218］张立波．文化产业项目策划与管理［M］．北京：北京大学出版社，2013．

［219］张丽，徐荣贞．科技成长型企业与传统金融机构的演化博弈分析［J］．天津大学学报（社会科学版），2008（5）：397-400．

［220］张曼缔．融媒时代城市电视台的发展策略研究［J］．传媒观察，2021（5）：91-96．

［221］张琼，聂平香．提升国家文化出口基地发展水平的思考［J］．国际经济合作，2020（5）：118-126．

［222］张少华，李艳琼．文化与科技融合视角下特色文化产业发展对策研究［J］．人文天下，2018（10）：18-22．

［223］张肃，黄蕊．日本数字内容产业发展的演化经济学分析［J］．现代日本经济，2021（3）：23-32．

［224］张涛，武金爽，李凤轩，接奕铭．文化产业集聚与结构的测度及空间关联分析［J］．统计与决策，2021，37（8）：112-115．

［225］张涛，武金爽．中国文化产业绿色发展效率的空间网络结构及影响机理研究［J］．地理科学，2021（4）：1-8．

［226］张陶．公共文化服务供给的 PPP 模式研究［D］．徐州：中国矿业大学，2019．

［227］张伟．区域特色文化产业发展现状及创新研究［J］．文化学刊，2021（5）：31-34．

［228］张翛然．新形势下文化艺术行业创新发展方向与对策［J］．传播力研究，2018，2（18）：23．

［229］张潇扬．发展文化产业的三条重要路径［J］．理论学习，2006（9）：21．

［230］张新新．基于出版业数字化战略视角的"十四五"数字出版发展刍议［J］．科技与出版，2021（1）：65-76．

［231］张新新．中国特色数字出版话语体系初探：实践与框架——2020 年中国数字出版盘点［J］．科技与出版，2021（3）：86-97．

［232］张亚丽．我国文化产业发展及其路径选择研究［D］．长春：吉林大学，2014．

［233］张毅．文化创意企业无形资产评估问题探究［J］．新视野，2010（2）：18-19．

［234］张芷宁．资本市场助推文化产业发展对策研究［J］．中外企业家，2020（16）：68.

［235］张志元，李凤超，张梁．金融与艺术融合的逻辑［J］．山东社会科学，2018（1）：132－136.

［236］张志元，刘红蕾．艺术金融理论研究进展［J］．经济学动态，2020（3）：118－130.

［237］张志元，马永凡．"互联网＋艺术金融"的融合机制及实现路径［J］．人文天下，2017（7）：56－63.

［238］张志元，聂露．艺术金融的融资模式创新——艺术品质押融资［J］．人文天下，2017（3）：5－10.

［239］张志元．艺术金融发展的金融供给侧改革略论［J］．人文天下，2017（13）：2－5.

［240］赵红，方思蓓，付俊文．陕西省文化产业金融支持现状及对策研究［J］．中国集体经济，2021（34）：136－139.

［241］赵佳．中国少数民族文化产业融资支持问题研究［D］．北京：中央民族大学，2017.

［242］赵磊．中国艺术品金融发展分析［J］．中国资产评估，2020（2）：9－11.

［243］赵彦云，余毅，马文涛．中国文化产业竞争力评价和分析［J］．中国人民大学学报，2006（4）：72－82.

［244］赵燕菁．文旅产业与风景资源资本化［J］．北京规划建设，2020（6）：152－154.

［245］赵迎芳．论文旅融合背景下的博物馆旅游创新发展［J］．东岳论丛，2021（5）：14－22.

［246］郑俊芳，邓修明．民间资本投资文化产业的路径探析［J］．会计之友，2013（5）：46－48.

［247］郑憩．加快推进数字文旅产业高质量发展［J］．宏观经济管理，2020（12）：63－68.

［248］郑婉君．文化产业发展现状、问题及建议［J］．中国国情国力，2020（3）：32－34.

［249］郑雅文，周清平．"互联网＋"模式中电视文化基因融合与电视话语转变［J］．当代电视，2020（2）：97－101.

［250］中国人民大学创意产业技术研究院．中国文化科技融合发展战略研究报告（2022）［J］．北京：中国人民大学出版社，2022.

［251］周明适．R&D 项目的实物期权评价方法［J］．重庆工学院学报（社会科学版），2008（1）：33－35.

［252］周莹，刘华．以创意为核心的文化产业发展驱动要素研究［J］．管理现代化，2014（5）：19－21.

［253］周育群，刘勇．产业融合视角下的文化产业发展现状及政府对策分析［J］．中国市场，2020（17）：9－11.

［254］周泽超．金融支持民族地区文化产业发展研究［J］．宁夏党校学报，2013，15（1）：92－95.

［255］周正兵．文化金融中心建设恰逢其时［J］．北京观察，2012（1）：19－20.

［256］周正兵．我国文化产权交易市场发展问题研究［J］．中国出版，2011（9）：25－28.

［257］周正刚，陈曙光．文化产业可持续发展指标体系的探讨［J］．广东社会科学，2008（5）：67－72.

［258］朱尔茜．文化产业上市公司经营绩效评价——基于 81 家公司财务数据的实证分析［J］．技术经济与管理研究，2017（1）.

［259］朱鹤，张圆刚，林明水，等．国土空间优化背景下文旅产业高质量发展：特征、认识与关键问题［J］．经济地理，2021，41（3）：1－15.

［260］朱玲．文化金融赋能产业发展，如何"赋"［J］．大众投资指南，2022，393（1）：18－19.

［261］朱祺．我国文化产业发展现状与对策研究［J］．商展经济，2023（10）：135－138.

［262］祝捷．中国书画艺术品质押融资风险控制研究［D］．西安：西安美术学院，2019.

［263］邹积凯，郭瀚文，张伟．比较视域下的中韩数字出版产业推动力分析［J］．科技与出版，2021（2）：52－57.

［264］Antonios Kargas, Georgios Loumos. Cultural Industry's Strategic Development：Reaching International Audience by Using Virtual Reality and Augmented Reality Technologies［J］. Heritage, 2023, 6（6）：4640－4652.

［265］Bhat G, S G Ryan, D Vyas. The Implications of Credit Risk Modeling for Banks' Loan Loss Provisions and Loan-Origination Procyclicality［J］. Management Science, 2019, 65（1）：2116－2141.

［266］Canavan B. Tourism culture：Nexus, characteristics, context and sustainability［J］. Tourism Management, 2016（53）：229－243.

[267] Candelin-Palmqvist H, Sandberg B, Mylly U M. Intellectual property rights in innovation management research: A review [J]. Technovation, 2012, 32 (9 –10): 502 –512.

[268] Daubaraité U, Startiene G. The Role of Creative Industries in Economic Development of Lithuania and Latvia [M] // Country Experiences in Economic Development, Management and Entrepreneurship, 2017.

[269] Elmandjra M. Fusion of science and culture: Key to the 21st century [J]. Futures, 1990, 22 (3): 321.

[270] Gerben Bakker. The Decline and Fall of the European Film Industry: Sunk Costs, Market Size and Market Structure 1890 – 1927 [R]. Department of Economic History London School of Economics, 2003: 23 –43.

[271] Geum Y, Kim M S, Lee S. How industrial convergence happens: A taxonomical approach based on empirical evidences [J]. Technological Forecasting and Social Change, 2016 (107): 112 – 120.

[272] Gort M, Klepper S. Time Paths in the Diffusion of Product Innovation [J]. The Economic Journal, 1982, 92 (367): 630 –653.

[273] Helmreich S. After culture: Reflections on the apparition of anthropology in artificial life, a science of simulation [J]. Cultural Anthropology, 2001, 16 (4): 612 –627.

[274] Heo P S, Lee D H. Evolution patterns and network structural characteristics of industry convergence [J]. Structural Change and Economic Dynamics, 2019.

[275] Holmstrom B, Milgrom P. Aggregation and Linearity in the Provision of Intertemporal Incentives [J]. Econometrica, 1987, 55 (2): 303 –328.

[276] Holmstrom B, Milgrom P. Multi-Task Principal-Agent Analyzes: Incentive Contracts, Asset Ownership, and Job Design [J]. Journal of Law, Economics and Organization, 1991 (7): 24 –52.

[277] Jagtiani J, Saunders A, Udell G. The Effects of Bank Capital Requirements on Bank Off – balance Sheet Financial Innovations [J]. Journal of Banking and Finance, 1995, 19 (3): 647 –658.

[278] Kaplan S N, Stromberg P. Finacial Contracting Theory Meets the Real World: An Empirical Analysis of Venture Capital Contracts [J]. Review of Economic Studies, 2003, 70 (2): 281 –315.

[279] Keane M A. Exporting Chinese Culture: Industry Financing Models

in Film and Television [J]. Westminster Papers in Communication and Culture, 2006, 3 (1): 11 –27.

[280] Khanna N. The Securitization of IP Assets: Issues and Opportunities [J]. Journal of Intellectual Property Rights, 2018, 23 (2/3): 94 –100.

[281] Klepper S. Entry, Exit, Growth, and Innovation over the Product Life Cycle [J]. The American Economic Review, 1996 (86): 562 –583.

[282] Kong L. Culture, Economy, Policy. Trends and Developments [J]. Geoforum, 2000, 31 (4): 385 –339.

[283] Korunovski S, Marinoski N. Cultural tourism in Ohrid as a selective form of tourism development [J]. Procedia – Social and Behavioral Sciences, 2012 (44): 104 –113.

[284] Lawrence, Phillips. Understanding Cultural – Products Industries [J]. Management Inquiry, 2002 (7): 56 –60.

[285] Lerner Josh. Venture Capitalists and the Oversight of Private Firms [J]. The Journal of Finance, 2012, 50 (1): 301 –318.

[286] Linner J. The Valuation of Rish Assets and the Selection of Risky Investments in Stock Portfolios and Capital Budgets [J]. The Review of Economics and Statistics, 1965, 47 (1): 13 –37.

[287] Lu Hanyong. A Comparative Analysis of the Chinese Art-Secured Lending Market and the U. S. Model [D]. New York: State University of New York, 2018.

[288] Moira A. Human Development Tourism: Utilizing Cultural Heritage to Create a Universal Culture [M] //Katsoni V. Innovative Approaches to Tourism and Leisure. Berlin: Springer, 2018: 35 –49.

[289] Peiyan Hua. Promotion of the Marketization of Cultural Content in Accordance with Local Conditions Taking the Status Quo Investigation and Countermeasure Suggestions of Shanghai Cultural Industry Development as an Example [C]. Proceedings of the 2020 International Conference on Management, Economy and Law (ICMEL 2020) (Advances in Economics, Business and Management Research, VoL. 153). International Science and Culture for Academic Contacts, 2020: 267 –273.

[290] Santa-Cruz FG, López-Guzmán T. Culture, tourism and world heritage sites [J]. Tourism Management Perspectives, 2017 (24): 111 –116.

[291] Seung-Ho Kwon, Joseph Kim. From censorship to active support:

The Korean state and Korea's cultural industries [J]. The Economic and Labour Relations Review, 2013, 24 (4): 517 -532.

[292] Sick N, Preschitschek N, Leker J, et al. A new framework to assess industry convergence in high technology environments [J]. Technovation, 2019 (84): 48 -58.

[293] Stephen E Siwek. Copyright Industries in the U. S. Economy: The 2011 Report [R]. International Intellectural Property Alliance, 2011.

[294] Syahrivar J. Bika Ambon of Indonesia: History, culture, and its contribution to tourism sector [J]. Journal of Ethnic Foods, 2019, 6 (1): 2.

[295] Terje Gaustad. Private Film Financing: Gains and Losses in the Norwegian Film Sector [R]. BI Norwegian School of Management Department of Public Governance Research Report, 2008 (1).

[296] Velmurugan Chandran, Radhakrishnan Natarajan. Collaborative Research and Authorship Pattern of Intellectual Property Rights [J]. Journal of Information Management, 2018, 2 (2).

[297] Ventura Charlin. Art-secured lending: A risk analysis framework [D]. Los Angeles: University of Southern California, 2020.

[298] Yan Li, Jing Hou. Research on the financial leasing of small and medium-sized enterprises [J]. Scientific Journal of Economics and Management Research, 2020, 2 (1): 14 -19.

图书在版编目（CIP）数据

文化产业跨要素融合与金融资本支持研究/姬新龙
著 . -- 北京：经济科学出版社，2024.3
国家社科基金后期资助项目
ISBN 978 - 7 - 5218 - 5785 - 6

Ⅰ. ①文… Ⅱ. ①姬… Ⅲ. ①文化产业 - 金融资本 -
金融支持 - 研究 - 中国 Ⅳ. ①G124②F832.48

中国国家版本馆 CIP 数据核字（2024）第 069910 号

责任编辑：杜 鹏 胡真子
责任校对：靳玉环
责任印制：邱 天

文化产业跨要素融合与金融资本支持研究
WENHUA CHANYE KUAYAOSU RONGHE
YU JINRONG ZIBEN ZHICHI YANJIU
姬新龙 著
经济科学出版社出版、发行 新华书店经销
社址：北京市海淀区阜成路甲 28 号 邮编：100142
编辑部电话：010 - 88191441 发行部电话：010 - 88191522
网址：www. esp. com. cn
电子邮箱：esp_bj@ 163. com
天猫网店：经济科学出版社旗舰店
网址：http://jjkxcbs. tmall. com
固安华明印业有限公司印装
710×1000 16 开 16.25 印张 300000 字
2024 年 3 月第 1 版 2024 年 3 月第 1 次印刷
ISBN 978 - 7 - 5218 - 5785 - 6 定价：118.00 元
（图书出现印装问题，本社负责调换。电话：010 - 88191545）
（版权所有 侵权必究 打击盗版 举报热线：010 - 88191661
QQ：2242791300 营销中心电话：010 - 88191537
电子邮箱：dbts@esp. com. cn）